“十二五”职业教育国家规划教材
经全国职业教育教材审定委员会审定

新编审计原理与实务

（第五版）

新世纪高职高专教材编审委员会 组编
马春静 张晓瑜 刘艳梅 编著

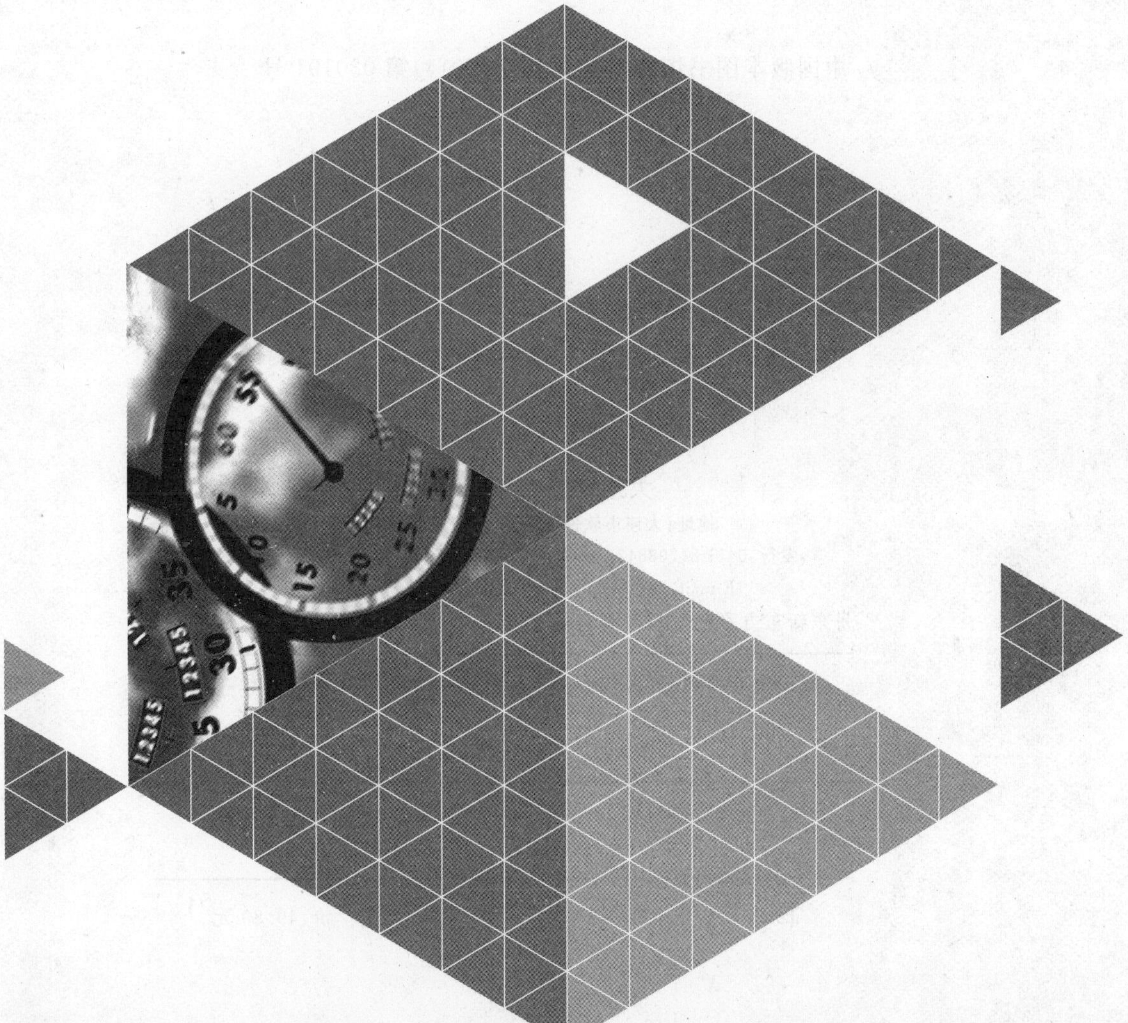

大连理工大学出版社

图书在版编目(CIP)数据

新编审计原理与实务 / 马春静，张晓瑜，刘艳梅编著. —5 版. —大连：大连理工大学出版社，2014.7(2019.7 重印)
新世纪高职高专会计专业系列规划教材
ISBN 978-7-5611-8750-0

Ⅰ. ①新… Ⅱ. ①马… ②张… ③刘… Ⅲ. ①审计学—高等职业教育—教材 Ⅳ. ①F239.0

中国版本图书馆 CIP 数据核字(2014)第 030191 号

大连理工大学出版社出版

地址：大连市软件园路 80 号 邮政编码：116023
发行：0411-84708842 邮购：0411-84703636 传真：0411-84701466
E-mail：dutp@dutp.cn URL：http://www.dutp.cn
丹东新东方彩色包装印刷有限公司印刷 大连理工大学出版社发行

幅面尺寸：185mm×260mm 印张：20.75 字数：477 千字
2003 年 8 月第 1 版 2014 年 7 月第 5 版
2019 年 7 月第 9 次印刷

责任编辑：郑淑琴 责任校对：孟珊珊
封面设计：张 莹

ISBN 978-7-5611-8750-0 定 价：49.80 元

总序

我们已经进入了一个新的充满机遇与挑战的时代，我们已经跨入了21世纪的门槛。

20世纪与21世纪之交的中国，高等教育体制正经历着一场缓慢而深刻的革命，我们正在对传统的普通高等教育的培养目标与社会发展的现实需要不相适应的现状作历史性的反思与变革的尝试。

20世纪最后的几年里，高等职业教育的迅速崛起，是影响高等教育体制变革的一件大事。在短短的几年时间里，普通中专教育、普通高专教育全面转轨，以高等职业教育为主导的各种形式的培养应用型人才的教育发展到与普通高等教育等量齐观的地步，其来势之迅猛，发人深思。

无论是正在缓慢变革着的普通高等教育，还是迅速推进着的培养应用型人才的高职教育，都向我们提出了一个同样的严肃问题：中国的高等教育为谁服务，是为教育发展自身，还是为包括教育在内的大千社会？答案肯定而且唯一，那就是教育也置身其中的现实社会。

由此又引发出高等教育的目的问题。既然教育必须服务于社会，它就必须按照不同领域的社会需要来完成自己的教育过程。换言之，教育资源必须按照社会划分的各个专业（行业）领域（岗位群）的需要实施配置，这就是我们长期以来明乎其理而疏于力行的学以致用问题，这就是我们长期以来未能给予足够关注的教育目的问题。

众所周知，整个社会由其发展所需要的不同部门构成，包括公共管理部门如国家机构、基础建设部门如教育研究机构和各种实业部门如工业部门、商业部门，等等。每一个部门又可作更为具体的划分，直至同它所需要的各种专门人才相对应。教育如果不能按照实际需要完成各种专门人才培养的目标，就不能很好地完成社会分工所赋予它的使命，而教育作为社会分工的一种独立存在就应受到质疑（在市场经济条件下尤其如此）。可以断言，按照社会的各种不同需要培养各种直接有用人才，是教育体制变革的终极目的。

随着教育体制变革的进一步深入，高等院校的设置是否会同社会对人才类型的不同需要一一对应，我们姑且不论，但高等教育走应用型人才培养的道路和走研究型（也是一种特殊应用）人才培养的道路，学生们根据自己的偏好各取所需，始终是一个理性运行的社会状态下高等教育正常发展的途径。

高等职业教育的崛起，既是高等教育体制变革的结果，也是高等教育体制变革的一个阶段性表征。它的进一步发展，必将极大地推进中国教育体制变革的进程。作为一种应用型人才培养的教育，它从专科层次起步，进而应用型本科教育、应用型硕士教育、应用型博士教育……当应用型人才培养的渠道贯通之时，也许就是我们迎接中国教育体制变革的成功之日。从这一意义上说，高等职业教育的崛起，正是在为必然会取得最后成功的教育体制变革奠基。

高等职业教育还刚刚开始自己发展道路的探索过程，它要全面达到应用型人才培养的正常理性发展状态，直至可以和现存的（同时也正处在变革分化过程中的）研究型人才培养的教育并驾齐驱，还需要假以时日；还需要政府教育主管部门的大力推进，需要人才需求市场的进一步完善发育，尤其需要高职教学单位及其直接相关部门肯于做长期的坚忍不拔的努力。新世纪高职高专教材编审委员会就是由全国100余所高职高专院校和出版单位组成的、旨在以推动高职高专教材建设来推进高等职业教育这一变革过程的联盟共同体。

在宏观层面上，这个联盟始终会以推动高职高专教材的特色建设为己任，始终会从高职高专教学单位实际教学需要出发，以其对高职教育发展的前瞻性的总体把握，以其纵览全国高职高专教材市场需求的广阔视野，以其创新的理念与创新的运作模式，通过不断深化的教材建设过程，总结高职高专教学成果，探索高职高专教材建设规律。

在微观层面上，我们将充分依托众多高职高专院校联盟的互补优势和丰裕的人才资源优势，从每一个专业领域、每一种教材入手，突破传统的片面追求理论体系严整性的意识限制，努力凸现高职教育职业能力培养的本质特征，在不断构建特色教材建设体系的过程中，逐步形成自己的品牌优势。

新世纪高职高专教材编审委员会在推进高职高专教材建设事业的过程中，始终得到了各级教育主管部门以及各相关院校相关部门的热忱支持和积极参与，对此我们谨致深深谢意，也希望一切关注、参与高职教育发展的同道朋友，在共同推动高职教育发展、进而推动高等教育体制变革的进程中，和我们携手并肩，共同担负起这一具有开拓性挑战意义的历史重任。

新世纪高职高专教材编审委员会
2001年8月18日

前言

《新编审计与实务》(第五版)是"十二五"职业教育国家规划教材和普通高等教育"十一五"国家级规划教材,也是新世纪高职高专教材编审委员会组编的会计专业系列规划教材之一。

审计学课程如何创新教学模式,真正担当起培养学生审计能力的重任,作为教学保障基础的教材无疑将发挥关键的导向作用。本教材为了把握先进性、职业性与应用性的方向,由审计教学一线的"双师型"教师和审计实务一线的行业专家组建编写团队,从结构到内容对教材进行了全面调整、更新与完善。本教材特色主要体现在以下几个方面:

1.整体思路清晰,框架合理结构紧凑

本教材内容分为审计环境、审计基本理论、审计流程三篇,按照审计学科的认知规律安排篇章结构,由上一版的十七章调整为十二章。结构变化最大的有两处:一处是将审计基本理论部分的控制测试与实质性程序放入审计流程,并将审计抽样作为一种技术手段融入控制测试与实质性程序中;另一处是重新整合第三编审计流程,将各业务循环审计整合为一章。

2.以"必需与够用"为度,适应高职学生认知特点

本教材牢牢把握高职学生的认知特点,理论知识以"必需与够用"为度,化解难点,简化内容,精炼语言,使教材浅显易懂;将相关"知识链接"以网络资源的形式呈现,供学生课后阅读学习。

3.以职业能力为导向,以审计流程为主线,实施任务驱动

本教材以职业能力为导向,结合审计岗位需求,遵循风险导向审计理念,以审计工作流程为主线,设计典型工作任务,使任务驱动教学法得以实施,以培养学生分析问题、解决问题的能力。

4.营造情境模拟氛围,实现"教、学、做"一体化

本教材努力营造一种审计执业氛围,模拟会计师事务所的财务报表审计执业过程,使学生通过角色演练,进入真实的审计情境,在较短的时间和有限的空间内,掌握审计的

基本方法和技能,熟悉审计流程,形成审计思维,锻炼审计职业判断能力。从而实现“教中做、做中学”的高职教学模式,低成本地解决审计教学与审计实际工作相脱节的问题。

5.协调与前续课程的衔接,“减负瘦身”

审计学课程与财务会计、成本会计、财务管理、内部控制、统计学等其他课程关联度很高,属于后续课程,因此本教材在内容布局方面注意与前续课程衔接得当,不再重复其他相关课程的内容,将相关内容有机地融入审计视角的架构。

本教材由吉林工商学院马春静、中国内部审计协会张晓瑜、长春市审计局刘艳梅编著。具体编写分工为:第一、三、五、六、七、八、九、十一、十二章由马春静编写,第二章由张晓瑜编写,第四章由刘艳梅编写,第十章由马春静、张晓瑜、刘艳梅共同编写。最后由马春静对全书进行总纂、定稿。

本教材在编写过程中得到了会计师事务所徐涛先生与闫慧女士的大力支持,在此对他们表示诚挚的感谢!

在编写本教材的过程中,编者参考、引用和改编了国内外出版物中的相关资料以及网络资源,在此表示深深的谢意!相关著作权人看到本教材后,请与出版社联系,出版社将按照相关法律的规定支付稿酬。

为方便教师教学和学生自学,本教材配有答案等配套资源,如有需要,请登录教材服务网站获取。

本教材是相关高职院校与企业倾力合作和集体智慧的结晶。尽管在教材的特色建设方面我们做出了很多努力,但不足之处在所难免,恳请各相关高职院校和读者在使用本教材的过程中予以关注,并将意见或建议及时反馈给我们,以便修订时完善。

编　者

2014 年 7 月

所有意见和建议请发往:dutpgz@163.com

欢迎访问教材服务网站:http://www.dutpbook.com

联系电话:0411-84706671　84707492

目 录

第一篇 审计环境

第一章 概论 …… 3
第一节 审计的概念 …… 3
第二节 审计主体 …… 6
第三节 审计的分类 …… 9
第二章 审计准则、职业道德与法律责任 …… 15
第一节 审计准则 …… 15
第二节 注册会计师职业道德 …… 19
第三节 注册会计师法律责任 …… 23

第二篇 审计基本理论

第三章 管理层认定与审计目标 …… 31
第一节 管理层认定 …… 32
第二节 审计目标 …… 33
第四章 审计方法 …… 39
第一节 审计组织方法 …… 39
第二节 审计程序 …… 41
第五章 审计证据与审计工作底稿 …… 50
第一节 审计证据 …… 50
第二节 审计工作底稿 …… 54
第六章 审计重要性与审计风险 …… 63
第一节 审计重要性 …… 64
第二节 审计风险 …… 68

第三篇 审计流程

第七章 初步业务活动与计划审计工作 …… 79
第一节 初步业务活动 …… 79
第二节 计划审计工作 …… 84
第八章 风险评估 …… 91
第一节 了解被审计单位及其环境 …… 92
第二节 了解内部控制 …… 96
第九章 风险应对 …… 106
第一节 总体应对措施与进一步审计程序总体方案 …… 106
第二节 控制测试 …… 108
第三节 审计抽样在控制测试中的应用 …… 110
第四节 实质性程序 …… 115
第五节 审计抽样在细节测试中的应用 …… 117
第十章 业务循环审计 …… 124
项目一 初步业务活动与计划审计工作 …… 124
项目二 销售与收款循环审计 …… 127
项目三 采购与付款循环审计 …… 172
项目四 生产与仓储循环审计 …… 199
项目五 筹资与投资循环审计 …… 238
项目六 货币资金审计 …… 258
第十一章 完成审计工作 …… 290
第十二章 审计报告 …… 305
第一节 审计报告概述 …… 306
第二节 标准审计报告 …… 306
第三节 非标准审计报告 …… 309
项目七 出具审计报告 …… 319
参考文献 …… 322

第一篇

审计环境

第一章　概论
第二章　审计准则、职业道德与法律责任

第一章

概 论

引导案例

“4万亿投资”审计

2008年为了应对席卷全球的金融危机并提振经济，中国政府提出了4万亿元投资计划。各地方政府纷纷报项目，争资金，引起社会各界对资金使用风险的担心。为了确保4万亿投资用得其所，作为“国家资金看门人”的审计署全程跟踪审计“4万亿投资”的重点资金、重点项目，如民生工程、基础设施、生态环境建设等方面的重大投资项目、重点专项资金的使用，切实保证资金的使用合理合法。审计署从2009年9月起对全国新增投资项目展开摸底，重点调查这些项目决策的合理性以及资金使用的合法性。对那些不符合国家产业结构调整政策的项目、楼堂馆所、形象工程和虚假工程项目，审计署进行了彻查。

“财政资金运用到哪里，审计就跟进到哪里。”时任总理的温家宝在2009年政府工作报告中的这句话是审计署跟踪监督政府4万亿投资项目的最好写照。

分析：

审计在社会经济生活中具有十分重要的作用。那么，什么是审计呢？

必备知识

第一节　审计的概念

一、审计产生的基础

社会经济环境决定着审计的产生与发展。当社会经济发展到一定程度，经济组织规模的扩大，经济活动过程的复杂化，管理层次的增多，致使财产所有者无法亲自掌管全部资产的运营，只好委托他人代为经管，财产所有权与经营管理权发生分离，形成了受托责任关系。为了监督经营管理者的经济行为和受托责任的履行情况，财产所有者就授权或委托专业的机构与人员（独立的第三者）代替自己进行监督检查，于是就产生了审计。

在审计实施过程中，财产所有者是审计的授权人（委托人），财产的经营管理者是被审计者，专业机构与人员是审计行为的执行者，即审计者。这三者形成了最初的审计关系。在这种审计关系中，审计主体是第一关系人，被审计者是第二关系人，审计的授权人（委托人）是第三关系人。这三个方面的关系人形成的审计关系如图 1-1 所示。

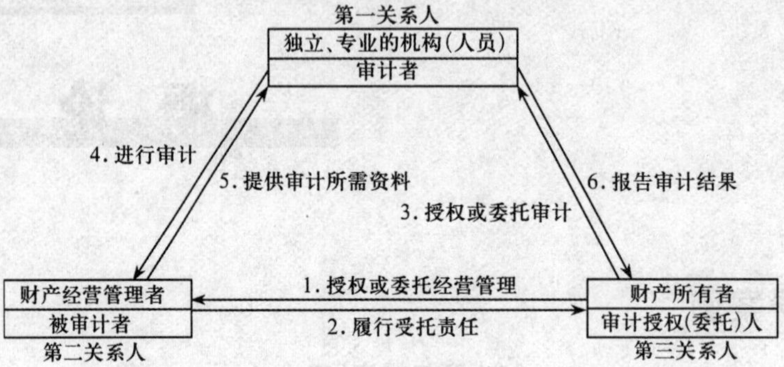

图 1-1 审计关系

可见，审计是社会经济发展到一定阶段的产物，在财产所有权与经营权相分离而形成的受托责任关系下，基于监督的客观需要而产生的，受托责任关系是审计产生的基础。

二、审计的定义

审计是由独立、专业的机构和人员，接受委托或根据授权，依法对被审计单位的财务报表和其他资料及其所反映的经济活动的真实性、合法性、效益性进行审查并提出结论的一种监督、鉴证和评价的活动。

对审计的定义可以从审计特征、审计职能、审计作用、审计对象、审计标准等几个方面来理解。

（一）审计特征

独立性是审计的灵魂。审计的独立性体现在审计关系中。审计者作为独立的第三者，接受财产所有者的委托或授权对财产经营管理者执行审计。审计者的审计监督权是审计授权人或委托人（财产所有者）所赋予的。同时，审计者不参与被审计者（财产经营管理者）的经营管理活动，与被审计者没有任何联系。因此，相对于被审计者而言，审计者始终处于独立的地位。在民间审计中，审计者不仅独立于被审计者，还独立于审计委托人。审计独立性是保证审计结论客观、公正的前提和基础，因此，独立性是审计最基本的特征。

（二）审计职能

审计职能是指审计能够完成任务、发挥作用的内在功能。审计职能是审计自身固有的，但并不是一成不变的，它随着社会经济的发展、经济关系的变化、审计对象的扩大、人类认识能力的提高而不断深化和扩展。

1. 监督

监督是审计最基本的职能。监督就是监察和督促被审计单位的经济活动在规定的范围内、遵循正常的秩序运行。

2. 鉴证

鉴证是指通过审计人员的审计，对被审计单位的财务报表等信息做出结论，以增强其可信度，供有关利益关系人使用。鉴证职能是在传统审计职能的基础上扩展而来的。

3. 评价

评价是审计人员通过被审计单位的经济活动进行审计后，就其预算、计划、方案和经济决策的可行性、执行情况、经济效益以及内部控制有效性等做出评价，并有针对性地提出合理的意见和建议。评价职能也是在传统审计职能的基础上扩展而来的。

(三)审计作用

审计作用是在审计实践中履行审计职能所产生的客观影响。审计作用是由审计职能决定的。

1. 制约性

制约性是指审计工作在执行批判性的活动中，通过监督、鉴证和评价来制约经济活动中的各种消极因素，有助于促进受托责任者正确履行受托责任并保证社会经济的健康发展。

2. 建设性

建设性是指审计在执行指导性的活动中，通过监督、鉴证和评价对被审计单位存在的问题提出改进的建议与意见，从而使其经营管理水平与状况得到改善与提高。

(四)审计对象

审计对象是指审计客体，就是被审计单位的经济活动。具体来说，这一概念包含以下三层含义：

(1)从审计对象的空间范围来看，政府审计的对象主要是各级政府机关、国有企业和事业组织；内部审计的对象为本组织；注册会计师审计的对象主要是委托人指定的单位。

(2)从审计对象涉及的具体内容来看，审计对象主要指被审计单位的财政收支、公共资金的收支、财务收支及其相关的经济活动。

(3)从审计对象的载体来看，审计对象是指被审计单位的会计资料及其相关资料。

(五)审计标准

审计标准是用来对审计对象进行评价或计量的客观基准，也就是对审计对象的是非、优劣做出判断的准绳、做出度量的尺子。

1. 正式的规定

正式的规定通常包括各种法律法规(如会计法、公司法、企业财务会计报告条例、会计准则)和一些国际、国家或行业标准(如 ISO 国际标准、EN 欧洲标准、GB 国家标准、DL 电力行业标准等)。

2. 非正式的规定

非正式的规定通常是针对具体的业务项目专门制定的标准，包括企业内部制定的行为准则、责任制度、确定的绩效水平(如资产收益率)、计划、预算和合同要求、技术标准、定额标准(如各种原材料消耗定额、能源消耗定额、工时定额)、质量标准等。

第二节 审计主体

审计主体是指审计的执行者，包括审计组织和审计人员两个层次。

审计组织一般分为三类：政府审计机关、内部审计机构和民间审计组织。相应地，审计人员也分为三类，即政府审计人员、内部审计人员和民间审计人员。

一、政府审计机关和人员

（一）政府审计机关

政府审计机关是代表国家依法行使审计监督权的国家机关。政府审计机关按照隶属关系不同分为立法模式、司法模式、行政模式、独立模式四种。

我国的政府审计机关属于行政模式，分为两个层次，即：

1. 最高审计机关——审计署，隶属于国务院。它负责组织领导全国的审计工作，对国务院各部门和地方各级政府的财政收支、国有金融机构和企事业组织的财务收支以及公共资金的收支进行审计监督。

2. 地方审计机关。受双重领导，在业务上受上一级审计机关的领导，在其他方面受本级人民政府的领导。它负责本级审计机关范围内的审计工作，对上级审计机关和本级人民政府负责并向人大报告工作。

（二）政府审计人员

我国政府审计人员属于国家公务人员，且设置专业技术职务：高级审计师、审计师、助理审计师，通过全国统一的专业技术资格考试获得相应任职资格。

二、内部审计机构和人员

（一）内部审计机构

内部审计机构是指本组织内部设立的从事审计业务的专门的审计机构，是组织内部经营管理机构的组成部分。

内部审计机构的设置主要有以下几种模式：

(1)受本组织总会计师或主管财务的副总经理领导；

(2)受本组织总经理领导；

(3)受本组织董事会领导或审计委员会领导。

从审计的独立性和有效性看，领导层次越高，内部审计工作就会越有成效。

（二）内部审计人员

在我国，内部审计的从业人员要取得岗位资格证书。资格证书的取得采取资格认证和考试两种办法。

凡具备下列条件之一者，可通过认证发给资格证书：

(1)具有审计、会计、经济及相关专业中级及以上专业技术资格的人员；

(2)具有国际注册内部审计师证书的人员；

(3)具有注册会计师、造价工程师、资产评估师等相关执业证书的人员；

(4)审计、会计及相关专业本科以上学历工作满两年以上，以及大专学历工作满 4 年的人员。

不具备上述条件者，须参加中国内部审计协会统一组织的资格考试。考试合格者发给资格证书。资格证书考试内容包括内部审计原理与技术、有关法律法规与内部审计准则、计算机基础知识与应用。

三、民间审计组织和人员

(一)会计师事务所

民间审计组织是指依法设立，接受委托从事鉴证业务、咨询等相关服务业务的专业中介组织，在我国主要指会计师事务所。

1.会计师事务所的组织形式

会计师事务所的组织形式与责任类型如表1-1所示。

表1-1 会计师事务所组织形式

组织形式	责任类型
独资会计师事务所	无限责任
普通合伙会计师事务所	无限连带责任
有限责任会计师事务所	有限责任
特殊的普通合伙会计师事务所	无过失合伙人有限责任，过失合伙人无限责任

2.会计师事务所的业务范围

当前，会计师事务所的业务范围越来越广泛，触及社会经济生活的各个方面，呈多元化发展。我国会计师事务所的业务范围包括鉴证业务和相关服务业务两方面：

(1)鉴证业务

鉴证业务是指注册会计师对鉴证对象信息做出结论，以增强除责任方之外的预期使用者对鉴证对象信息信任程度的业务。鉴证业务旨在增进某一鉴证对象信息的可信性。

比如，公司管理层(责任方)按照适用的企业会计准则(标准)对其财务状况、经营成果和现金流量(鉴证对象)进行确认、计量和列报而形成的财务报表(鉴证对象信息)，具有独立性和专业性的注册会计师对其财务报表实施一定的方法进行查证(获取证据)后，得出结论，并出具一份书面报告(鉴证报告)，以增强除管理层之外的报告的使用者(预期使用者)对财务报表的信任程度。

总之，鉴证业务涉及注册会计师、责任方和预期使用者三方关系人，其目的是提高鉴证对象信息的质量，这是建立在注册会计师独立性和专业性的基础之上的，其产品是书面鉴证结论，其用户是预期使用者。

鉴证业务按照提供的保证程度和鉴证对象的不同，可分为审计业务、审阅业务和其他鉴证业务。

①审计业务

它是指注册会计师综合运用审计方法，对所审计的历史财务信息是否存在重大错报提供合理保证，并以积极方式做出结论，比如财务报表审计。

所谓合理保证是注册会计师将鉴证业务风险降至该业务环境下可接受的低水平，并对鉴证后的信息提供高水平保证。需要注意的是，合理保证是低于百分之百的保证，并不是绝对保证。这是由于审计中存在的固有限制(如大量的职业判断、审计抽样的运用)影响了注册会计师发现重大错报的能力,注册会计师不能对财务报表整体不存在重大错报做出绝对保证。

所谓以积极方式提出结论就是从正面发表意见,如:"我们认为,ABC 公司财务报表在所有重大方面按照企业会计准则的规定编制,公允反映了 ABC 公司 2012 年 12 月 31 日的财务状况以及 2012 年度的经营成果和现金流量。"

注意:

审计业务是注册会计师的法定业务,其他组织和个人不得承办。

②审阅业务

它是指注册会计师主要使用询问和分析程序,对所审阅的历史财务信息是否不存在重大错报提供有限程度的保证,并以消极方式提出结论,比如财务报表审阅。

所谓有限保证是注册会计师将鉴证业务风险降至该业务环境下可接受的水平(高于审计中的低水平),对审阅后的信息提供低于审计中的高水平的保证。当然,这个有限保证要有意义,要做到审阅了就比不审阅要好些。

所谓以消极方式提出结论不是从正面发表意见,如:"根据我们的审阅,我们没有注意到任何事项使我们相信,ABC 公司财务报表没有按照企业会计准则的规定编制,未能在所有重大方面公允反映被审阅单位的财务状况、经营成果和现金流量。"

审阅所采用的程序受到有意识的限制,通常运用询问和分析程序。

③其他鉴证业务

它是指注册会计师执行的除了审计业务与审阅业务以外的鉴证业务,根据鉴证业务的性质和业务约定的要求,其保证程度可能是合理保证,也可能是有限保证。

比如,内部控制鉴证、预测性财务信息的审核(预测性财务信息是指被审核单位依据对未来可能发生的事项或采取的行动的假设而编制的财务信息)等。

(2)相关服务业务

相关服务业务是非鉴证业务,包括:对财务信息执行商定程序、代编财务信息、税务服务、会计服务和管理咨询等。相关服务通常不像鉴证业务那样对注册会计师提出独立性要求。在提供相关服务时,注册会计师不能提供任何程度的保证。

(二)注册会计师

民间审计人员主要是注册会计师。注册会计师是指取得注册会计师资格并在会计师事务所执业的人员。

要想取得注册会计师资格必须通过注册会计师全国统一考试。目前,我国注册会计师考试分为两个阶段:

第一阶段,专业阶段,主要测试考生是否具备注册会计师执业所需的专业知识,是否掌握基本技能和职业道德要求。设六个科目:会计、审计、财务成本管理、公司战略与风险管理、经济法、税法。

第二阶段,综合阶段,主要测试考生是否具备在注册会计师执业环境中运用专业知识,保持职业价值观、职业态度与职业道德,有效解决实务问题的能力,设有一个科目——综合。

考生在通过第一阶段的全部考试科目后，才能参加第二阶段的考试。这两个阶段的考试每年各举行一次。

第一阶段的单科合格成绩5年有效。对在连续5年内取得第一阶段6个科目合格成绩的考生，发放专业阶段合格证。第二阶段考试科目应在取得专业阶段合格证后5年内完成。第二阶段考试合格成绩的考生取得全科合格证，并可申请加入注册会计师协会，成为注册会计师协会的非执业会员。

要想成为注册会计师，必须具有两年以上在会计师事务所从事审计业务的经验，并具备相应的业务能力，申请注册成为中国注册会计师协会执业会员。注册会计师只有加入会计师事务所才能接受委托，承办业务。

第三节 审计的分类

按审计主体不同，审计分为以下三类：

一、政府审计

政府审计，在我国又称为国家审计，是指由政府审计机关代表国家依法对各级政府及其部门、事业单位、国有企业的财政、财务收支及公共资金的收支与运用情况所实施的审计。其突出特点表现为审计的法定权威性和强制性。

二、注册会计师审计

注册会计师审计又称独立审计或民间审计，是指由会计师事务所接受委托依法对委托人指定的被审计单位进行的审计。委托是注册会计师审计的显著特点，其审计意见具有法律效力和鉴证作用。

三、内部审计

内部审计是指由组织内部独立的审计机构对本组织的经营活动的真实性、合法性和效益性及内部控制的有效性进行一种客观的确认和咨询活动，旨在改善组织运营和提高经济效益。

注意：

①政府审计与注册会计师审计是外部审计。

②注册会计师审计独立性最强，是双向独立。审计主体既独立于被审计单位，又独立于审计委托人；政府审计与内部审计一般均为单向独立，审计主体只独立于被审计单位。

实训

一、判断题

1.在审计关系中，财产所有者是审计的授权人（委托人），财产的经营管理者是被审计者，专业机构与人员是审计行为的执行者，即审计者。 （ ）

2.审计业务属于注册会计师的法定业务。非注册会计师不得承办。 （ ）

3.相关服务业务是非鉴证业务。在提供相关服务时，注册会计师不能提供任何程度的保证。 （ ）

4. 审计的职能不是一成不变的,它是随着经济的发展而发展变化的。 ( )

5. 特殊的普通合伙会计师事务所的所有合伙人都对事务所的债务承担有限责任。 ( )

6. 审计是社会经济发展到一定阶段的产物,是在财产所有权与经营权相分离而形成的受托责任关系下,基于监督的客观需要而产生的。 ( )

7. 审计按其内容与目的分为政府审计、内部审计与注册会计师审计。 ( )

8. 审计对象就是被审计单位。 ( )

9. 注册会计师审计的首要特征是独立性,它不同于政府审计和内部审计。审计主体既独立于被审计单位,又独立于审计委托人。 ( )

10. 政府审计属于内部审计。 ( )

二、单项选择题

1. 审计的最基本职能是( )。

A. 监督　B. 鉴证　C. 评价　D. 建设性

2. 审计的本质特征( )。

A. 权威性　B. 监督　C. 独立性　D. 建设性

3. ( )是指审计的执行者。

A. 审计主体　B. 审计对象　C. 审计委托人　D. 被审计单位

4. 所谓( )是注册会计师将鉴证业务风险降至该业务环境下可接受的低水平,并对鉴证后的信息提供高水平保证。

A. 无任何保证　B. 有限保证　C. 合理保证　D. 绝对保证

5. 下列属于注册会计师法定业务的有( )。

A. 审计业务　B. 代理纳税申报　C. 管理咨询　D. 代编财务信息

6. 下列业务非注册会计师不得承办的有( )。

A. 内部控制鉴证　B. 设计财务会计制度

C. 税务服务　D. 财务报表审计业务

7. ( )属于单向独立。

A. 民间审计　B. 注册会计师审计

C. 内部审计　D. 独立审计

8. ( )是审计产生的基础。

A. 受托责任关系　B. 会计　C. 经济监督　D. 独立性

9. ( )监督检查各级政府及其部门的财政收支及公共资金的收支、运用情况。

A. 政府审计　B. 注册会计师审计

C. 内部审计　D. 独立审计

10. 按审计主体的不同,审计可分为( )。

A. 财务报表审计、经营审计、合规性审计

B. 政府审计、注册会计师审计、内部审计

C. 定期审计、不定期审计

D. 报送审计、就地审计

三、多项选择题

1. 审计关系由三个方面的关系人构成。在这种审计关系中,(　　)是第一关系人,(　　)是第二关系人,(　　)是第三关系人。

A. 审计的授权人(委托人)　　B. 被审计者
C. 开户银行　　D. 审计主体

2. 审计的职能包括(　　)。

A. 监督　　B. 鉴证　　C. 评价　　D. 制约性

3. 鉴证业务按照提供的保证程度和鉴证对象的不同,可分为(　　)。

A. 审计业务　　B. 审阅业务　　C. 其他鉴证业务　　D. 相关服务业务

4. 审计作用通常包括(　　)。

A. 监督　　B. 评价　　C. 制约性　　D. 建设性

5. 审计主体有(　　)。

A. 政府审计机关　　B. 内部审计机构　　C. 公司经理　　D. 注册会计师

6. 通常,会计师事务所组织形式包括(　　)。

A. 独资会计师事务所　　B. 普通合伙会计师事务所
C. 有限责任会计师事务所　　D. 特殊的普通合伙会计师事务所

7. 注册会计师鉴证业务可能提供的保证程度包括(　　)。

A. 合理保证　　B. 有限保证　　C. 绝对保证　　D. 无保证

8. 审计对象的三层含义是(　　)。

A. 被审计单位
B. 被审计单位的经济活动
C. 被审计单位的会计资料及其相关资料
D. 被审计单位的财务报表

9. 下列(　　)属于我国会计师事务所可以从事的业务。

A. 审计业务　　B. 审阅业务　　C. 内部控制鉴证　　D. 税务服务

10. 下列业务中,注册会计师能够以积极方式做出结论的业务类型有(　　)。

A. 财务报表审计业务　　B. 财务报表审阅业务
C. 内部控制鉴证　　D. 会计政策选用咨询服务

四、案例分析题

(一)英国南海股份公司审计案例——西方民间审计的产生

1710年,从事海外贸易业务的英国南海股份有限公司成立。公司最初10年经营业绩平平。公司董事会为了使股票达到预期价格,开始对外散布各种所谓的好消息,如南海公司在年底将有大量利润可实现,并预计在1720年的圣诞节按面值的60%支付股利。这一消息促进了债券转换,进而带动了股价上升。1719年,南海公司股价为114英镑,到了1720年3月,股价劲升至300英镑以上,到了1720年7月,股票价格已高达1 050英镑。此时,南海公司老板又想出了新主意:以数倍于面额的价格发行可分期付款的新股。同时,南海公司将获取的现金,转贷给购买股票的公众。这样,随着南海股价的扶摇直上,一场投机浪潮席卷全国。

英国议会为了制止国内“泡沫公司”的膨胀，于1720年6月通过了《泡沫公司取缔法》，一些公司被解散。许多投资者开始清醒，并抛售手中所持股票。随着投机热潮的冷却，南海公司股价一落千丈，从1720年8月25日到9月28日，南海公司的股票价格从900英镑下跌到190英镑，到12月份仅为124英镑。投资者遭受巨大损失。年底，英国政府对“南海公司”的资产进行清理，发现其实际资本所剩无几。而后，“南海公司”宣布破产。投资者要求英国议会严惩欺诈者，并赔偿损失。1720年9月，英国议会组织了特别委员会，对“南海泡沫”事件进行秘密查证，特邀了资深会计师查尔斯·斯奈尔(CharlesS-nell)对南海公司的会计账目进行检查。

查尔斯·斯奈尔通过对南海公司账目的查询、审核，于1721年以会计师名义提交了一份会计账簿检查意见。在该份报告中，查尔斯指出了公司存在舞弊行为、会计记录严重不实等问题。议会根据这份查账报告，将南海公司董事之一的雅各希·布伦特以及他的合伙人的不动产全部予以没收。

1828年，由于经济发展对资金的高度需求，英国政府重新认识股份公司的经济意义，撤销了1720年的《泡沫公司取缔法》，重新恢复了股份公司这一现代企业制度的形式。通过设立民间审计的方式，将股份公司中因所有权与经营权分离所产生的不足予以制约，完善了股份制这种现代企业制度。

要求：

(1)讨论英国“南海公司”破产审计案的历史意义及对现代民间审计产生的深远影响。

(2)讨论股份公司发展对民间审计的客观需要。

(二)三峡库区移民资金审计

(二○○七年一月十九日国家审计署公告)

根据《中华人民共和国审计法》的规定，审计署于2006年对湖北省、重庆市本级和两省(市)所属10个移民区县2004、2005两年度的三峡库区移民资金进行了审计。

1.基本情况及总体评价

三峡库区移民搬迁安置工作于1993年正式实施，规划至2009年完成，是一个庞大、复杂的系统工程，包括农村移民安置、城集镇迁建、工矿企业迁建和专项设施复建等内容。审计结果表明：移民资金管理较为规范，使用情况总体较好；移民搬迁进度总体提前，移民工程质量总体良好；移民安置基本落实，库区社会基本稳定。

2.审计发现的主要问题

(1)一些部门、单位违规使用移民资金。

此次审计共发现各类违规问题金额2.89亿元。一是违规使用移民资金2.72亿元，主要用于超规模移民项目或非移民项目建设、行政开支、办企业、平衡预算、购房、付息等。审计发现5起涉嫌侵占移民资金的案件，已移交公安机关和纪检监察部门处理。二是虚报移民补偿和政策性补助资金1 694.32万元。

(2)移民培训费支出结构不合理，用于移民培训中心基建和设备购置的比例过高。

两省(市)自三峡移民工程实施以来至2005年底累计支出三峡移民培训费2.84亿元，其中移民技能培训支出为5 952万元，占21%，低于国家规定的60%的比例，而用于培训中心基建和设备购置的支出却高达1.39亿元，占49%。重庆市个别区县建购的培训中心规格过高、利用率低。

(3)部分移民后期扶持和产业发展项目实施较慢。

审计抽查了重庆市万州区等6个区县的移民后期扶持项目实施情况，均发现存在资金拨付滞后、项目实施缓慢问题。如万州区2004年与2005年的153个移民后期扶持项目、6 549万元后期扶持补助资金，至2005年底仍有87个扶持项目未开工、5 563万元补助资金滞留在区财政局和移民局。

(4)部分移民安置质量不高，就业生活较为困难。

审计随机走访了28个乡镇的429户就地后靠安置农村移民。由于受安置环境容量所限，受访移民的人均耕地数量不足，土质差，部分移民生活较为困难。

针对审计发现的问题，审计署已依法出具审计报告，并下达了审计决定书。同时建议湖北、重庆两省(市)政府应强化对移民管理部门和资金使用单位的监督，国家有关部门、库区各级政府应不断加大移民后期扶持工作力度，继续统筹解决好库区产业发展和移民生计问题。一是投入向库区倾斜；二是做好库区产业发展和移民后期扶持；三是切实用好移民培训资金，搞好移民技能培训工作。

3. 整改情况

对审计发现的违规使用移民资金等问题，国务院三峡办高度重视，专门下发通知并要求两省(市)认真整改。两省(市)政府多次召集有关区县专门研究部署整改工作。至2006年12月底，两省(市)通过收回、归垫被挤占挪用的资金和补办相应手续等方式，已整改违规问题金额2.42亿元，整改率达83.7%。

要求：

(1)本案中审计主体与审计对象是什么？

(2)分析政府审计的职能与作用。

(三)内部审计的作用

2009年1月，ABC公司审计部对下属热电公司应收账款进行专项审计。热电公司主要生产蒸汽和电力，至2008年12月底应收账款余额为4 620.95万元，涉及121家客户。审计部对121家拖欠单位逐一审查，发现纺织公司拖欠时间长、金额大，共168.11万元，除2008年12月份按照合同正常欠款8.68万元外，自2005年4月签订供汽合同起只支付了部分货款，至2008年11月底累计拖欠159.43万元。

审计中，纺织公司提供"付款凭证"21份，总额208万元，并称对热电公司的蒸汽款，部分用转账支票支付，部分用现金支付，不存在拖欠。热电公司销售员反应：该21份付款凭证由热电公司销售员从2006年1月起去纺织公司结算时，为领取转账支票需要对方法人代表的签字，按照对方要求而填写的，实际未收到现金，只收到转账支票。经查银行存款日记账、库存现金日记账和银行对账单，从未有纺织公司的现金进账业务。

对此，审计组在审计报告中向董事会提出了"提起民事诉讼，以减少企业损失"和"完善销售制度，销售科加强对购货方执行合同的监管"的审计建议。

ABC公司董事会采纳审计建议，要求热电公司尽快提起诉讼。热电公司于2009年2

月提起诉状。2009年3月经法院民事调解：纺织公司支付新中港热电公司蒸汽款159.43万元及违约金0.57万元，合计160万元。纺织公司于2009年5月底将款项如数支付给了热电公司。同时，热电公司制定了《销售货物管理制度》，严格手续，防止经济纠纷案件的再次发生。

要求：

分析内部审计在企业管理中的作用。

第二章

审计准则、职业道德与法律责任

引导案例

德勤—科龙事件

广东科龙电器股份有限公司(简称科龙)2002—2004年的年报中存在严重虚假记载和重大遗漏。三年间德勤从科龙收取了高达1 320万港元的审计费,但是高额收费并没有让德勤以应有的职业谨慎发表恰当的审计意见,最终还是导致了审计失败。

例如,科龙向合肥维希电器有限公司等66家顾客开具发票或出库单,并确认收入51 270.29万元,同时结转销售成本36 331.49万元。上述开单开票并无真实交易,相关存货封存于仓库,从未发送给顾客。

德勤的注册会计师在对存货及主营业务成本进行审计时,未对产成品进行监盘,而是直接按照科龙提供的期末存货盘点数量和平均单位成本确定存货期末余额,并推算出主营业务成本,即对存货和主营业务成本予以确认,未能发现虚构销售的重大错报。

分析:

德勤在对科龙审计的整个过程中显然没有尽职谨慎,违反了中国注册会计师审计准则,未能遵守注册会计师职业道德。德勤理应为其不当行为承担相应的审计责任。

必备知识

第一节　审计准则

一、审计准则的含义

审计准则是审计人员实施审计工作时应遵循的行为规范,是衡量审计工作质量的标准。

按照审计主体和准则作用范围的不同,审计准则分为国家(政府)审计准则、内部审计准则和注册会计师审计准则(亦称独立审计准则)。这三部分构成了审计准则体系。

本节将主要介绍中国注册会计师执业准则。

二、注册会计师执业准则体系

随着注册会计师业务领域的多元化,“审计准则”的含义已不能覆盖其全部执业范围,而“注册会计师执业准则”的含义更能体现其业务范围的这一变化。

现行的中国注册会计师执业准则体系包括注册会计师业务准则和会计师事务所质量控制准则,共计51项。中国注册会计师执业准则体系如图2-1所示。

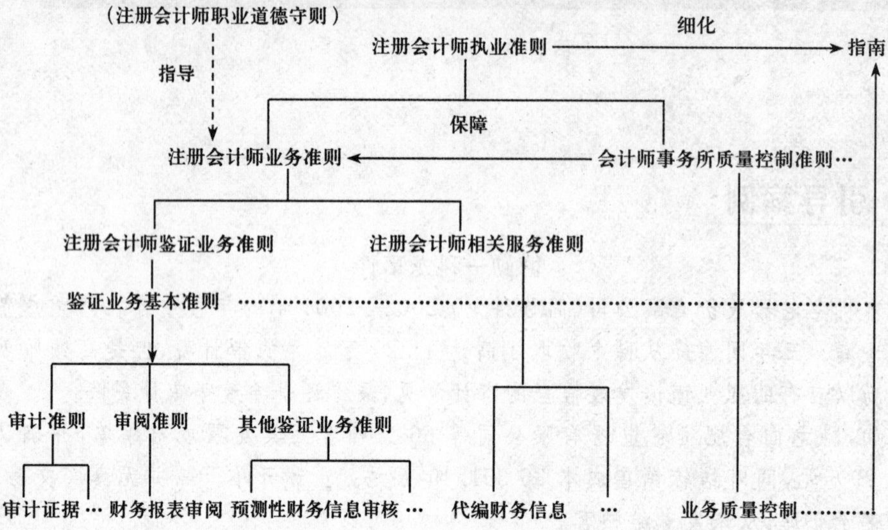

图2-1 中国注册会计师执业准则体系

(一)注册会计师业务准则

注册会计师业务准则是注册会计师执行各类业务所应遵循的行业标准。

1.注册会计师鉴证业务准则

注册会计师鉴证业务准则是整个执业准则体系中最主要的部分,分为两个层次:

第一层次是起统领作用的鉴证业务基本准则,是为了规范注册会计师执行鉴证业务,明确鉴证业务的目标和要素,确定审计准则、审阅准则和其他鉴证业务准则适用的鉴证业务类型的准则。

第二层次分为审计准则、审阅准则和其他鉴证业务准则。

(1)审计准则。审计准则用来规范注册会计师执行历史财务信息(主要是财务报表)。审计准则是整个业务准则体系的核心,共四十四项,分为六大类。

①一般原则与责任

中国注册会计师审计准则1101 注册会计师的总体目标和审计工作的基本要求

中国注册会计师审计准则1111 就审计业务约定条款达成一致意见

中国注册会计师审计准则1121 对财务报表审计实施的质量控制

中国注册会计师审计准则1131 审计工作底稿

中国注册会计师审计准则1141 财务报表审计中与舞弊相关的责任

中国注册会计师审计准则1142 财务报表审计中对法律法规的考虑

中国注册会计师审计准则1151 与治理层的沟通

中国注册会计师审计准则 1152 向治理层和管理层通报内部控制缺陷

中国注册会计师审计准则 1153 前任注册会计师和后任注册会计师的沟通

②风险评估以及风险应对

中国注册会计师审计准则 1201 计划审计工作

中国注册会计师审计准则 1211 通过了解被审计单位及其环境识别和评估重大错报风险

中国注册会计师审计准则 1221 计划和执行审计工作时的重要性

中国注册会计师审计准则 1231 针对评估的重大错报风险采取的应对措施

中国注册会计师审计准则 1241 对被审计单位使用服务机构的考虑

中国注册会计师审计准则 1251 评价审计过程中识别出的错报

③审计证据

中国注册会计师审计准则 1301 审计证据

中国注册会计师审计准则 1311 对存货等特定项目获取审计证据的具体考虑

中国注册会计师审计准则 1312 函证

中国注册会计师审计准则 1313 分析程序

中国注册会计师审计准则 1314 审计抽样

中国注册会计师审计准则 1321 审计会计估计(包括公允价值会计估计)和相关披露

中国注册会计师审计准则 1323 关联方

中国注册会计师审计准则 1324 持续经营

中国注册会计师审计准则 1331 首次审计业务涉及的期初余额

中国注册会计师审计准则 1332 期后事项

中国注册会计师审计准则 1341 书面声明

④利用其他主体的工作

中国注册会计师审计准则 1401 对集团财务报表审计的特殊考虑

中国注册会计师审计准则 1411 利用内部审计人员的工作

中国注册会计师审计准则 1421 利用专家的工作

⑤审计结论与报告

中国注册会计师审计准则 1501 对财务报表形成审计意见和出具审计报告

中国注册会计师审计准则 1502 在审计报告中发表非无保留意见

中国注册会计师审计准则 1503 在审计报告中增加强调事项段和其他事项段

中国注册会计师审计准则 1511 比较信息:对应数据和比较财务报表

中国注册会计师审计准则 1521 注册会计师对含有已审计财务报表的文件中的其他信息的责任

⑥特殊领域审计

中国注册会计师审计准则 1601 对按照特殊目的编制基础编制的财务报表审计的特殊考虑

中国注册会计师审计准则 1602 验资

中国注册会计师审计准则 1603 对单一财务报表和财务报表的特定要素、账户或项目

审计的特殊考虑

中国注册会计师审计准则 1604 对简要财务报表出具报告的业务

中国注册会计师审计准则 1611 商业银行财务报表审计

中国注册会计师审计准则 1612 银行间函证程序

中国注册会计师审计准则 1613 与银行监管机构的关系

中国注册会计师审计准则 1631 财务报表审计中对环境事项的考虑

中国注册会计师审计准则 1632 衍生金融工具的审计

中国注册会计师审计准则 1633 电子商务对财务报表审计的影响

(2)审阅准则。审阅准则用来规范注册会计师执行历史财务信息(主要是财务报表)审阅业务。目前,审阅准则只有一项。

中国注册会计师审阅准则 2101 财务报表审阅

(3)其他鉴证业务准则。其他鉴证业务准则用来规范注册会计师执行除历史财务信息审计和审阅以外的非历史财务信息鉴证业务。其他鉴证业务准则目前包括两项。

中国注册会计师其他鉴证业务准则 3101 历史财务信息审计或审阅以外的鉴证业务

中国注册会计师其他鉴证业务准则 3111 预测性财务信息的审核

2. 注册会计师相关服务准则

相关服务准则用以规范注册会计师执行除鉴证业务外的其他相关服务业务。相关服务准则目前包括两项。

中国注册会计师相关服务准则 4101 对财务信息执行商定程序

中国注册会计师相关服务准则 4111 代编财务信息

(二)会计师事务所质量控制准则

会计师事务所质量控制准则是规范会计师事务所执行历史财务信息审计和审阅业务、其他鉴证业务及相关服务业务时应当遵守的质量控制政策和程序,是明确会计师事务所及其人员的质量控制责任的准则。会计师事务所根据质量控制准则来制定质量控制制度,以约束会计师事务所与注册会计师在执业时遵守法律法规、职业道德规范及相应的业务准则,合理保证业务质量。会计师事务所质量控制准则目前有一项。

质量控制准则 5101 会计师事务所对执行财务报表审计和审阅、其他鉴证和相关服务业务实施的质量控制

注意:

"第 5101 号——会计师事务所对执行财务报表审计和审阅、其他鉴证和相关服务业务实施的质量控制"是从会计师事务所层面上进行规范的,适用于各项业务,而"第 1121 号——对财务报表审计实施的质量控制"是从执行审计项目的负责人层面上进行规范的,仅适用于财务报表审计业务。前者是后者制定的依据。

【案例 2-1】 长城事件——会计师事务所质量控制

北京市长城机电产业公司(以下简称长城公司)利用科研成果(节能电机),打着签订"技术开发合同"的幌子,以高息回报为诱饵非法集资。投资者络绎不绝,从 1992 年 6 月 2 日至 1993 年 2 月底,长城公司在全国范围内集资高达十多亿。大量的集资款被长城公司挥霍和侵吞。1993 年,广大投资者对公司的集资行为产生怀疑。这时,长城公司找到

中诚会计师事务所第二分所，要求出具资信证明。第二分所相关人员接受吃请，收受红包，按照长城公司的要求，以中诚会计师事务所总所名义出具了验资报告。投资者因看到中诚会计师事务所的验资报告而不再要求退款。

审计署、财政部针对中诚会计师事务所出具虚假验资报告的行为，责令解散中诚会计师事务所(包括所属13个分所)，吊销相关当事人的注册会计师证书。法院对承办长城公司审计业务的两名注册会计师依法判处了有期徒刑。

分析：

中诚会计师事务所各分所都独立承揽业务，且都拥有总所的印章，可以直接出具审计报告，各分所基本没有建立业务质量控制制度，而总所对分所又没有相应的监控。正是中诚会计师事务所缺乏质量控制制度，其注册会计师缺乏职业道德，才导致总所及分所的全军覆没。

(三)注册会计师执业准则应用指南

为了帮助注册会计师正确理解和运用中国注册会计师执业准则，中国注册会计师协会针对每项准则都拟定并发布了相应的应用指南，与中国注册会计师执业准则同步施行，二者共同构成了完整的注册会计师执业规范体系。应用指南对注册会计师执业准则的要求提供了进一步解释，并为如何执行这些要求提供了指引。应用指南更加清楚地解释了执业准则要求的确切含义或所针对的情形，并举例说明适合具体情况的程序，指导注册会计师正确运用程序和具体方法，具有很强的可操作性与实用性。

第二节　注册会计师职业道德

一、注册会计师职业道德的含义

注册会计师的职业道德，是注册会计师职业品德、专业胜任能力、职业责任及职业行为的总称。

二、注册会计师职业道德基本原则

中国注册会计师协会在2009年10月14日印发了《中国注册会计师职业道德守则》，并于2010年7月1日施行。该守则要求中国注册会计师在执业时应遵守下列职业道德基本原则：

(一)诚信

诚信原则要求注册会计师在所有的职业活动中，应当保持正直和诚实守信的原则。例如，在财务报表审计中，当注册会计师认为被审计单位财务报表存在重大虚假、误导性陈述或遗漏重要信息时，就不应该为其出具无保留意见审计报告，即不能发表意见声称被审计单位的财务报表合法、公允，否则就违反了诚信原则。

(二)独立性

独立性是注册会计师执行鉴证业务(审计、审阅和其他鉴证业务)的灵魂，是客观、公正的基础，是职业道德的精髓。独立性原则要求注册会计师执行审计和审阅业务以及其他鉴证业务时，应当与鉴证客户保持实质上的独立性和形式上的独立性，不得因任何利害关系影响其客观性。

1.实质上的独立性

实质上的独立性是一种内心状态,使得注册会计师在做出结论时不受损害职业判断[①]因素的影响,诚信行事,遵循客观与公正原则,保持职业怀疑态度。

比如,注册会计师王某拥有审计客户1%的股权,即注册会计师与审计客户有直接经济利益关系,这属于自身利益导致的不利影响。如果注册会计师受此影响,在发表审计意见时没有揭示审计客户虚增利润的重大错报,就构成了实质上的不独立。

2.形式上的独立性

形式上的独立性是一种外在表现,使得一个理性且充分掌握信息的第三方,在权衡所有相关事实和情况后,认为注册会计师没有损害诚信原则与客观、公正原则并保持了职业怀疑态度。

前例注册会计师王某拥有审计客户1%的股权,注册会计师与客户有直接经济利益关系。即便注册会计师不受此影响,能够揭示被审计单位虚增利润的重大错报,客观公正地发表审计意见,但第三方可能认为注册会计师的职业判断已受到损害,则构成了形式上的不独立。

注意:

①对中国注册会计师协会非执业会员以及注册会计师执行非鉴证业务时,没有独立性的要求。

②实质上独立与否很难界定。即使实质上独立,形式上不独立也会造成审计报告丧失可信度,从而使审计变得毫无意义。因此,通常以比较容易把握的形式上的独立作为独立性评价的依据。

(三)客观和公正

客观和公正原则要求注册会计师应当实事求是、公正处事,不得由于偏见、利益冲突或他人的不当影响而损害自己的职业判断。例如,注册会计师面临客户解除业务约定的威胁,这一情形可能损害其职业判断的客观性,被迫同意客户不恰当的会计处理,从而违反客观与公正原则。

(四)专业胜任能力和应有的关注

1.专业胜任能力

专业胜任能力是指注册会计师具有专业知识、技能和经验,能够经济、有效地完成客户委托的业务。

(1)专业胜任能力可分为两个阶段:一是专业胜任能力的获取;二是专业胜任能力的保持。注册会计师通过教育、培训和执业实践获取和保持专业胜任能力。注册会计师应当持续了解并掌握当前法律、技术和实务的发展变化,将专业知识和技能始终保持在应有的水平,确保为客户提供具有专业水准的服务。

(2)如果注册会计师缺乏专业胜任能力而提供专业服务,则构成欺诈,因为这可能给

① 审计职业判断是指注册会计师在审计准则的框架下,针对被审计单位的具体事实和情况,运用专业知识和经验做出决策。

客户乃至社会公众带来危害。

(3)当注册会计师在会计或审计以外的领域不具有专长时，可以利用有关专家的工作，从而使项目组具备应有的专业胜任能力。

2.应有的关注

应有的关注是指注册会计师遵守执业准则和职业道德规范的要求，勤勉尽责，认真、全面、及时地完成工作任务。

应有的关注要求注册会计师在执业过程中保持职业怀疑态度。

所谓职业怀疑态度，是注册会计师执行审计业务的一种态度，包括采取质疑的思维方式，对可能表明由于错误或舞弊导致错报的迹象保持警觉，以及对审计证据进行审慎评价。

例如，某人欲注册一家装潢公司，他找到一家会计师事务所验资，并提供了一张银行进账单的复印件，注册会计师并未索要进账单原件，就出具了验资报告。注册会计师不索要进账单原件，也未向银行函证，没有保持应有的职业怀疑态度。

(五)保密

注册会计师应当对职业活动中获知的客户及所在会计师事务所的涉密信息予以保密。

1.注册会计师的保密责任

(1)未经客户授权或法律法规允许，不得向会计师事务所以外的第三方披露其所获知的涉密信息。

(2)不得利用所获知的涉密信息为自己或第三方谋取利益。

(3)警惕无意泄密的可能性，特别是警惕无意中向近亲属或关系密切的人员泄密的可能性。《中国注册会计师职业道德守则》中的近亲属包括主要近亲属(配偶、父母、子女)与其他近亲属(兄弟姐妹、祖父母、外祖父母、孙子女、外孙子女)。

(4)在终止与客户或工作单位的关系之后，也不得泄露所获知的涉密信息。

2.注册会计师的保密例外

在下列情况下注册会计师可以披露涉密信息：

(1)法律法规允许披露，并且取得客户或工作单位的授权。

(2)根据法律法规的要求，为法律诉讼和仲裁准备文件或提供证据，以及向有关监管机构报告发现的违法行为。

(3)法律法规允许的情况下，在法律诉讼和仲裁中维护自己的合法权益。

(4)接受注册会计师协会或监管机构的执业质量检查，答复其询问和调查。

(5)法律法规、执业准则和职业道德规范规定的其他情形。

(六)良好职业行为

注册会计师应当遵守相关法律法规，避免发生任何损害职业声誉的行为。

注册会计师在向公众传递信息以及推介自己和工作时，应当客观、真实、得体，不得夸大宣传提供的服务、拥有的资质或获得的经验；不得贬低或无根据地比较其他注册会计师的工作；不得暗示有能力影响有关主管部门、监管机构或类似机构。

三、不利影响及防范措施

(一)不利影响

注册会计师对职业道德基本原则的遵循可能受到多种因素的不利影响,可以归纳为以下五类:

1. 自身利益。如果经济利益或其他利益对注册会计师的职业判断或行为产生不当影响,将产生自身利益导致的不利影响。

例如,注册会计师持有客户的股份,可能因担心自身利益受损而同意客户虚增利润的不当会计处理;会计师事务所的收入过分依赖某一客户;会计师事务所与客户就鉴证业务达成或有收费的协议。

2. 自我评价。如果注册会计师对其(或者其所在会计师事务所的其他人员)以前的服务结果进行评价,将产生自我评价导致的不利影响。

例如,会计师事务所为客户设计或运行财务系统后,又对该财务系统运行的有效性出具鉴证报告;又如,注册会计师为客户代编财务报表,又对该财务报表进行审计。

3. 过度推介。如果注册会计师过度推介客户的某种立场或意见,使其客观性受到损害,将产生过度推介导致的不利影响。

例如,在审计客户与第三方发生诉讼或纠纷时,注册会计师担任该客户的辩护人。

4. 密切关系。如果注册会计师与客户员工存在家庭或亲密的私人关系,而过于倾向他们的利益或认可他们的工作,将产生密切关系导致的不利影响。

例如,注册会计师的近亲属担任客户的董事、高级管理人员或特定员工(即所处职位能够对鉴证对象信息施加重大影响的员工);注册会计师与客户存在长期业务关系。

5. 外在压力。如果注册会计师受到压力而无法客观行事,将产生外在压力导致的不利影响。

例如,会计师事务所受到客户解除业务关系的威胁;由于客户员工对所讨论的事项更具有专长,注册会计师面临服从其判断的压力;会计师事务所受到降低收费的影响而不恰当地缩小工作范围。

(二)防范措施

防范措施是指可以消除不利影响或将其降至可接受低水平的行动或其他措施。

会计师事务所应当在战略上采取一些应对不利影响的防范措施,比如,会计师事务所领导层强调遵循职业道德基本原则的重要性;制定政策和程序来保证遵循职业道德基本原则。

在具体业务层面中,相关防范措施因具体情形而异。业务层面的防范措施通常有:

1. 对已执行的非鉴证业务,由未参与该业务的注册会计师进行复核,或在必要时提供建议;

2. 将相关人员调离项目组;

3. 对关键的职业判断向客户审计委员会、监管机构或注册会计师协会咨询;

4. 与客户治理层讨论有关的职业道德问题;

5. 向客户治理层说明提供服务的性质和收费的范围;

6. 由其他会计师事务所执行或重新执行部分业务;

7. 轮换项目组合伙人和高级员工；

8. 处置经济利益；

9. 合理安排项目组成员的职责，使该成员的工作不涉及其近亲属或与其有密切关系的员工的职责范围；

10. 进行独立的项目质量控制复核；

11. 修改审计计划；

12. 向项目组委派经验更丰富的人员。

(三)职业道德概念框架

职业道德概念框架为注册会计师提供了解决职业道德问题的思路与方法，用以规范注册会计师职业行为，防止“法无禁止即允许”的思想出现。职业道德概念框架的内容及运用如图 2-2 所示。

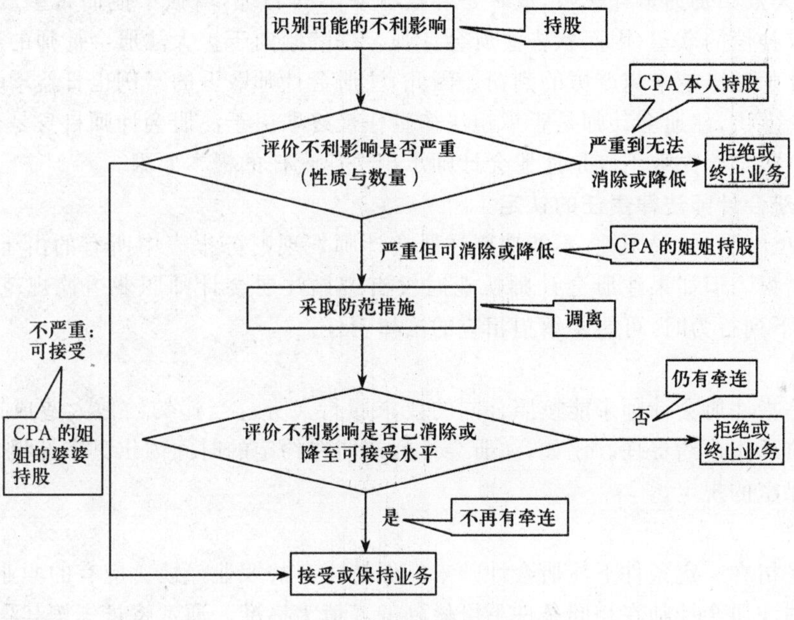

图 2-2 职业道德概念框架

第三节　注册会计师法律责任

一、注册会计师法律责任的含义

注册会计师法律责任是指注册会计师在履行审计职责的过程中因损害法律上的义务关系所应承担的法律后果。

二、注册会计师法律责任的成因

近年来，注册会计师被指控民事侵权的事件越来越多，注册会计师承担的法律责任也越来越大。导致注册会计师可能承担法律责任的原因可归结为两大方面：一是注册会计师自身审计失败；二是受到被审计单位经营失败的牵连。

(一)审计失败

审计失败是指注册会计师在执业时没有遵守职业道德规范和审计准则,而发表了不恰当的审计意见。

当发生审计失败时,可能导致对他人权利的损害,注册会计师理应为其未能恪守应有的职业谨慎承担相应的法律责任。

(二)经营失败

经营失败是指由于经济或经营条件的变化(如经济衰退、不当的管理决策或出现意料之外的行业竞争等)而无法满足投资者的预期。经营失败的极端情况是导致企业破产。

注册会计师可能因被审计单位经营失败受到牵连而承担法律责任。之所以出现这种现象,是因为社会公众对注册会计师期望过高,将注册会计师看作是财务报表的保证人。当被审计单位发生经营失败使投资者遭受损失时,由于他们对审计失败与经营失败的误解,将经营失败归责为审计失败,或者是寻找替罪羊的心理,增强了他们希望从注册会计师那里获取补偿的欲望,因而状告注册会计师。法院倾向于扩大注册会计师的法律责任,对注册会计师做出越来越严厉的判罚。因此,注册会计师败诉的案例也日益增多。

从理论上讲,注册会计师是否承担法律责任最终取决于注册会计师自身是否有过错,被审计单位的经营失败不应是注册会计师承担法律责任的根本原因。

三、注册会计师法律责任的认定

由于审计固有的局限性,不能期望注册会计师发现财务报表中所有的由于错误或舞弊导致的错报。但如果注册会计师执业时没有遵循注册会计师职业道德规范和执业准则,而存在下列行为时,可能要承担相应的法律责任。

1.违约

违约是指注册会计师未能按照合同的要求履行义务。当违约给他人造成损失时,注册会计师应承担违约责任。比如,注册会计师未能在约定的时间内出具审计报告,或违反了为客户保密的规定。

2.过失

过失是指在一定条件下注册会计师未能保持应有的职业谨慎。应有的职业谨慎是以一个胜任的注册会计师在相同条件下可做到的谨慎为标准。通常将过失按其程度不同分为普通过失和重大过失。

(1)一般过失,又称普通过失,是指注册会计师没有完全遵循执业准则的要求执业。比如,注册会计师对存货执行了监盘,但抽点检查的数量规模不足,以致未能对存货取得充分、适当的审计证据。

(2)重大过失,是指注册会计师执业时完全没有遵循执业准则的要求。比如,注册会计师没有对存货执行监盘程序,就认可了被审计单位的存货账面数量。

3.欺诈

欺诈又称舞弊,是指为了达到欺骗或坑害他人的目的,注册会计师明知已审计的财务报表有重大错报,却进行虚假的陈述,发表不恰当的意见。

注意:

如果财务报表存在重大错报,而注册会计师通过审计没能够发现,注册会计师可能承担过失或欺诈的责任,但不能因为财务报表已经过注册会计师审计这一事实而减轻管理层和治理层对财务报表的责任。

四、注册会计师法律责任的类型

注册会计师法律责任可分为行政责任、民事责任和刑事责任三种，这三种责任可单处，也可并处。

1. 行政责任

对于注册会计师个人来说，追究行政责任包括警告、没收违法所得、罚款、暂停执业、吊销有关执业许可证、吊销注册会计师证书等；对于会计师事务所而言，追究行政责任包括警告、没收违法所得、罚款、暂停执业、吊销有关执业许可证、撤销会计师事务所等。

2. 民事责任

民事责任是指依法承担赔偿经济损失的法律责任，主要包括赔偿经济损失、支付违约金等。

3. 刑事责任

注册会计师可能承担的刑事责任主要有拘役、有期徒刑、罚金等。

【案例 2-2】 "琼民源"案——注册会计师法律责任

琼民源公司股票自 1993 年 4 月在深交所上市以来，股价表现平平。1996 年下半年，民源海南公司（琼民源控股公司）与深圳有色金属财务公司（琼民源股东财务顾问）联手炒作琼民源股票，大加渲染琼民源业绩，股价暴涨，致使众多投资者盲目跟进，最终蒙受巨大损失。琼民源在年度财务报告中公布"1996 年度实现利润 5.7 亿元，资本公积增加 6.57 亿元"。据此计算，该公司的利润将比上一年度增加一千倍。海南中华会计师事务所对琼民源 1996 年度财务报告出具了无保留意见的审计报告，海南大正会计师事务所为琼民源出具了资产评估报告。后经证券委、审计署等有关部门查实，琼民源在未取得土地使用权的情况下，通过与关联公司及他人签订合作建房、权益转让等无效合同虚构利润 5.4 亿元，对 4 个未经批准立项的投资项目进行资产评估，编造资本公积 6.57 亿元。1998 年 4 月，中国证监会做出决定如下。

鉴于琼民源原董事长兼总经理马玉和等人制造虚假财务收据的行为涉嫌犯罪，将其移交司法机关，依法追究刑事责任（后马玉和被法院判处有期徒刑 3 年）。对琼民源公司处以警告。对民源海南公司和深圳有色金属财务公司分别处以警告、没收非法所得 6 651 万元和 6 630 万元，并各罚款 200 万元，建议有关部门对深圳有色金属财务公司的主要负责人和直接负责人给予行政处分。

建议有关主管部门撤销直接为琼民源进行审计的海南中华会计师事务所，吊销其主要负责人的注册会计师资格证书。对海南中华会计师事务所总所处以警告，暂停其从事证券业务资格 6 个月；对该事务所在琼民源财务审计报告上签字的注册会计师，暂停其从事证券业务资格 3 年。对海南大正会计师事务所罚款 30 万元，暂停其从事证券相关资产评估业务的资格 6 个月；对负有直接责任的注册会计师，暂停其从事证券业务资格 3 年。

分析：

会计师事务所和注册会计师在执业过程中，必须严格遵守职业道德规范和执业准则。否则，可能会给会计信息使用者带来损失，会计师事务所与注册会计师也要承担相应的法律责任。

实训

一、判断题

1. 审计准则是注册会计师实施审计工作时应遵循的行为规范，但它不是衡量审计工作质量的标准。（ ）

2. 注册会计师审计财务报表，能够减轻被审计单位管理层和治理层对财务报表的责任。（ ）

3. 注册会计师若与被审计单位的某位员工具有近亲属关系，就不得执行该客户的审计业务。（ ）

4. 如果注册会计师拥有被审计单位的少量股票，不影响独立性，注册会计师不需要回避。（ ）

5. 如果注册会计师未查出被审计单位财务报表中的错报，则注册会计师应当承担法律责任。（ ）

6. 注册会计师对存货执行了监盘，但抽点检查的数量规模不足，以致未能对存货取得充分、适当的审计证据。这属于重大过失。（ ）

7. 注册会计师只要按照执业准则进行审计，应能发现被审计单位财务报表中存在的所有由于错误或舞弊导致的错报。（ ）

8. 会计师事务所在任何情况下不得对外泄露审计档案所涉及的商业秘密等内容。（ ）

9. 所谓职业怀疑态度，是注册会计师执行审计业务的一种态度，包括采取质疑的思维方式，对可能表明由于错误或舞弊导致错报的迹象保持警觉以及对审计证据进行审慎评价。（ ）

10. 在审计过程中，当注册会计师在会计或审计以外的领域不具有专长时，可以利用有关专家的工作，从而使项目组具备应有的专业胜任能力。（ ）

二、单项选择题

1. 会计师事务所和注册会计师无法消除损害独立性的因素的影响或将其降至可接受的低水平时，会计师事务所应当（ ）。

A. 不予理睬，照常承接业务　　B. 不予理睬，继续按原计划进行审计
C. 出具无法表示审计意见的审计报告　　D. 拒绝承接业务或解除业务约定

2. 会计师事务所如果无法胜任或不能按时完成审计业务，应该（ ）。

A 减少审计收费　　B. 转包给其他会计师事务所
C. 拒绝接受委托　　D. 聘请其他专家帮助

3. 会计师事务所给他人造成经济损失时，应予赔偿，这表明会计师事务所要承担（ ）。

A. 行政责任　　B. 刑事责任　　C. 民事责任　　D. 道德责任

4.（ ）是指注册会计师没有完全遵循执业准则的要求进行执业。

A. 普通过失　　B. 重大过失　　C. 欺诈　　D. 违约

5. 在注册会计师鉴证业务准则中，起统领作用的是（ ）。

A. 鉴证业务基本准则　　B. 审计准则
C. 审阅准则　　D. 鉴证业务准则指南

6. 注册会计师应当对在执业过程中获知的客户信息保密，但也有例外。下列不属于保密例外情形的是（　　）。

A. 法律法规允许披露，并且取得客户或雇佣单位的授权

B. 法律法规要求披露，包括为法律诉讼出示文件或提供证据，以及向有关监管机构报告发现的违法行为

C. 接受、答复注册会计师协会或监管机构的质量检查、询问和调查

D. 另一客户提出查看的要求

7.（　　）是指为了达到欺骗或坑害他人的目的，注册会计师明知已审计的财务报表有重大错报，却加以虚假地陈述，发表不恰当的意见。

A. 违约　　B. 一般过失　　C. 重大过失　　D. 欺诈

8.（　　）是遵守执业准则和职业道德规范的要求，勤勉尽责，认真、全面、及时地完成工作任务。

A. 独立原则　　B. 应有的关注　　C. 保密原则　　D. 客观原则

9.（　　）是一种内心状态，使得注册会计师在提出结论时不受损害职业判断的因素影响，诚信行事，遵循客观与公正原则，保持职业怀疑态度。

A. 实质上独立　　B. 经济上独立　　C. 形式上独立　　D. 组织上独立

10.（　　）是一种外在表现，使得一个理性且掌握充分信息的第三方，在权衡所有相关事实和情况后，认为注册会计师没有损害诚信原则、客观和公正原则并保持了职业怀疑态度。

A. 实质上独立　　B. 经济上独立　　C. 形式上独立　　D. 组织上独立

三、多项选择题

1. 注册会计师执业准则体系包括（　　）。

A. 注册会计师业务准则　　B. 注册会计师职业道德规范

C. 会计师事务所质量控制准则　　D. 企业会计准则

2. 注册会计师业务准则体系包括（　　）。

A. 相关服务准则　　B. 注册会计师职业道德规范

C. 会计师事务所质量控制准则　　D. 鉴证业务准则

3. 我国注册会计师鉴证业务准则包括（　　）。

A. 相关服务准则　　B. 审计准则

C. 审阅准则　　D. 其他鉴证业务准则

4. 注册会计师职业道德基本原则包括（　　）。

A. 诚信与独立性　　B. 客观与公正

C. 专业胜任能力与应有的关注　　D. 保密与良好的职业行为

5. 对注册会计师遵循职业道德基本原则可能导致不利影响的情形有（　　）。

A. 自身利益　　B. 自我评价　　C. 过度推介　　D. 密切关系

6. 根据注册会计师的专业胜任能力和应有的关注的要求，注册会计师（　　）。

A. 即使不能胜任业务，也可承接

B. 应当持续了解和掌握相关的专业技术和业务的发展，以保持专业胜任能力

C. 应当保持职业怀疑态度

D. 不得按服务成果的大小收取各项费用

7. 职业道德概念框架的思路包括(　　)。

A. 识别对遵循职业道德基本原则的不利影响

B. 评价已识别不利影响的重要程度

C. 采取必要的防范措施消除不利影响或将其降至可接受的低水平

D. 如果不能消除不利影响或将其降至可接受的低水平，应考虑拒绝、终止或解除业务约定

8. 注册会计师存在下列行为时，可能需承担法律责任的有(　　)。

A. 违约　　B. 过失

C. 欺诈　　D. 出具无法表示意见的审计报告

9. 下列关于注册会计师责任与被审计单位管理层、治理层责任之间的关系表述正确的是(　　)。

A. 如果财务报表存在重大错报，而注册会计师通过审计没发现，由于财务报表已经过注册会计师审计，所以注册会计师责任可以减轻管理层和治理层对财务报表的责任

B. 如果财务报表存在重大错报，而注册会计师通过审计没有发现，注册会计师可能承担过失或欺诈的责任

C. 如果财务报表存在重大错报，而注册会计师通过审计没发现，也不能因为财务报表已经过注册会计师审计这一事实而减轻管理层和治理层对财务报表的责任

D. 管理层和治理层对编制财务报表承担责任，从源头上保证财务信息质量，管理层和治理层理应对编制财务报表承担完全责任

10. 注册会计师执业时应遵守(　　)。

A. 注册会计师职业道德规范　　B. 注册会计师业务准则

C. 会计师事务所质量控制准则　　D. 企业会计准则

四、案例分析题

上市公司 ABC 公司系 XYZ 会计师事务所的常年审计客户。2012 年 7 月，XYZ 会计师事务所与 ABC 公司续签了审计业务约定书，审计 ABC 公司 2012 年度财务报表。会计师事务所准备分派注册会计师刘海参加该审计项目。假定存在以下情形：

(1)注册会计师刘海持有 ABC 公司 1 000 股股票。

(2)注册会计师刘海长期为 ABC 公司代理记账和代编财务报表。

(3)刘海妻子的弟弟担任 ABC 公司的董事。

(4)刘海为 ABC 公司提供资产评估服务，且评估结果对财务报表具有重大影响。

(5)注册会计师刘海已经担任 ABC 公司年度财务报表审计业务的项目经理 6 年了。

(6)注册会计师刘海针对审计过程中发现的问题，向 ABC 公司提出了会计政策选用和审计调整的建议。

要求：

请判断上述每一情形是否对 XYZ 会计师事务所的独立性产生不利影响，并简要说明理由。

第二篇

审计基本理论

第三章　管理层认定与审计目标
第四章　审计方法
第五章　审计证据与审计工作底稿
第六章　审计重要性与审计风险

第三章

管理层认定与审计目标①

引导案例

渝钛白事件

重庆渝港钛白粉股份有限公司(简称渝钛白),1997 年亏损额为 3 136 万元。1997 年公司将实际上已于 1995 年底就完工且投入试生产的钛白粉建设项目应付债券利息约 8 064万元计入了在建工程成本,渝钛白总会计师给出的理由:一是钛白粉这种化工产品对各项技术指标的要求非常严格,需要反复试生产,直到生产出合格的产品才能投放市场。而试产期的产品性能不稳定,是不能投放市场的。二是原料(如硫酸)的腐蚀性强,一旦停工,原料淤积于管道、容器中,再次开工前须彻底清洗、调试设备。因此,在钛白粉项目交付使用并产生效益前,还有一个过渡的整改和试生产期,仍属工程建设期。

经审计,重庆会计师事务所的注册会计师认为:应计利息 8 064 万元应计入当期损益。因为公司钛白粉工程于 1995 年下半年就开始投产,1996 年已经具备生产能力,可以生产出合格产品。工程虽一度停产,1997 年全年生产 0.168 万吨,这一产量尽管与设计能力 1.5 万吨相差甚远,但主要原因是缺乏流动资金并且市场暂未打开,而非工程尚未完工,该工程已达到预定可使用状态。根据企业会计准则的规定:固定资产达到预定可使用状态时,为购建固定资产而发生的借款利息应当停止资本化,此后发生的借款利息应在发生时确认为费用。如此一来,渝钛白 1997 年亏损额应为 11 200 万元。

双方各执一词,最后,重庆会计师事务所发表了否定意见。

分析:

在本案中将借款费用资本化是被审计单位对其财务报表做出的认定,注册会计师的职责是要确定被审计单位的认定是否恰当。在审计过程中,注册会计师应根据管理层认定来确定审计目标,再根据审计目标设计和实施恰当的审计程序,以完成审计工作。

---

① 从本章开始,相关内容介绍将以注册会计师财务报表审计为线索展开。

必备知识

第一节 管理层认定

一、管理层认定的含义

认定是指被审计单位管理层对财务报表各组成要素的确认、计量、列报和披露做出的明确或隐含的表达。

例如：ABC公司2012年12月31日部分资产负债表如下：

流动资产：	
货币资金 …………………………………………………	500 000

明确的认定包括：记录的货币资金是存在的；记录的货币资金的正确余额是500 000元。

隐含的认定包括：所有应列报的货币资金都包括在财务报表中；记录的货币资金全部由本公司拥有；货币资金的使用不受任何限制。

二、管理层认定的类别

以下来介绍管理层认定的类别。

(一)关于各类交易和事项的认定

1.发生。记录的交易和事项已发生且与本单位有关。例如，如果没有发生销售交易，但在销售账中记录了一笔销售，则已记录的销售交易是不真实的，属于发生认定错报。发生认定主要与财务报表组成要素的高估有关。

2.完整性。所有应当记录的交易和事项均已记录。例如，如果发生了销售交易，但没有在销售账中记录，则已发生的销售交易被漏记了，属于完整性认定错报。完整性认定主要与财务报表组成要素的低估有关。

3.准确性。与交易和事项有关的金额及其他数据已恰当记录。例如，销售交易中发出商品的数量与发票账单上的数量不符，或开具发票账单时使用了错误的销售价格，或发票账单中的乘积或加总有误，或在销售账中记录了不恰当的金额，则已记录的销售交易金额不准确。

注意：

①准确性与发生之间存在区别。例如，若已记录的销售交易是不应当记录的(如发出的商品是寄销商品)，则即使记录金额是准确的，也属于发生认定错报。再如，若已入账的销售交易是对正确发出商品的记录，但金额计算多了，则属于准确性认定错报，但发生认定没有错报。

②完整性与准确性之间也存在同样的区别。例如，若真实的销售交易没有记录，则属完整性认定错报。再如，若真实的销售交易已记录，但金额计算少了，则属于准确性认定错报，但完整性认定没有错报。

4.截止。交易和事项已记录于正确的会计期间。例如,如果本期交易推到下期记录,或下期交易提到本期记录,均属于截止认定错报。

5.分类。交易和事项已记录于恰当的账户,就是将易混淆的交易、事项区分开来。例如,如果将现销记录为赊销,将出售经营性固定资产所得的收入记录为营业收入,将应予资本化的利息计入财务费用,将应收账款计入其他应收款,则导致分类认定错报。

(二)关于期末账户余额的认定

1.存在。记录的资产、负债和所有者权益是存在的。例如,如果不存在某顾客的应收账款,在应收账款明细表中却列入了对该顾客的应收账款,则属于存在认定错报。

2.权利和义务。记录的资产由本单位拥有或控制,记录的负债是本单位应当履行的现时义务。例如,将他人寄售商品计入本单位存货中,属于权利认定错报;将不属于本单位的债务计入账内,属于义务认定错报。

3.完整性。所有应当记录的资产、负债和所有者权益均已记录。例如,如果存在某顾客的应收账款,在应收账款明细表中却没有列入对该顾客的应收账款,则属于完整性认定错报。

4.计价与分摊。资产、负债和所有者权益以恰当的金额包含在财务报表中,与之相关的计价或分摊调整已恰当记录。例如,期末没有对应收账款计提坏账准备,从而高估应收账款金额,这就属于计价与分摊认定错报。

(三)与列报和披露相关的认定

1.发生及权利和义务。披露的交易、事项和其他情况已发生,且与本单位有关。将没有发生的交易、事项或与本单位无关的交易和事项包括在财务报表中,则属于本项认定错报,例如,附注披露将要获得政府补贴。再如,应收账款质押或固定资产抵押,则需要在财务报表附注中披露,说明其权利受到限制。

2.完整性。所有应当包括在财务报表中的披露均已包括。如果应当披露的事项没有包括在财务报表中,则属于完整性认定错报。例如,关联方和关联交易没有在财务报表附注中充分披露。

3.分类和可理解性。财务信息已被恰当地列报和描述,且披露内容表达清楚。例如,资产与负债必须分列,资产必须分为流动资产、固定资产及其他资产,负债必须分为流动负债和长期负债,以增强财务信息的有用性和可理解性。又如,将一年内到期的长期负债列入流动负债项下,则分类是正确的。再如,披露存货的主要类别能增强可理解性。

4.准确性和计价。财务信息和其他信息已公允披露,且金额恰当。例如,财务报表中的合计数准确无误,财务报表附注分别对原材料、在产品和产成品等存货成本核算方法作了恰当说明。

第二节　审计目标

审计目标是指在一定环境中,审计主体通过审计活动所期望达到的境地或最终结果,分为审计总目标与具体审计目标两个层次。这里仅介绍注册会计师财务报表审计的目标。

一、审计总目标

根据《中国注册会计师审计准则1101——注册会计师的总体目标和审计工作的基本要求》的规定，财务报表审计的总目标是注册会计师对财务报表整体是否不存在由于舞弊或错误导致的重大错报获取合理保证，使得注册会计师对财务报表的合法性和公允性发表审计意见，侧重于提高会计信息质量，维护公众利益，服务于市场经济。

所谓合法性是指被审计单位的财务报表是否按照适用的财务报告编制基础（如上市公司适用的企业会计准则）编制。

所谓公允性是指被审计单位的财务报表是否在所有重大方面公允反映其财务状况、经营成果和现金流量。

注意：

审计意见旨在提高财务报表的可信度，并不是对被审计单位持续经营能力或管理层经营效率、经营效果提供的保证。

二、具体审计目标

具体审计目标是审计总目标的具体化。具体审计目标必须根据审计总目标和被审计单位管理层的认定来确定。注册会计师应当运用交易、账户余额、列报和披露认定，来更好地确定每个项目的具体审计目标，以便更好地评估重大错报风险以及设计和实施进一步审计程序。

将审计总目标与管理层各项认定相对应，便形成了具体审计目标。

（一）与各类交易和事项相关的审计目标

1.发生。由发生认定推导的审计目标是确认已记录的交易是否真实。它所要解决的问题是管理层是否把那些不曾发生的项目记入财务报表。

2.完整性。由完整性认定推导的审计目标是确认已发生的交易是否确实已经记录。它所要解决的问题是管理层是否存在未把那些真实发生的项目记入财务报表。

注意：

发生和完整性两者强调的是相反的关注点。发生目标针对潜在的虚记（高估），而完整性目标则针对漏记（低估）。

3.准确性。由准确性认定推导出的审计目标是确认已记录的交易是否按正确金额反映，有无多计或少计情况。

4.截止。由截止认定推导出的审计目标是确认接近于资产负债表日的交易是否记录于恰当的会计期间，有无跨期事项。通常，最可能出现截止错报的交易是那些资产负债表日前后的交易。

5.分类。由分类认定推导出的审计目标是确认被审计单位记录的交易是否经过适当分类，是否计入恰当的账户。

（二）与期末账户余额相关的审计目标

1.存在。由存在认定推导出的审计目标是确认记录的金额是否确实存在。

2.权利和义务。由权利和义务认定推导出的审计目标是确认资产是否归属于被审计单位（拥有或控制），负债是否属于被审计单位的现时义务。

3.完整性。由完整性认定推导出的审计目标是确认已存在的金额是否均已记录。

4. 计价和分摊。由计价和分摊推导出的审计目标是确认资产、负债和所有者权益是否以恰当的金额列示在财务报表中，与之相关的计价或分摊调整是否已恰当记录。

(三)与列报和披露相关的审计目标

交易和事项、期末账户余额的认定正确与否决定了列报和披露的准确性，但是，财务报表还可能因被审计单位误解有关列报和披露的规定或舞弊等而产生错报。另外，还可能因被审计单位没有遵守一些专门的列报要求而导致财务报表错报。即使注册会计师审计了各类交易和账户余额的认定，实现了各类交易和账户余额的具体审计目标，也不意味着获取了足以对财务报表发表审计意见的充分、适当的审计证据。因此，注册会计师还应当对各类交易和事项、期末账户余额等列报和披露的正确与否进行审计。

1. 发生及权利和义务。由发生及权利和义务认定推导出的审计目标是确认财务报表披露的交易、事项与其他情况是否已发生，且与被审计单位有关。

2. 完整性。由完整性认定推导出的审计目标是确认所有应当在财务报表中披露的交易、事项与其他情况是否均已列示。

3. 分类和可理解性。由分类和可理解性认定推导出的审计目标是确认财务信息是否已被恰当地列报，且表述清晰明了。

4. 准确性和计价。由准确性和计价认定推导出的审计目标是确认财务信息和其他信息是否已公允披露，且金额恰当。

各具体审计项目的审计目标将在以后各章节中详细阐述。

实 训

一、判断题

1. 管理层认定只是对财务报表各组成要素的确认、计量、列报和披露做出的明确的表达。（　）

2. 发生认定可能存在的问题是漏记交易(低估)。（　）

3. 完整性认定可能存在的问题是把那些不曾发生的项目记入财务报表，它主要与财务报表组成要素的高估有关。（　）

4. 若已入账的销售交易是对正确发出商品的记录，但金额计算错误，则属于准确性认定错报，而发生认定没有错报。（　）

5. 如果本期交易推到下期记录，属于截止认定错报。（　）

6. 披露存货的主要类别，是为了增强报表的准确性。（　）

7. 如果交易和事项、期末账户余额的认定正确，那么列报和披露的认定就是正确的。（　）

8. 将一年内到期的长期负债列入长期负债，则负债的分类列报和披露是正确的。（　）

9. 由分类认定推导出的审计目标是确认接近于资产负债表日的交易是否记录于恰当的期间。（　）

10. 由完整性认定推导出的审计目标是确认已记录的交易是否是真实发生的，没有虚报。（　）

二、单项选择题

1. 所谓（　　）是指被审计单位管理层对财务报表各组成要素的确认、计量、列报和披露做出的明确或隐含的表达。

A. 认定　B. 管理层责任　C. 治理层责任　D. 审计目标

2. 最有可能出现（　　）错报的交易是那些资产负债表日前后的交易。

A. 发生　B. 截止　C. 准确性　D. 分类

3. 如果将应资本化的借款利息计入财务费用，则属于（　　）认定错报。

A. 发生　B. 分类　C. 准确性　D. 可理解性

4. 如果下期交易提前到本期记录，属于（　　）认定错报。

A. 发生　B. 完整性　C. 截止　D. 计价或分摊

5. 作为财务报表审计目标，（　　）是指被审计单位财务报表是否按照适用的财务报告编制基础编制。

A. 合法性　B. 公允性　C. 一贯性　D. 认定

6. 作为财务报表审计目标，（　　）是指被审计单位的财务报表是否在所有重大方面公允反映了其财务状况、经营成果和现金流量。

A. 合法性　B. 公允性　C. 一贯性　D. 认定

7. 由准确性认定推导出的审计目标（　　）是确认已记录的交易是否按正确金额反映。

A. 发生　B. 分类　C. 完整性　D. 准确性

8. 如果不存在某顾客的应收账款，在应收账款明细表中却列入了对该顾客的应收账款，则属于（　　）认定错报。

A. 存在　B. 完整性　C. 分类　D. 截止

9. 分类目标是由管理层关于（　　）认定推导得出。

A. 存在　B. 完整性　C. 计价与分摊　D. 分类

10. 审计意见旨在提高被审计单位（　　）的可信赖程度。

A. 财务报表　B. 持续经营能力

C. 管理层经营效率　D. 管理层经营效果

三、多项选择题

1. 注册会计师财务报表审计总目标是注册会计师对财务报表整体是否不存在由于舞弊或错误导致的重大错报获取合理保证，使得注册会计师对财务报表的（　　）发表审计意见。

A. 合法性　B. 公允性　C. 重大错报风险　D. 重要性水平

2. 某公司 2012 年 12 月 31 日资产负债表流动资产项下列示存货 1 000 000 万元，则明确的认定包括：（　　）。

A. 记录的存货是存在的

B. 记录的存货的正确余额是 1 000 000 万元

C. 所有应列报的存货都列示于财务报表中了

D. 记录的存货全部由本公司所拥有

3. 某公司2012年12月31日资产负债表流动资产项下列示货币资金2 000 000万元，则隐含的认定包括(　　)。

A. 记录的货币资金是存在的

B. 记录的货币资金全部由本公司拥有

C. 所有的货币资金都包括在财务报表中

D. 全部货币资金的使用不受任何限制

4. 审计目标分为(　　)两个层次。

A. 审计总目标　　B. 报表层次审计目标

C. 审计具体目标　　D. 认定层次审计目标

5. 一般说来，审计具体目标必须根据(　　)来确定。

A. 审计总目标　　B. 被审计单位管理层认定

C. 审计准则　　D. 审计范围

6. 与列报和披露相关的具体审计目标有(　　)。

A. 分类与可理解性　B. 完整性　C. 截止　D. 准确性和计价

7. 下列属于期末账户余额的认定有(　　)。

A. 存在　B. 权利和义务　C. 完整性　D. 计价和分摊

8. 下列属于各类交易和事项的认定有(　　)。

A. 发生　B. 权利和义务　C. 完整性　D. 截止

9. 下列属于交易的分类认定具体运用的有(　　)。

A. 应收账款与其他应收账款予以明确区分记录

B. 出售固定资产所得的收入与营业收入区分记录

C. 将现销与赊销区分记录

D. 财务报表附注分别对原材料、在产品和产成品等存货成本核算方法作了恰当说明

10. 注册会计师通过审计发现的下列情况中，被审计单位没有违反权利和义务认定的有(　　)。

A. 将经营租入的设备作为自有固定资产

B. 将融资租入的设备作为自有固定资产

C. 将已出租的专利权作为自有无形资产

D. 将委托代销的商品作为企业的存货

四、案例分析题

1. 注册会计师通常依据各类交易、账户余额、列报和披露的相关认定确定审计目标，根据审计目标设计审计程序。对ABC公司2012年报表进行审计时，注册会计师已经确定了采购交易的认定，并决定根据认定来确定采购交易的具体审计目标。

(1)认定

A. 发生　B. 完整性　C. 准确性　D. 截止　E. 分类

(2)审计目标

A. 与采购交易有关的金额及其他数据已恰当记录

B. 所有应当记录的采购交易均已记录

C. 采购交易已记录于正确的会计期间

D. 采购交易已记录于恰当的账户

E. 所记录的采购交易已发生，且与被审计单位有关

要求：

请你代注册会计师针对上述采购交易的认定，指出对应的审计目标。

2. ABC公司是一家专营商品零售的股份公司。注册会计师经过了解，确定存货项目为重点审计领域，同时决定根据管理层认定来确定存货项目的具体审计目标。

具体审计目标

(1)公司对存货是否拥有所有权。

(2)记录的存货数量是否包括了公司所有的在库存货。

(3)是否按成本与可变现净值孰低法调整期末存货的价值。

(4)已售存货成本的计算及结转是否准确。

(5)存货的计价基础是否已在财务报表附注中恰当披露。

(6)存货的主要类别是否已在财务报表附注中恰当披露。

认定

A. 账户余额的完整性

B. 账户余额的存在

C. 账户余额的权利和义务

D. 账户余额的计价与分摊

E. 列报和披露的准确性和计价

F. 列报和披露的分类与可理解性

G. 交易的截止

H. 交易的准确性

要求：

假定具体审计目标已经被注册会计师选定，注册会计师应当确定的与各具体审计目标最相关的认定是什么？（对每项认定，可多次选择或不选。）

第四章

审计方法

引导案例

银广夏事件

广夏(银川)实业股份有限公司(简称银广夏)在1998年至2001年期间,通过虚构进货单位,虚构材料采购,伪造原材料入库单,萃取产品的生产记录、产品出库单、销售发票、进出口报关单、银行汇款单、银行进账单,制造虚假的出口销售合同,虚列萃取产品等手段,虚构销售收入、少计费用,导致虚增利润达77 156.70万元人民币。然而,银广夏的财务报表经深圳中天勤会计师事务所审计后,被出具了"无保留意见"的审计报告(即银广厦的财务报告得到认可)。

中天勤会计师事务所在审计银广夏财务报表时,注册会计师违反了审计准则的规定,在审计方法上存在严重缺陷。例如:(1)中天勤的注册会计师对其子公司天津广夏审计时,对其应收账款及出口交易执行函证程序,竟然委托被审计单位天津广夏代为向银行、海关、债务人寄发询证函,回函也由该公司收回后转交给注册会计师,致使被审计单位有机会伪造函证结果,使函证失去意义;(2)中天勤的注册会计师过分依赖被审计单位提供的会计资料,在"明知"银广夏的财务报表可能存在虚假的情况下,没有实施有效的函证、监盘存货等审计程序,因而未能发现银广夏财务报表中的重大虚假收入。

分析:

审计方法的恰当与否,在很大程度上决定着审计的成败。

必备知识

审计方法是为了达到审计目的,完成审计任务,在审计过程中获取审计证据,形成审计结论采取的措施、技术与手段。审计方法随着审计环境的变化而调整。

第一节　审计组织方法

一、顺查法和逆查法

顺查法和逆查法是根据取证顺序与会计核算顺序的关系来区分的。

1.顺查法是指按照会计核算过程的先后顺序，依次审查凭证、账簿和报表的一种审计方法。审查时首先审查原始凭证；其次是审查记账凭证；再次，审查各类账簿的记录是否正确，账证是否相符；最后，审查和分析财务报表，核对账表、表表是否相符。

顺查法的优点是审计比较全面系统，质量可靠，易于查对；顺查法的缺点是不易于及时抓住重点，工作量大，不利于提高审计效率。顺查法一般适用于规模小、业务少的被审计单位。

2.逆查法是指按照与会计核算过程相反的顺序依次进行审计的方法。采用逆查法时，注册会计师首先审查和分析财务报表及其各个项目，从中找出增减变动异常或数额较大、容易出现错误或舞弊的项目，从而确定下一步审计的重点项目；其次，按照所确定的重点和可疑账项，追溯审查会计账簿，发现可能存在的问题；最后，通过审查凭证来确定被审计事项的真伪。

逆查法的优点是易于抓住审计重点，节约审计时间，提高审计效率；逆查法的缺点是审查不够详尽，容易遗漏问题。逆查法一般适用于规模较大、业务多、内部控制较好的被审计单位。

在审计时两种方法可结合起来运用。

二、详查法和抽查法

详查法和抽查法是根据审计的详略程度来区分的。

1.详查法是指对审计对象审计期间的全部会计资料进行全面详细审查的一种审计方法。对会计凭证、会计账簿和财务报表都要详细地审查核对，以查找错弊为主要目标。

详查法的优点是能够收集到全面、完整的证据，保证审计质量；详查法的缺点是审计工作量大，费时费力。详查法一般适用于规模小、业务少的被审计单位，或者在反腐倡廉审计时运用。

2.抽查法是指从全部会计资料中选取部分资料进行审查，根据审查结果推断全部资料的正确程度的一种审计方法。

抽查法的优点是节约审计时间与成本，提高审计效率；抽查法的缺点是如果选取的测试项目不具备代表性，则会得出错误的结论。抽查法一般适用于规模较大、业务多、内部控制较好的被审计单位。

有时，审计的两种方法可结合起来运用。

三、报表项目法与业务循环法

对财务报表审计时，应将财务报表按一定的标准划分为更小的部分，以便于审计。按照对财务报表的项目进行划分的标准不同，通常有报表项目法和业务循环法之分。

（一）报表项目法

按财务报表的项目来组织财务报表审计的方法称为报表项目法。

报表项目法的优点是与多数被审计单位账户设置体系及财务报表格式相吻合，操作方便。

报表项目法的缺点是将紧密联系的相关账户（报表项目）人为分割开，比如将同是产生于销售交易中的应收账款与主营业务收入分别进行审计，从而造成审计工作的脱节与重复；另外，由于对内部控制的了解与测试通常按照业务循环进行，报表项目法使实质性程序与控制测试脱节。

(二)业务循环法

所谓业务循环，是指处理某一类经济业务的工作程序和先后顺序。

把紧密相连的报表项目及涉及的交易和账户归入同一业务循环，然后按业务循环来组织财务报表审计的方法称为业务循环法。

由于各被审计单位的业务性质和规模不同，其业务循环的划分也有所不同。一般可将被审计单位全部的交易和账户按照相关的程度划分成若干个业务循环。例如，制造业企业可以划分为以下几个业务循环：

1.销售与收款循环。销售与收款循环包括向顾客收受订货单，核准购货方的信用，发运商品，开具销货发票，记录收入和应收账款，收款并记录以及记录现金收入等。

2.采购与付款循环。采购与付款循环包括请购存货、其他资产或劳务，编制与发出订货单，货物验收入库并填制验收单、入库单，记录应付账款，核准付款，支付款项和记录现金支出等。

3.生产与仓储循环。生产与仓储循环包括领取原材料及其他物料用品，投入生产，分摊费用，计算生产成本，产品完工入库，核算商品销售成本以及存货的存储管理。

4.薪酬与人力资源循环。聘用、辞退职工，制定职工薪酬等级标准，记录与核实实际工时，计算应付职工薪酬与代扣款项，发放职工薪酬，记录职工薪酬支出等。

5.理财循环。理财循环又称筹资与投资循环，包括授权、核准、执行和记录有关资金筹措、资金运用及收益分配等。

其中，生产与仓储循环、薪酬与人力资源循环也可合并为一个循环。

业务循环法的优点是将交易与账户的实质性程序与按业务循环进行的控制测试直接联系在一起，加深审计小组成员对被审计单位经济业务的理解，而且便于审计的合理分工，将特定业务循环所涉及的财务报表项目分配给一个或数个审计小组成员，能够提高审计的效率与效果。

第二节 审计程序

一、基本审计程序

审计程序是指获取审计证据的具体方法。在审计过程中，注册会计师可以单独或组合运用以下八种基本审计程序。

(一)检查记录或文件

检查记录或文件是指注册会计师对被审计单位内部或外部生成的，以纸质、电子或其他介质形式存在的记录或文件进行审查。记录或文件包括原始凭证、记账凭证、会计账簿、财务报表以及其他文件。

检查记录或文件的目的是对财务报表所包含或应包含的信息进行验证。例如，检查被审计单位销售交易的顾客订单、发货单和销售发票，以验证被审计单位记录的销售交易的正确性及营业收入的正确性。

下面举例介绍检查记录或文件的具体操作。

比如检查会计凭证，要注意其有无涂改、挖补等伪造、变造现象，记载的交易和事项是否合理合法，是否有责任人或单位签章，一式几联的原始凭证是否复写，原始凭证是否连续编号，大小写金额是否相符，数字填写是否合规，会计凭证的项目是否齐全、合规，会计分录的编制是否恰当，记账凭证所附的原始凭证是否齐备，原始凭证上的记载与记账凭证是否相符等。

再如检查会计账簿，要注意账户的运用是否恰当，账户对应关系是否正常，账簿内容是否合规，货币收支的金额有无不正常的现象，成本核算是否符合规定，总账、明细账、日记账与会计凭证上的记载是否一致，总账的账户余额是否与所属明细账的账户余额合计数相符，总账各账户的借方余额合计与贷方余额合计是否相等，总账各账户的余额或发生额合计是否与财务报表上相应项目的金额相符。

(二)检查有形资产

检查有形资产是指注册会计师对资产实物进行审查。检查有形资产大多数情况下适用于库存现金和存货，也适用于固定资产和有价证券。

检查有形资产是验证资产真实存在的最可靠的手段。它不仅是认定资产数量和规格的一种客观手段，在某些情况下，还是评价资产状况和质量的一种有用方法，比如确定存货数量的同时确定存货是否存在残次品、不热门或滞销的情况。但检查有形资产不能确定资产的权利或计价认定。

注意：

有时，需要区分检查有形资产与检查记录或文件。如果被检查的对象，如销售发票，其本身没有价值，则这种检查就是文件检查。如果被检查的对象，其本身有价值，则这种检查就是资产检查。例如，支票在签发以前是文件，签发以后就变成了资产，核销以后，又变成了文件。只有在支票是一项资产时，对其进行的检查才是有形资产检查。

(三)观察

观察是指注册会计师查看相关人员正在从事的活动或执行的程序。观察法适用于对财产物资的验证、内部控制的了解测试和经营管理活动的考察。例如，对客户执行的存货盘点或控制活动进行观察，对客户的固定资产使用状况进行观察。

观察提供的审计证据仅限于观察发生的时点，并且在已经知道被观察时，相关人员从事活动或执行程序可能与日常的做法不同，从而会影响注册会计师对真实情况的了解。因此，观察时点的情况并不能证明一贯的情况，注册会计师在使用观察程序获取证据的时候，要注意其本身固有的局限性，有必要获取其他的佐证。

注意：

在实务中对存货等常用的“监盘”是一项复合程序，是观察程序和检查程序的结合运用，其中检查程序包括检查相关的记录或文件和检查有形资产。

(四)询问

询问是指注册会计师以书面或口头方式，向被审计单位内部或外部的知情人员调查获取财务信息和非财务信息，并对答复进行评价的过程。例如，询问被审计单位管理层持有资产的意图，让其对会计处理做出解释。

知情人员对询问的答复可能为注册会计师提供尚未获悉的信息或佐证，也可能提供与已获悉信息存在重大差异的信息。

尽管通过询问可以从客户获得大量的证据（口头证据），但一般不能作为结论性证据，仅仅是提供一些重要线索，为进一步调查确认所用。也就是说，询问通常不足以发现认定存在的重大错报，也不足以用来测试控制运行的有效性，注册会计师还应当实施其他审计程序获取充分、适当的审计证据。

（五）函证

函证是指注册会计师直接从第三方（被询证者）获取书面答复以作为审计证据的过程。

函证程序通常用于确认有关账户余额及其组成部分（如应收账款明细账）。

函证适用于下列账户余额或信息：(1)银行存款、借款及与金融机构往来的其他重要信息；(2)交易性金融资产；(3)应收账款；(4)应收票据；(5)其他应收款；(6)预付账款；(7)由第三方保管的存货；(8)长期股权投资；(9)委托贷款；(10)应付账款；(11)预收账款；(12)保证、抵押或质押；(13)或有事项；(14)重大或异常的交易；(15)细节信息，如某项重大交易的细节，合同条款是否发生变化及变化细节，是否存在影响收入确认的背后协议等。

函证的方式有积极式和消极式两种。积极式函证也称肯定式函证，是指要求被询证者在所有情况下都必须回函，确认询证函所列示信息是否正确，或填列询证函要求的信息。消极式函证也称否定式函证，是指要求被询证者在不同意询证函列示信息的情况下才予以回函。

（六）重新计算

重新计算是指注册会计师以人工方式或使用计算机辅助审计技术，对记录或文件中数据计算的准确性进行核对。

例如，计算销售发票和存货的总金额，加总日记账和明细账，检查折旧费用的计算，检查应纳税额的计算等。

在计算过程中，注册会计师不仅要注意计算结果是否正确，而且还要对某些其他可能的差错（如计算结果的过账和转账等）予以关注。

（七）重新执行

重新执行是指注册会计师以人工方式或使用计算机辅助审计技术，对被审计单位内部控制组成部分的程序或控制重新独立执行。

例如，注册会计师利用被审计单位的银行存款日记账和银行对账单，重新编制银行存款余额调节表，并与被审计单位编制的银行存款余额调节表进行比较，验证被审计单位银行存款对账控制的执行情况。

（八）分析程序

分析程序是指注册会计师通过研究不同财务数据之间以及财务数据与非财务数据之间的内在关系，对财务信息做出评价。分析程序还包括调查已识别的与其他相关信息不一致或与预测数据严重偏离的重大波动或异常关系。

1. 分析程序的目的

分析程序运用于整个审计过程中，其目的包括：

(1)用于风险评估程序,以了解被审计单位及其环境,识别那些可能表明财务报表存在重大错报风险的异常变化,进而评估重大错报风险。

例如,注册会计师根据对被审计单位及其环境的了解,得知本期在生产成本中占较大比重的原材料成本大幅上升。因此,注册会计师预期在销售收入没有较大变化的情况下,由于销售成本的上升,毛利率应下降。但是,注册会计师通过分析程序发现,本期与上期的毛利率变化不大。注册会计师可能据此认为销售成本存在重大错报风险。

在风险评估过程中使用分析程序是审计准则的强制要求。

(2)用于实质性程序,收集审计证据,直接识别重大错报,以适当减少细节测试的工作量,节约审计成本,降低审计风险。

实质性分析程序通常适用于在一段时期内存在稳定的可预期关系的大量交易,它不是必须实施的程序,并不适用于所有的财务报表认定。

【案例】 对销售收入执行实质性分析程序

ABC公司生产某种化工产品,其产品主要通过公司的销售部及分销商进行销售。2009—2011年期间,ABC公司的销售情况一直增长缓慢。2011年12月末,ABC公司从它的竞争对手E公司那里挖来一个新的销售总监L。L将其原来在E公司的客户带到了ABC公司,使得ABC公司2012年1月份的销售量增加了25%,并且ABC公司在2012年全年一直保持向这些客户销售产品。ABC公司2011年的销售收入为1 712万元,2012年的销售收入为2 203万元。

注册会计师决定对2012年度的销售收入使用实质性分析程序。

由于客户的增加,ABC公司2012年度的销售收入比2011年度增加了25%。注册会计师已经通过向客户函证的方式证实了这一销售收入的增长。

2012年销售收入的预期值=1 712×(1+25%)=2 140(万元)

差异额=2 203-2 140=63(万元)

注册会计师确定的销售收入可接受的差异额为20万元。

由于实际差异额超过了设定的可接受差异额,注册会计师决定做出进一步调查。

第一种情况:

注册会计师询问了被审计单位管理层及会计部经理。会计部经理做如下解释:在2012年10月初,公司与一个大型分销商签订了代理合同,此外,销售总监L也在2012年11月份争取了两个新的大客户,因此2012年第4季度的销售比以往有所增加,使全年销售收入比上年增加超出25%,是正常的情况。

针对上述解释,注册会计师检查了销售部门的月度总结报告,发现销售部门确实在10月份采取了行动并取得了管理层所说的客户。然后注册会计师对新增客户在2012年度的销售记录进行了检查。新增客户在2012年使得ABC公司的销售额增加了48万元。考虑这一因素的影响,ABC公司2012年度销售收入差异额将低于注册会计师设定的可接受的差异额,因此注册会计师决定不再进行进一步调查。

审计结论:对于销售收入,超过注册会计师设定的可接受的差异额的差异已经得到解释和证实。因此,销售收入未发现重大错报。

第二种情况：

注册会计师询问被审计单位管理层及会计部经理，对方没有给出合理解释。

审计结论：ABC公司2012年度的销售收入存在重大错报(推断错报43万元)。

(3)用于审计工作结束时对财务报表进行总体复核。总体复核时的分析程序往往集中在财务报表层次，主要解释财务报表项目自上个会计期间以来发生的重大变化，以证实财务报表中列报的所有信息与注册会计师对被审计单位及其环境的了解是否一致、与注册会计师取得的审计证据是否一致。

在总体复核时使用分析程序也是审计准则的强制要求。

2.分析程序可使用的方法

分析程序常用的方法有趋势分析法、比率分析法、配比分析法和回归分析法等。

(1)趋势分析法

趋势分析法主要是通过对比两期或连续数期的财务或非财务数据，确定其增减变动的方向、数额或幅度，以掌握有关数据的变动趋势或发现异常的变动，如将本期数据与上期数据进行比较，多个会计期间数据的比较。

当被审计单位处于经营环境稳定状态时，趋势分析法最适用。当被审计单位业务经营环境变化较大或会计政策变更较大，趋势分析法就不再适用。

例如：ABC家具公司2012年全年供产销形势很稳定，1月份至11月份月营业额在120万元左右，12月份营业额为200万元。12月份营业额比前11个月平均营业额增长66.67%，在全年供产销形势很稳定的情况下，12月份营业额的巨幅增长是不正常的，可能存在年底虚增营业收入的问题。

(2)比率分析法

比率分析法主要是结合其他有关信息，将同一报表内部或不同报表间的相关项目联系起来，通过计算比率，反映数据之间的关系，用以评价被审计单位的财务信息。

例如，应收账款周转率反映赊销收入与应收账款平均余额之间的比率，这一比率变小可能说明应收账款回收速度放慢，需要计提更多的坏账准备，也可能说明本期赊销收入与期末应收账款余额存在错报。

当财务报表项目之间的关系稳定并可直接预测时，比率分析法最为适用。

比率分析所涉及的内容通常可以分为五个方面：①流动性(如流动比率、速动比率)；②资产营运能力比率(如存货周转率、应收账款周转率)；③负债比率(如资产负债率、产权比率)；④盈利能力比率(如销售毛利率、主营业务利润率)；⑤生产能力比率(如原材料成本占收入比例、人工成本占收入比例、人均收入、人均成本)。

(3)配比分析法

配比分析法是通过彼此相关联的项目或造成某种变化的各种变量，测试某项目的合理性。

例如，注册会计师对制造企业的营业收入进行分析时，可以考虑将产品销售量与被审计单位的生产能力及其利用情况(产量)、仓储条件(储量)联系起来，考虑将营业收入与成本、运费、水电费、办公经费、广告费用、销售费用等进行配比分析，考虑将营业收入与相关的税金，如增值税进行对比分析，判断营业收入的合理性。

(4)回归分析法

回归分析法是在掌握大量观察数据的基础上，利用数学方法建立因变量与自变量之间回归关系的函数表达式，并利用其进行分析。

例如，营业收入与广告费用之间通常存在正相关关系，可以建立两者之间的回归模型，并根据模型估计某一年度营业收入的预期值，然后与账面数进行比较，判断有无异常。

回归分析法理论上能考虑所有因素的影响，如相关经营数据、经营情况、经济环境的变化等，其预测精度较高，但在选择适当关系时将耗费大量时间，审计成本较高。

注意：

分析程序由于需要计算金额、比率或趋势，以评价财务信息，所以不适用于内部控制的了解与测试。

在审计过程中，注册会计师可根据需要单独或综合运用上述审计程序，获取充分、适当的审计证据。

二、审计程序的性质、时间安排与范围

(一)审计程序的性质

审计程序的性质是指审计程序的目的和类型。

1. 审计程序的目的

(1)风险评估程序：通过实施风险评估程序来了解被审计单位及其环境，以评估重大错报风险。

(2)控制测试：通过实施控制测试以确定控制运行的有效性。

(3)实质性程序：通过实施实质性程序以发现各类交易、账户余额、列报认定层次的重大错报。

2. 审计程序的类型

审计程序的类型包括检查、观察、询问、函证、重新计算、重新执行和分析程序。

(二)审计程序的时间安排

审计程序的时间安排是指注册会计师何时实施审计程序，或审计证据适用的期间或时点。注册会计师可以在期中或期末及期后实施审计程序。

(三)审计程序的范围

审计程序的范围是指实施审计程序的数量，如抽取的样本量、对某项控制活动的观察次数等。

实训

一、判断题

1. 审计方法随着审计环境的变化而调整。 (　　)

2. 虽然每个被审计单位的业务性质和规模都不同，但其业务循环的划分应该一样。 (　　)

3. 检查记录或文件仅是对以纸质形式存在的记录或文件进行审查。 (　　)

4. 检查有形资产大多数情况下适用于库存现金和存货、固定资产，不适用于有价证券。（ ）

5. 重新执行是指注册会计师查看相关人员正在从事的活动或执行的程序。（ ）

6. 通过询问可以从客户那里获得大量的证据，而且可以作为结论性证据。（ ）

7. 正因为函证来自于独立于被审计单位的第三方，所以它受到高度重视并被经常使用。（ ）

8. 消极式函证是指要求被询证者在所有情况下都必须回函，确认询证函所列示信息是否正确，或填列询证函要求的信息。（ ）

9. 注册会计师可采用积极的或消极的函证方式实施函证，也可将两种方式结合使用。（ ）

10. 分析程序只能用于风险评估，不能用于直接识别重大错报。（ ）

二、单项选择题

1. 在实务中对存货等常用的（ ）是一项复合程序，是观察程序和检查程序的结合运用，其中检查程序包括检查相关的记录或文件和检查有形资产。

A. 询问　B. 控制测试　C. 监盘　D. 风险评估

2. 报表项目法是按（ ）来组织财务报表审计的方法。

A. 财务报表项目　B. 业务循环　C. 内部控制　D. 重大错报风险

3.（ ）是指注册会计师为了获取影响财务报表或相关披露认定的项目的信息，通过直接来自第三方的对有关信息和现存状况的声明，获取和评价审计证据的过程。

A. 询问　B. 检查记录或文件　C. 函证　D. 观察

4. 下列不适用函证的项目是（ ）。

A. 银行存款

B. 库存现金

C. 由其他单位代为保管、加工或销售的存货

D. 应收账款

5. 下列不适用分析程序的项目是（ ）。

A. 主营业务收入的完整性　B. 管理费用的真实性

C. 应收账款的合理性　D. 存货内部控制的有效性

6.（ ）是指注册会计师对被审计单位内部或外部生成的，以纸质、电子或其他介质形式存在的记录或文件进行审查。

A. 函证　B. 询问　C. 检查记录或文件　D. 重新计算

7.（ ）是指注册会计师以书面或口头方式，向被审计单位内部或外部的知情人员获取财务信息和非财务信息，并对答复进行评价的过程。

A. 函证　B. 询问　C. 分析程序　D. 观察

8. 注册会计师对被审计单位重要的比率或趋势进行分析以获取审计证据的方法属于（ ）。

A. 计算　B. 检查　C. 分析程序　D. 比较

9. 把紧密相连的报表项目及涉及的交易和账户归入同一业务循环，然后按业务循环来组织财务报表审计的方法称为(　　)。

A. 逆查法　　B. 报表项目法　　C. 顺查法　　D. 业务循环法

10. (　　)是指注册会计师对存货等资产实物进行审查。

A. 检查记录或文件　　B. 检查有形资产　　C. 函证　　D. 观察

三、多项选择题

1. 审计程序的目的有(　　)。

A. 风险评估程序　　B. 控制测试　　C. 实质性程序　　D. 回归分析

2. (　　)是根据取证顺序与会计核算顺序的关系来区分的。

A. 顺查法　　B. 抽查法　　C. 详查法　　D. 逆查法

3. 制造业企业可以划分为下面几个业务循环(　　)。

A. 销售与收款循环　　B. 采购与付款循环

C. 理财循环　　D. 生产与仓储循环

4. 下列属于运用观察审计程序的是(　　)。

A. 监督客户执行的存货盘点　　B. 对客户的控制活动进行观察

C. 亲自抽点客户的存货　　D. 对客户的固定资产使用状况进行观察

5. 在实务中对库存现金、存货等常用的"监盘"是一项复合程序，由(　　)构成。

A. 检查记录或文件　　B. 观察

C. 检查有形资产　　D. 重新执行

6. 检查记录或文件适用于下列(　　)。

A. 银行存款总账　　B. 保险柜内的现金　　C. 销售发票记账联　　D. 应收账款明细账

7. 函证的方式有(　　)。

A. 逆查　　B. 积极式　　C. 顺查　　D. 消极式

8. 下列属于运用重新计算审计程序的是(　　)。

A. 比较本年各月主营业务收入　　B. 检查应纳税额的计算

C. 计算销售发票和存货的总金额　　D. 重新编制银行存款余额调节表

9. 分析程序常用的方法有(　　)。

A. 趋势分析法　　B. 比率分析法　　C. 回归分析法　　D. 函证

10. 分析程序的目的包括(　　)。

A. 用作风险评估程序，识别、评估重大错报风险

B. 用于审计工作结束时对财务报表进行总体复核

C. 用作实质性程序，识别重大错报

D. 确定控制运行的有效性

四、案例分析题

1. ABC公司有关存货的会计政策规定，入库产成品按实际生产成本入账，发出产成品按先进先出法核算。2012年12月31日，ABC公司甲产品期末结存数量为1 200件，期末余额为5 210元，ABC公司2012年度甲产品的相关明细账见表4-1。假定期初余额

和所有的数量、入库单价均无误，确定该产品的期末余额和结转主营业务成本是否正确；并指出所运用的审计程序。

表 4-1　　**库存商品明细账**

科目：库存商品/甲产品　　金额单位：元

2012 年		摘要	入库			出库			结存		
月	日		数量	单价	金额	数量	单价	金额	数量	单价	金额
1	1	期初余额							500	5.00	2 500
3	1	入库	400	5.1	2 040				900		4 540
4	1	销售				800	5.2	4 160	100		380
8	1	入库	1 600	4.6	7 360				1 700		7 740
10	3	销售				400	4.6	1 840	1 300		5 900
12	1	入库	700	4.5	3 150				2 000		9 050
12	31	销售				800	4.8	3 840	1 200		5 210
12	31	期末余额							1 200		5 210

2. ABC 公司 2012 年度的借款规模、存款规模分别与 2011 年度基本持平，但财务费用比 2011 年度有所下降。ABC 公司提供以下理由，试分析这些理由能否解释财务费用变动趋势。

(1) ABC 公司于 2011 年 1 月初借入 3 年期的工程项目专门借款 10 000 000 元，该工程项目于 2011 年 1 月开工建设，在 2012 年 6 月完工。

(2) ABC 公司从 2008 年起至今一直有美元存款 200 000 美元。由于人民币在 2012 年度持续升值，人民币对美元的汇率在 2012 年度有较大幅度上升。

(3) 为了缓解流动资金紧张的压力，ABC 公司从 2012 年 4 月起增加了商业汇票的贴现规模。

(4) 根据 ABC 公司与开户银行签订的存款协议，从 2012 年 7 月 1 日起，ABC 公司在开户银行的存款余额超过 1 000 000 元的部分所适用的银行存款利率上浮 0.5%。

3. 注册会计师接受委托对 ABC 公司 2012 年度的财务报表进行审计。现决定对人工成本执行实质性分析程序。注册会计师从 ABC 公司人力资源部取得了 2012 年和 2011 年度的员工清单，检查员工人数，并未发现变化。注册会计师又阅读了 2012 年度 1 月份 ABC 公司调整员工薪酬的董事会决议。这次调整使得员工薪酬平均增加 10%。注册会计师检查了 2012 年度薪酬支付记录，证实 ABC 公司已经执行了调整薪酬的决议。ABC 公司 2011 年与 2012 年的人工成本分别为 3 000 000 元与 3 580 000 元。

假定注册会计师设定的人工成本的可接受差异额为 300 000 元。

要求：

请代替注册会计师对人工成本执行实质性分析程序（列示分析过程，并写出审计结论）。

第五章

审计证据与审计工作底稿

引导案例

审计工作底稿是对审计过程的全面记录吗

2012年12月31日，审计助理小张前去ABC公司监盘存货，听到几个员工议论可能存在变质产品。小张对存货进行抽点，结果表明存货数量合理、收发有序。由于产品技术含量较高，小张无法鉴别产品是否变质，于是他去询问存货部主管，得到的答复是，产品无质量问题。在编制审计工作底稿时，小张将"听说有变质产品"写在备注中，并建议在下阶段的存货审计中予以特别注意。注册会计师小王在复核工作底稿时，向小张详细了解存货盘点情况，特别是有关变质产品的情况，并询问当时议论此事的员工，但这些员工矢口否认。于是，小王与存货部主管进行沟通之后得出结论"存货价值公允且均可出售"。小王在底稿备注栏中注明"变质产品问题经核实尚无证据，但下次审计时应加以考虑。"

由于ABC公司总经理抱怨小王前两年发表保留意见，使其贷款遇到了麻烦，因此本年注册会计师发表了无保留意见。六个月后，ABC公司资金周转不畅，主要是存货中存在大量变质产品无法出售，致使无法偿还银行贷款。银行提起诉讼，会计师事务所向法庭出示了审计工作底稿。法院审理后认为注册会计师明知存货高估，但迫于该公司的压力，没有揭示财务报表中存在的问题，具有重大过失，应赔偿银行的贷款损失。

分析：

1. 员工的议论提供了存货可能存在价值高估的审计线索，然而注册会计师没有进一步调查，只是简单地询问有关人员，显然获得的审计证据无法支持审计结论。

2. 如果注册会计师已对存货的正确性有了明确的结论，就不应再将"有关员工的议论"和"下次审计时应加以考虑"的话不负责任地写进工作底稿。

必备知识

第一节　审计证据

要实现审计目标，就必须收集审计证据，审计必须凭证据说话。

一、审计证据的含义

审计证据就是指注册会计师为了得出审计结论、形成审计意见而使用的所有信息，包括构成财务报表基础的会计记录所含有的信息和其他信息。审计证据的内容见表 5-1。

表 5-1　　审计证据的内容

审计证据	会计记录所含有的信息	原始凭证	如支票、电子资金转账记录、发票
		记账凭证	如记录销售交易的记账凭证
		总账和明细(日记)账	如主营业务收入总账与明细账
		未在记账凭证中反映的对财务报表的其他调整	如编制财务报表时的重分类调整、编制合并财务报表时的内部交易抵销调整
		支持成本分配、计算、调节和披露的手工计算表和电子数据表	如制造费用分配表
	其他信息	从被审计单位内部或外部获取的会计记录以外的信息	如被审计单位会议记录、内部控制手册、询证函的回函、分析师的报告、与竞争者的比较数据、合同等
		通过询问、观察和检查等审计程序获取的信息	如通过检查存货获取存货存在性的证据等
		自身编制或获取的可以通过合理推断得出结论的信息	如注册会计师编制的各种计算表、分析表

会计记录是编制财务报表的基础，是注册会计师执行财务报表审计业务需获取的审计证据的重要部分。但是，会计记录中含有的信息不足以提供充分的证据作为发表意见的基础时，注册会计师还需要获取其他信息，比如，巨额应收账款的存在认定，不能只凭内部会计记录，还需要函证来获得证据。没有前者，审计工作将无法进行；没有后者，可能无法识别重大错报，因此二者缺一不可。

二、审计证据的类型

审计证据按其来源分为外部证据、内部证据与亲历证据三类。

(一)外部证据

外部证据是指在被审计单位以外的单位或人士所提供的证据，其证明力较强。它又可以分为两类：一是由被审计单位以外的单位或人士出具的，并由注册会计师直接获得的审计证据，如应收账款函证的回函，被审计单位律师的证明函件，保险公司、证券经纪人的证明，证券分析师的报告，政府或民间机构发布的行业报告和统计数据；二是由被审计单位以外的单位或人士出具的，但为被审计单位所持有并提交给注册会计师的审计证据，如银行对账单、购货发票等。

(二)内部证据

内部证据是指在被审计单位内部形成的审计证据。如自制原始凭证、记账凭证、账簿、试算平衡表、汇总(明细)表；管理层声明、内部人员对询问的答复；重要的计划、合同、会议记录、内部控制手册等其他有关资料。这些内部证据可以进一步划分为两类：一是仅在被审计单位内部流转的证据，如出库单、入库单、期末存货盘点表；二是由被审计单位产生，但获得外部确认或认可的证据，如销售发票、付款支票。

(三)亲历证据

亲历证据是指注册会计师通过观察或亲自在被审计单位执行某些活动中而取得的证据，如监盘存货形成的监盘表、各种计算表、分析表(执行分析程序的记录)。

三、审计证据的特征

审计证据要具有较强的证明力，就必须具有充分性、适当性两大特征。

(一)充分性

审计证据的充分性是对审计证据数量的衡量，是指审计证据的数量能足以支持注册会计师的审计结论。也就是说，审计证据的充分性是注册会计师得出审计结论所需要的审计证据的最低数量要求。审计证据的充分性可能与注册会计师选取测试项目(或者样本)的数量有关。例如，对某个审计项目实施某一选定的审计程序，从200个样本中获得的证据要比从100个样本中获得的证据更充分。

恰当的审计结论需要建立在充分的审计证据基础之上，但并不等于说审计证据的数量越多越好。收集审计证据要考虑成本效益原则，如果收集过多的审计证据，会增加不必要的审计成本、降低审计效率。

(二)适当性

审计证据的适当性是对审计证据质量的衡量，包括相关性和可靠性两层含义。

1. 相关性

审计证据的相关性是指审计证据应与审计目标相关。

例如，存货监盘表是和存货的存在这一目标相关的，但却不能证明存货的所有权和价值。再如，检查应收账款在资产负债表日后收款的记录可以提供有关销售交易的发生和准确性(应收账款的存在和计价)的审计证据，但是与销售交易的截止不一定相关。又如，如果从发货单中选取样本，追查与每张发货单相应的销售发票，由此所获得的证据可以确定每张发货单是否均已开具发票，但却不能确定是否存在虚开发票的情况；如果从销售发票中选取样本，并追查至与每张发票相应的发货单，由此所获得的证据可以确定是否虚开发票，但却不能确定是否每张发货单均已开具发票。

收集的证据如果与审计目标不相关，即使证据再可靠、数量再多，也起不到证明作用，只会浪费时间和增加审计成本。收集审计证据必须紧紧围绕审计目标来进行。

2. 可靠性

审计证据的可靠性是指审计证据的可信程度。如果审计证据不可靠，数量再多、与审计目标再相关，也不能起到证明作用。

审计证据的可靠性取决于审计证据的来源和性质，并受取证环境的影响。在判断审计证据可靠性时通常会作如下考虑：

(1)外部证据可能比内部证据更可靠，如银行对账单要比银行存款余额调节表可靠；从外部独立来源获取的审计证据比从其他来源获取的审计证据更可靠，如银行询证函回函比银行对账单可靠；获得外部确认或认可的内部证据可能比仅在被审计单位内部流转的证据要可靠，如付款支票要比被审计单位的期末存货盘点表可靠。

(2)内部控制有效时内部生成的审计证据比内部控制薄弱时内部生成的审计证据更可靠。例如，如果与销售业务相关的内部控制有效，从销售发票和发货单中取得的审计证据就比相关内部控制无效时更加可靠。

(3)直接获取的审计证据比间接获取或推论得出的审计证据更可靠。例如，注册会计师观察某项控制的运行得到的证据比询问被审计单位某项控制的运行得到的证据更可靠。

但要考虑例外情形，例如，如果注册会计师无法鉴别人造玉石与天然玉石，那么他检查天然玉石存货获取的直接证据，也不能证明有关天然玉石是否实际存在。又如，注册会计师观察时正在执行的控制在注册会计师不在场时可能未被执行。

(4)以文件、记录形式(无论是纸质、电子或是其他介质)存在的审计证据比口头形式的审计证据更可靠。例如，会议的同步书面记录比对讨论事项事后的口头表述更可靠。在一般情况下，口头证据往往需要得到其他相应证据的支持。

(5)从原件获取的审计证据比从传真或复印件获取的审计证据更可靠。

(6)从不同来源获取的审计证据或不同性质的审计证据能够相互印证，则相关的审计证据具有更强的说服力。

例如，注册会计师通过检查委托加工协议发现被审计单位有委托加工材料，且委托加工材料占存货比重较大，经函证证实委托加工材料确实存在。委托加工协议和函证回函这两个不同来源的审计证据互相印证，证明委托加工材料真实存在。

从不同来源获取的审计证据或不同性质的审计证据相互矛盾，则审计证据不可靠。

上例中，如果注册会计师函证证实委托加工材料已加工完成并返回被审计单位。委托加工协议和函证回函这两个不同来源的证据不一致，委托加工材料是否真实存在受到质疑。这时，注册会计师应追加审计程序，确认委托加工材料收回后是否未入库或被审计单位收回后予以销售而未入账。

注意：

①注册会计师考虑审计证据的可靠性，但并不意味着注册会计师需要鉴定文件记录的真伪，因为注册会计师不是鉴定文件记录真伪的专家。

②在保证获取充分、适当的审计证据的前提下，注册会计师应考虑控制审计成本。

③为了保证得出的审计结论、形成的审计意见是恰当的，注册会计师不应以审计证据获取难、成本高作为减少不可替代的审计程序的理由。例如，存货监盘是证实存货存在认定的不可替代的审计程序，注册会计师在审计中不得以实施成本高和难以实施为由而不执行该程序。

四、审计证据的收集

收集审计证据是整个审计过程的核心工作。注册会计师收集审计证据可以采用检查记录或文件、检查有形资产、观察、询问、函证、重新计算、重新执行、分析程序等审计程序。

注册会计师应当时刻保持职业怀疑态度，运用职业判断，收集并评价审计证据的充分性和适当性。

第二节 审计工作底稿

一、审计工作底稿的含义

审计工作底稿是指注册会计师对制订的审计计划、实施的审计程序、获取的审计证据以及得出的审计结论做出的记录。

审计工作底稿是审计证据的载体。它形成于整个审计过程，也反映了整个审计过程。

二、审计工作底稿的要素与格式

(一)审计工作底稿的要素

审计工作底稿通常包括下列全部或部分要素：

1.被审计单位名称

被审计单位名称即财务报表的编制单位，可以简称。

2.审计项目名称

审计项目名称即某一财务报表项目名称(或会计科目名称)，某一审计程序及实施对象的名称。

3.审计项目时点或期间

审计项目时点或期间即某一资产负债表项目的报告时点或某一利润表项目的报告期间。

4.审计过程记录

(1)记录实施审计程序的性质、时间和范围。

(2)记录特定项目或事项的识别特征，即测试项目或事项表现出的唯一标志。根据这一识别特征可以从总体中找到该项目或事项。如对被审计单位的销售发票进行测试时，注册会计师可以将销售发票的日期或编号作为识别特征；对库存现金日记账进行测试，可以将金额范围作为识别特征，测试一定金额以上的所有记录；对存货进行监盘，可以将存货存放的仓库作为识别特征。

(3)记录重大事项。重大事项是对整个审计工作和审计结论会产生重大影响的事项，例如，无法对重要存货实施监盘。

5.审计结论

审计结论体现注册会计师根据实施审计程序的结果和获取的审计证据，对被审计事项做出的职业判断，如“销售交易相关控制有效运行”、“营业收入没有发现重大错报”。

6.审计标识及其说明

审计工作底稿中可使用各种审计标识，但应说明其含义，并保持前后一致。下面列举一些标识并说明其含义(见表5-2)。

表5-2 审计标识及其含义

审计标识	含义	审计标识	含义
Λ	纵加核对	<	横加核对
B	与上年结转数核对一致	T	与原始凭证核对一致
G	与总账核对一致	S	与明细账核对一致
C	已发询证函	C\	已收回询证函

7. 索引号

索引号就是按照一定的规律对工作底稿进行的编号。注册会计师可以按照所记录的审计工作的内容层次进行编号。例如，初步业务活动类为A，风险评估类为B，控制测试类为C，实质性程序类为D，完成审计业务类为E。以固定资产实质性程序底稿为例，固定资产审定表的索引号为DZ5，按类别列示的固定资产明细表的索引号为DZ5-1，列示单个固定资产原值及累计折旧的明细表索引号，包括房屋建筑物（索引号为DZ5-1-1）、机器设备（索引号为DZ5-1-2）、运输工具（索引号为DZ5-1-3）及其他设备（索引号为DZ5-1-4），固定资产盘点检查情况表的索引号为DZ5-2，其他底稿索引号以此类推。

每张审计工作底稿中所包含的信息可能来源于另一张底稿，因此需要在工作底稿中注明交叉索引号（引用的底稿的编号），使底稿之间保持清晰的勾稽关系，并便于复核。

8. 编制者姓名及编制日期

通常是审计工作的执行人及完成审计工作的日期。

9. 复核者姓名及复核日期、复核范围

10. 其他应说明事项

（二）审计工作底稿的格式

会计师事务所基于审计准则及在审计实务中的经验等，统一制定审计工作底稿模板、范例，注册会计师再根据各具体业务的特点做必要的修改，制定适用于具体项目的审计工作底稿。审计工作底稿格式与内容的示例见表5-3、表5-4、表5-5和表5-6。

1. 分析表

表5-3　　应收账款周转分析表

被审计单位：ABC公司	索引号：DZ3-2
项目：应收账款周转分析	财务报表截止日：2012年12月31日
编制：李鸣　　日期：2013-2-25	复核：王路　　日期：2013-2-28

1. 预期

该公司前两年的应收账款周转天数分别是70天和72天。通过询问销售经理，获知本期提供给客户的信用条件没有变化，均为60天。因此，预期本期的应收账款周转天数为72天。

2. 可接受的差异额

基于重要性水平和计划的保证水平，确定可接受的差异额为：应收账款周转天数与预期值相差5天。

项目	本期	预期值	差异	可接受的差异额
[应收账款周转天数]	[80天]	[72天]	[8天]	[5天]

3. 对偏离预期数据的重大波动或关系实施的审计程序

应收账款周转天数重大波动的主要原因是：ABC公司为扩大销售吸引了一批新的客户，部分新客户的应收账款账龄超过了ABC公司提供的还款期。信用部门已对这些客户的资信状况进行了跟进了解。这些新客户多为房地产企业，资金周转周期较长。通过检查这些新客户资信状况资料，没有发现重大的支付能力异常情况。

4. 结论

基于以上的分析程序，应收账款的实际周转情况与预期数据之间没有重大异常情况。

2.细节测试工作底稿

表 5-4 **营业收入审定表**

被审计单位：ABC公司　　索引号：DS1
项目：营业收入　　财务报表期间：2012年1月至12月
编制：张良　日期：2013-3-25　　复核：王路　日期：2013-4-1

项目类别	本期未审数	索引号	账项调整				本期审定数	上期审定数
			借方	索引号	贷方	索引号		
一、主营业务收入								
A产品	1 420 000	DS1-1	100 000	DS1-5-1			1 320 000	1 100 000
小　计	1 420 000		100 000				1 320 000	1 100 000
二、其他业务收入								
小　计								
营业收入合计	1 420 000		100 000				1 320 000	1 100 000

调整分录：

科目		金额			索引号
营业收入/主营业务收入/A		100 000			DS1-5-1
应交税费/应交增值税(销项税额)		17 000			
应收账款/甲			117 000		

审计结论：

经审计发现提前确认主营业务收入100 000元，除此之外没有发现其他重大错报。

表 5-5 **主营业务收入明细表**

被审计单位：ABC公司　　索引号：DS1-1
项目：营业收入/主营业务收入明细表　　所审计会计期间：2012年1月至12月
编制：张良　日期：2013-2-15　　复核：王路　日期：2013-2-20

月份	主营业务收入明细项目						
	合计	A					
1月		100 000					
2月		110 000					
3月		100 000					
9月		100 000					
10月		120 000					
11月		110 000					
12月		230 000					
合计		1 420 000					

审计说明：

与主营业务收入明细账合计数、总账数核对相符。

表 5-6　　主营业务收入截止测试

被审计单位：ABC 公司　　索引号：DS1-5-1

项目：营业收入/主营业务收入截止测试　　财务报表期间：2012 年 1 月至 12 月

编制：张良　日期：2013-2-19　　复核：王路　日期：2013-2-20

从发货单到明细账

编号	发货单		发票内容					明细账				是否跨期√(×)
	日期	号码	日期	客户名称	货物名称	销售额	税额	日期	凭证号	主营业务收入	应交税费	
1	12.30	1008	12.30	甲	A	50 000	8 500	12.31	转字 118	50 000	8 500	×
2	12.29	1006	12.29	甲	A	60 000	10 200	12.30	转字 112	60 000	10 200	×
…												
截止日前												
截止日期：2012 年 12 月 31 日												
截止日后												
7	1.2	0001	12.31	甲	A	100 000	17 000	12.31	转字 001	100 000	17 000	√
8	1.5	0006	1.5	甲	A	80 000	13 600	1.5	转字 009	80 000	13 600	×
…												

审计说明：

取得截止日前后 5 天内的全部发货单进行截止测试，结果发现 2013 年 1 月 2 日第 0001 号发货单，对应的发票日及记账日为 2012 年 12 月 31 日，提前确认收入 100 000 元。

三、审计工作底稿的形成

审计工作底稿形成于注册会计师执行财务报表审计的全过程，包括审计计划阶段、审计实施阶段和审计终结阶段。

(一)审计工作底稿存在的形式

审计工作底稿可以纸质、电子或其他介质形式存在。随着信息技术的广泛应用，审计工作底稿的形式从传统的纸质形式扩展到电子或其他介质形式。

(二)形成审计工作底稿时的注意事项

1. 对于通过扫描复制等方式获取的资料，必须注明其来源，并实施必要的审计程序加以确认。

2. 已被取代的审计工作底稿的草稿、不全面或对初步思考的记录、存在印刷错误或其他错误而作废的文本以及重复的文件记录，不能作为审计工作底稿。

四、审计工作底稿的复核

为了确保项目组执行的业务符合审计准则的要求，减少或消除人为的判断失误，使审计结论客观公正，以降低审计风险，保证审计质量，必须对审计工作底稿进行复核。

(一)项目组成员复核

1. 复核人员与复核责任

(1)由审计项目组内富有经验的人员对经验较少的人员形成的审计工作底稿进行复

核，由审计项目经理对其他人员的底稿进行复核。这一级的复核一般在现场实施，通常比较详细。

(2)审计项目负责人应当在审计过程中的适当阶段及时实施复核，以使重大事项在出具审计报告前能够得到满意解决，否则不得签发审计报告。审计项目负责人的复核属于较高级别复核，一般针对重要领域。

审计项目负责人应对审计工作底稿负最终的复核责任。

注意：

①审计项目组是指执行某项审计业务的所有人员，但不包括会计师事务所聘请的外部专家。

②审计项目经理就是具体负责执行某项审计业务并在审计报告上签字的注册会计师。

③审计项目负责人是指会计师事务所中负责某项审计业务，并代表会计师事务所在审计报告上签字的主任会计师(或合伙人)。

2.审计工作底稿复核的内容

(1)审计工作是否已按照法律法规、职业道德规范和审计准则的规定执行。

(2)审计程序的目标是否实现。

(3)是否需要修改已执行的审计程序的性质、时间和范围。

(4)获取的审计证据是否充分、适当。

(5)审计结论是否恰当。

(二)项目质量控制复核

对重大的审计项目(如上市公司财务报表审计)，还应当由会计师事务所委派未参加该业务的有经验的人员实施项目质量控制复核，主要复核评价项目组做出的重大判断及在准备审计报告时得出的结论。但是，这种项目质量控制复核并不能减轻审计项目负责人的责任。

五、审计工作底稿的管理

(一)审计工作底稿的所有权

审计工作底稿的所有权属于会计师事务所。

(二)审计工作底稿的归档

注册会计师应当及时将审计工作底稿归整为最终审计档案。审计工作底稿的归档期间为审计报告日后60天内。审计工作底稿经过整理归档后就形成了审计档案。这只是一项事务性工作，不涉及实施新的审计程序，也不会得出新的结论。

(三)审计工作底稿的保管

自审计报告日起，审计工作底稿至少应保存10年。在保管期内会计师事务所应安全保管审计工作底稿并对审计工作底稿保密。当期归整的永久性档案作为本期档案的一部分，应视为当期取得并保存10年。如果永久性档案中的资料在某一个审计期间被替换，被替换资料可以从被替换的年度起至少保存10年。

(四)审计工作底稿的保密

会计师事务所及其人员应对审计工作底稿包含的信息予以保密(保密例外情形见第二章第二节注册会计师职业道德)。

六、审计档案的组成

(一)永久性档案

永久性档案是指那些记录内容相对稳定，具有长期使用价值，并对以后审计工作具有重要影响和直接作用的审计档案。分为以下几类：

1. 审计项目管理

审计项目管理包括被审计单位地址、主要联系人、职位、电话，对分支机构执行审计的注册会计师或专家的姓名和地址，审计业务约定书原件，各期审计档案清单（如对各期财务报表审计业务，记录共有几本审计档案、存放地点等）。

2. 被审计单位背景资料

被审计单位背景资料包括组织结构、各投资方简介、管理层和财务人员（名单、职责）、董事会成员清单、历史发展资料、业务介绍、关联方资料、会计手册、员工福利政策。

3. 法律事项资料

法律事项资料包括有关设立、经营的文件的复印件（如公司章程、批准证书、营业执照、税务登记证等），验资报告，股东（大）会及董事会会议纪要，影响财务报表的重要合同、协议等文件的复印件（如所得税减免批准证明、银行借款合同和担保协议等），有关土地、建筑物、厂房和设备等资产文件的复印件（如资产评估报告、土地使用权证、房产证等）。

(二)当期档案

当期档案是指那些记录内容经常变化，主要供当期审计和下期审计使用的审计档案。

1. 审计计划阶段工作底稿

它包括总体审计策略和具体审计计划，对内部审计职能的评价，对外部专家的评价，对服务机构的评价，被审计单位提交资料清单，审计项目负责人的指示，前期审计报告和经审计的财务报表，预备会会议纪要。

2. 审计实施阶段工作底稿

它包括风险评估工作底稿，进一步审计程序表，控制测试工作底稿，实质性程序工作底稿（如分析表、问题备忘录、询证函回函、审计程序核对表、有关重大事项的往来信件、对被审计单位文件记录的摘要或复印件等）。

3. 审计终结阶段工作底稿

它包括审计工作完成核对表，管理层声明原件，重大事项概要，错报汇总表，被审计单位财务报表和试算平衡表，有关列报的工作底稿（如现金流量表、关联方和关联交易的披露等），财务报表所属期间的董事会会议纪要，总结会会议纪要。

4. 沟通和报告相关工作底稿

它包括审计报告和经审计的财务报表，与审计项目负责人的沟通和报告，与治理层的沟通和报告，与管理层的沟通和报告，管理建议书。

实训

一、判断题

1. 审计工作底稿因为都标注了审计项目名称，所以无须编号。　（　）

2. 审计证据只包括财务报表依据的会计记录所含有的信息。（ ）

3. 监盘存货形成的存货盘点表能够证明存货的存在，但却不能证明存货的所有权、价值和分类。（ ）

4. 询问形成的口头证据并不能独立证明被审计事项的真相，但往往能够提供重要的审计线索。（ ）

5. 在保证获取充分、适当的审计证据的前提下，注册会计师应考虑控制审计成本，但如果审计证据获取难、成本高，则可减少不可替代的审计程序。（ ）

6. 审计证据要满足充分性，因此，审计证据的数量越多越好。（ ）

7. 如果审计证据不可靠，审计证据数量再多也不能起到证明作用。（ ）

8. 审计工作底稿必须由编制人和复核人签章。（ ）

9. 会计师事务所在任何情况下都不得对外泄露审计档案所涉及的商业秘密等有关内容。（ ）

10. 审计工作底稿是审计证据的载体。（ ）

二、单项选择题

1. 下列属于注册会计师亲历证据的是（ ）。

A. 销售发票　　B. 采购发票

C. 主营业务收入分析表　　D. 存货盘点表

2.（ ）是注册会计师为了得出审计结论、形成审计意见而使用的所有信息，包括财务报表依据的会计记录中含有的信息和其他信息。

A. 审计工作底稿　B. 审计证据　C. 审计准则　D. 审计标准

3. 审计证据的（ ）是指审计证据的数量能足以支持审计意见。

A. 客观性　B. 相关性　C. 充分性　D. 可靠性

4. 在获取的下列审计证据中，可靠性最强的是（ ）。

A. ABC 公司连续编号的采购订单　　B. ABC 公司编制的成本分配计算表

C. ABC 公司提供的银行对账单　　D. ABC 公司管理层提供的声明书

5. 审计证据的相关性是指审计证据应与（ ）相关。

A. 审计工作底稿　B. 审计目标　C. 审计标准　D. 审计准则

6. 收集（ ）是审计工作的核心。

A. 审计证据　B. 审计工作底稿　C. 审计计划　D. 审计标准

7. 审计工作底稿的所有权属于（ ）。

A. 会计师事务所　　B. 签字的注册会计师

C. 被审计单位　　D. 审计委托人

8. 下列关于审计工作底稿的表述正确的是（ ）。

A. 审计工作底稿只能由注册会计师亲自编制，不可从被审计单位获取

B. 向委托人提交审计报告后，审计工作底稿可以立即销毁

C. 审计工作底稿是审计证据的载体

D. 由资深的注册会计师编制的审计工作底稿不必进行复核

9. 对审计工作底稿负有复核责任的是(　　)。

A. 项目负责人　B. 项目组内除项目负责人以外的复核人

C. 项目组外的项目质量控制复核人　D. 被审计单位管理层

10. 审计工作底稿自审计报告日起,至少保存(　　)年。

A. 5　B. 10　C. 20　D. 50

三、多项选择题

1. 审计工作底稿可以(　　)形式存在。

A. 口头　B. 纸质　C. 电子　D. 其他介质

2. 下列说法正确的有(　　)。

A. 一般来说,外部证据比内部证据更可靠,如银行对账单要比银行存款余额调节表可靠

B. 从原件获取的审计证据比从传真或复印件获取的审计证据更可靠

C. 直接获取的审计证据一定比间接获取或推论得出的审计证据更可靠

D. 以文件、记录形式存在的审计证据比口头形式的审计证据更可靠,如会议的同步书面记录比对讨论事项事后的口头表述更可靠

3. 审计证据按其来源分为(　　)。

A. 外部证据　B. 内部证据　C. 亲历证据　D. 其他证据

4. 注册会计师可以运用(　　)获取亲历证据。

A. 检查有形资产　B. 重新计算　C. 函证　D. 分析程序

5. 审计证据的特征有(　　)。

A. 充分性　B. 风险性　C. 可靠性　D. 相关性

6. 审计证据的适当性是对审计证据质量的衡量,包括(　　)两层含义。

A. 客观性　B. 相关性　C. 充分性　D. 可靠性

7. 下列属于外部证据的有(　　)。

A. 注册会计师编制的固定资产折旧计算表　B. 应收账款函证回函

C. 银行对账单　D. 购货发票

8. 注册会计师编制的审计工作底稿,应当使没有接触过该项审计工作的有经验的专业人士看了后,清楚地了解该项审计工作如下内容(　　)。

A. 实施的审计程序的性质、时间和范围　B. 实施审计程序的结果

C. 就重大事项得出的结论　D. 获取的审计证据

9. 审计证据中会计记录以外的其他信息来源于三个渠道(　　)。

A. 从被审计单位内部或外部获取的会计记录以外的信息

B. 通过询问、观察和检查等审计程序获取的信息

C. 注册会计师自身编制或获取的可以通过合理推断得出结论的信息

D. 会计记录中含有的信息

10. 注册会计师编制工作底稿的目的是(　　)。

A. 规范注册会计师审计工作

B. 提供充分、适当的记录,作为审计报告的基础

C. 为证明注册会计师是否按照审计准则的规定执行了审计工作提供证据

D. 便于对审计工作进行复核,有助于审计工作质量的提高

四、案例分析题

1. 注册会计师在对ABC公司的库存现金审计时发现，库内有两张未经批准而私自借出库存现金的白条，金额合计为5 000元，经过盘点证明白条所列现金5 000元确实不在库。由此注册会计师认为该出纳员挪用库存现金5 000元，该出纳员亦承认这一事实。

要求：

请指出该审计案例中的审计证据有哪些？相应地运用了哪些审计程序？

2. 注册会计师在对ABC公司2012年度财务报表进行审计时，收集到以下六组审计证据：

(1)材料验收单与购货发票。

(2)销售发票副本与产品出库单。

(3)领料单与材料成本计算表。

(4)薪酬费用分配表与薪酬发放表。

(5)存货盘点表与存货监盘记录。

(6)银行询证函回函与银行对账单。

要求：

请分别指出每组审计证据中哪项证据较为可靠，并简要说明理由。

3. 注册会计师李浩在复核助理审计人员形成的工作底稿时，发现助理人员把向被审计单位ABC公司索要的应收账款账龄分析表直接当作了审计工作底稿，李浩应当指导助理人员如何形成这张审计工作底稿？这张审计工作底稿应该具有哪些内容？

4. 助理审计人员在检查期末发生的一笔大额赊销时，要求ABC公司提供由购货单位签收的收货单，ABC公司因此提供了收货单复印件。助理审计人员在将品名、数量、收货日期等内容与账面记录逐一核对相符后，将获取的收货单复印件作为审计证据纳入审计工作底稿，并据以确认该笔销售“未见异常”。助理审计人员的这种做法是否恰当？说明理由。

第六章

审计重要性与审计风险

引导案例

无保留意见等于没有错报吗

某会计师事务所的注册会计师对ABC公司2012年度财务报表审计后发表了无保留意见。

半年后,ABC公司因无法按时偿还巨额债务而宣告破产。股东与债权人集体上诉,状告审计ABC公司的会计师事务所。其诉讼理由是ABC公司的2011年的财务报表中存在严重错报,而注册会计师发表了无保留意见,从而误导了报表使用者。会计师事务所对此提出了抗辩,认为审计中发现的被审计单位ABC公司财务报表中存在的重大错报都已要求ABC公司调整,并且ABC公司也接受了调整建议,未调整的错报是不重要的,且在审计报告中使用了“在所有重大方面公允反映了ABC公司2012年12月31日的财务状况以及2011年度的经营成果和现金流量”这一表述。

法院判决:会计师事务所承担赔偿责任。ABC公司财务报表中存在将2013年的销售收入提前记入2012年的财务报表中,造成2012年虚增收入8.8万元、高估资产11.6万元以及低估负债16.1万元的错报。对于销售额与资产近千万元的ABC公司来说,这些错报从金额上来看并不重要,但是,导致ABC公司的盈利能力保持持续增长的状态,偿债能力的指标恰巧达到了银行贷款门槛。因此,这些错报会误导报表使用者,对于报表使用者来说是重大的。

分析:

1.注册会计师发表无保留意见并不意味着被审计单位的财务报表没有错报。那么,为什么被审计单位的财务报表有错报而注册会计师还要出具无保留意见的审计报告呢?这就是重要性所要回答的问题。

2.错报是否重要的判断对注册会计师得出恰当的审计结论是非常关键的。

3.注册会计师发表不恰当的审计意见,就可能承担法律责任。审计面临着巨大的风险。

必备知识

第一节 审计重要性

一、审计重要性的含义

审计重要性是指在具体环境下，被审计单位财务报表错报的严重程度。如果错报单独或汇总起来可能影响财务报表使用者依据财务报表做出的经济决策，则错报是重大的。这里的错报含漏报，包括财务报表表内列示的错报和财务报表附注披露的错报。理解和运用“重要性”需要注意以下几个问题。

1.重要性的确定要站在财务报表使用者的视角

判断一项错报重要与否，应视其对财务报表使用者依据财务报表做出经济决策的影响程度而定。如果财务报表中的某项错报足以改变或影响财务报表使用者的相关决策，则该项错报就是重要的。这里所说的财务报表使用者指的是理性的、了解会计常识的、有着共同的财务信息需求的财务报表使用者整体。

2.重要性的确定离不开具体环境

由于不同的被审计单位面临不同的环境，不同的报表使用者有着不同的信息需求，因此对不同被审计单位或同一被审计单位的不同时期的财务报表确定的重要性也会不相同。某一金额的错报对某被审计单位的财务报表来说是重要的，而对另一个被审计单位的财务报表来说可能不重要。例如，错报10万元对一个小公司来说可能是重要的，而对另一个大公司来说则可能不重要。

3.重要性的确定需要运用职业判断

重要性的确定是一个复杂的过程，影响重要性的因素很多。不同的注册会计师在确定同一被审计单位的重要性时，得出的结果可能不同。因此，注册会计师应当根据被审计单位面临的环境，并综合考虑其他因素，运用职业判断来合理确定重要性。

4.重要性的确定要考虑数量和性质两个方面

(1)所谓数量方面是指错报的金额。一般而言，金额大的错报比金额小的错报更重要；小额错报如果经常发生，其对报表的累计影响可能重大。

(2)所谓性质方面则是指错报的性质。在有些情况下，某些错报从数量上看并不重要，但从性质上考虑，则可能是重要的。对于某些财务报表附注披露的错报，难以从数量上判断是否重要，应从性质上考虑其是否重要。例如：

①错报对遵守法律法规要求的影响程度，比如非法交易(洗钱)或舞弊。

②错报对遵守契约(合同)要求或监管要求的影响程度，比如某项错报使流动比率从低于贷款合同的规定变为高于贷款合同的规定；错报导致提高净资产收益率，达到股票增发门槛。

③错报掩盖收益或其他趋势变化的程度(尤其在联系宏观经济背景和行业状况进行考虑时)，比如某项错报使亏损变为盈利；某项错报使利润由下降1%变为保持递增1%。

④错报对用于评价被审计单位财务状况、经营成果或现金流量的有关比率的影响程度。

⑤错报对增加管理层报酬的影响程度，比如管理层通过错报来达到有关报酬或其他激励政策规定的要求，从而获取高额报酬。

⑥错报对某些报表项目之间错误分类的影响程度。比如经营收益和非经营收益之间的错误分类，影响到财务报表中应单独列报的项目。

【案例 6-1】

ABC 公司是大型制造业上市公司，其 2012 年度利润表列示净利润为 186.91 万元，经审计发现其通过伪造销售合同，虚开发票的手段虚增收入，从而影响（虚增）净利润 109.16 万元；利用变更存货计价方法而少结转主营业务成本，从而影响（虚增）净利润 137.58 万元。

分析：

对于大型上市公司来说，这些错报从金额上看可能并不重要，但这些错报是由舞弊导致的，且使公司经营成果由亏变盈，所以错报的性质是严重的。

二、重要性的评估

(一)财务报表整体重要性

财务报表整体的重要性，即财务报表存在多大金额的错报时，注册会计师就会判断其可能影响财务报表使用者的经济决策，就不能认为财务报表是公允的。

注册会计师通常先选择一个恰当的基准，再确定一个适当的百分比，二者相乘，从而得出财务报表整体重要性。

1. 基准的选择

在实务中，有许多汇总性财务数据可以用作确定财务报表整体重要性的基准，例如，总资产、净资产、营业收入、费用总额、毛利、净利润等。

注册会计师对这个基准的选择，有赖于被审计单位的具体情况。例如：

①对于以营利为目的且收益较稳定的企业而言，来自经常性业务的税前利润或税后净利润可能是一个适当的基准。

②对于收益不稳定的企业或非营利组织来说，选择税前利润或税后净利润作为判断重要性的基准就不合适，而选择费用总额可能比较合适。

③对于共同基金公司，选择净资产作为基准可能较为合适。

通常，营业收入和总资产相对稳定、可预测且能够反映被审计单位正常规模，注册会计师经常将其选作基准。

针对选定的基准，所使用的财务数据可以是前期数据、本期最新数据、预算（预测）数据或者近几期数据的平均值。

2. 百分比的选择

下面举例说明百分比的参考值：

①如果选择营业收入作为基准，则百分比可定为 1%。

②如果选择总资产作为基准，则百分比可定为 0.5%。

③如果选择费用总额作为基准，则百分比可定为 1%。

④如果选择税前利润或税后净利润作为基准，则百分比可定为5%。

⑤对于共同基金公司，可定为净资产的0.5%。

注册会计师执行具体审计业务时，应根据被审计单位的具体情况做出职业判断，对上述百分比进行调整。比如，被审计单位规模越大，这个比率可能就越小。

(二)特定类别的交易、账户余额或披露的重要性

在某些情况下，特定类别的交易、账户余额或披露发生的错报金额虽然低于财务报表整体的重要性，但是仍然可能影响财务报表使用者依据财务报表做出的经济决策。此时，需要为特定类别的交易、账户余额或披露确定重要性。例如，财务报表使用者特别关注的关联方交易、管理层及治理层的报酬、新收购的业务等。

(三)实际执行的重要性

实际执行的重要性是指注册会计师确定的低于财务报表整体重要性的一个或多个金额，目的是将财务报表中未更正和未发现错报的汇总数超过财务报表整体的重要性的可能性降到适当的低水平。

如果存在特定类别的交易、账户余额或披露的重要性，注册会计师还需要确定特定类别的交易、账户余额或披露的实际执行的重要性。

通常，实际执行的重要性确定为计划的财务报表整体重要性(或特定类别的交易、账户余额或披露的重要性)的50%～75%。

1.接近计划重要性50%的情况

①非连续审计；

②经常性审计，以前年度审计调整较多；

③项目总体风险较高(如高风险行业，经常面临较大市场压力，首次承接的审计项目，需要出具特殊目的的审计报告等)。

2.接近计划重要性75%的情况

①经常性审计，以前年度审计调整较少；

②项目总体风险较低(如低风险行业市场压力较小)。

由于实际执行重要性对审计证据数量有直接的影响，因此，注册会计师应当合理确定实际执行重要性，做到在保证审计效果的前提下，合理地降低审计成本，提高审计效率。

实际执行的重要性与计划重要性的关系如图6-1所示。

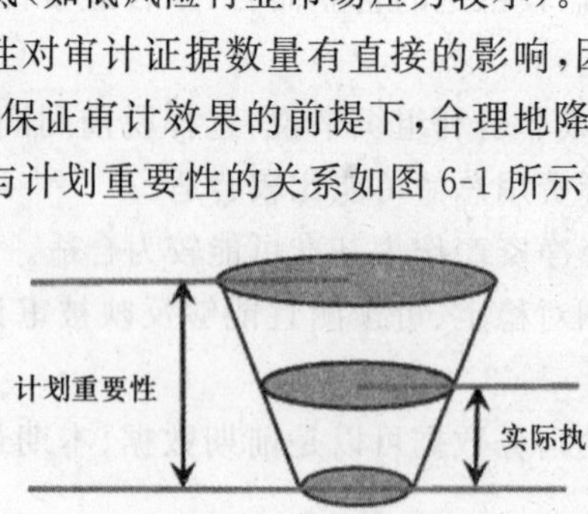

图6-1 实际执行的重要性与计划重要性的关系

三、重要性的运用

审计重要性的运用贯穿于整个审计过程。

(一)确定审计程序的性质、时间和范围

1.在审计计划阶段，注册会计师在确定审计程序的性质、时间和范围时，需要考虑重

要性。因为设计的审计程序应合理保证发现重大错报，但不应浪费时间去查找并不影响报表使用者做出经济决策的非重大错报。

例如，50 000 元的重要性水平通常比 20 000 元的重要性水平高。如果重要性水平是 20 000 元，注册会计师需要设计执行有关审计程序合理保证能发现金额在 20 000 元以上的错报。如果重要性水平是 50 000 元，注册会计师需要设计执行有关审计程序合理保证发现金额高于 50 000 元的错报，而没有必要找出 20 000 元到 50 000 元之间的错报。显然，重要性水平是 20 000 元时比重要性水平是 50 000 元时需要获得更多的审计证据。

2. 在审计实施阶段，注册会计师需要根据被审计单位具体情况的变化，或者获取的新信息，及时评价计划阶段确定的重要性是否仍然适当。如果认为不适当，则要修改重要性，进而修改进一步审计程序的性质、时间和范围。

也就是说，审计重要性的评估是一个过程，并且贯穿于审计始终。

(二)评价错报的影响

1. 错报的含义

错报是指某一财务报表项目的金额、分类、列报或披露，与按照适用的财务报告编制基础应当列示的金额、分类、列报或披露之间存在的差异。

2. 错报的分类(见表 6-1)

表 6-1　　错报的种类、产生原因及举例

错报种类		产生原因	举例
已识别错报(审计差异) 注册会计师在审计过程中发现的，能够具体识别的错报	事实错报	收集和处理数据时出现的错误	购入存货的实际价值为 15 000 元，但账面记录的金额却为 10 000 元。则存货和应付账款分别被低估了 5 000 元
		遗漏	漏记销售费用 150 000 元
		舞弊行为	虚构销售 100 000 元
	判断错报	管理层对会计估计值的判断不合理	可能发生坏账损失 10 000 元，而计提坏账准备 4 000 元，则应收账款高估 6 000 元
		管理层对会计政策的选择和运用不恰当	发出存货计价采用后进先出法
推断错报(可能错报) 注册会计师对不能明确、具体识别的错报的最佳估计数		运用抽样技术，测试样本后估计出的总体的错报减去在测试中发现的已经识别错报后的差额	应收账款总账年末余额为 2 000 万元，1 000 个明细账户，注册会计师抽取 100 户样本(余额合计为 500 万元)，发现金额有 100 万元的高估，高估部分为账面余额的 20%，据此注册会计师推断总体的错报金额为 400 万元(即 2 000×20%)，那么上述 100 万元就是已识别错报，其余 300 万元即为推断错报
		通过实质性分析程序估计出的推断错报	注册会计师根据被审计单位的预算及行业趋势等，对其年度销售费用做出估计，并与账面金额比较，发现两者间有 50%的差异。考虑到估计的精确性有限，注册会计师根据经验认为 10%的差异通常是可接受的，而剩余 40%的差异需要作进一步调查，结果注册会计师对其中 15%的差异无法得到合理解释或不能取得佐证，则这 15%的差异金额即为推断错报

3.审计调整

注册会计师在审计过程中已识别的具体错报也称为审计差异。在任何情况下，注册会计师都应当建议管理层就已识别的所有错报调整财务报表，除非明显不重要的细微错报。

注意：

明显微小的错报是指无论单独或者汇总起来，无论从规模、性质或其发生的环境来看都是明显微不足道的。

审计差异调整在审计工作底稿中以审计调整分录的形式来反映。审计调整分录编制技巧如下：

①将需要调整的错报事项视同刚刚发生，直接调整报表项目，而不涉及调整账户，但可以备注影响的账户。

②错报导致报表项目多计，多多少冲多少；错报导致报表项目少计，少多少补多少。

③不一定满足账户对应关系，但要借贷平衡。

审计差异及其调整如表6-2所示。

表6-2　审计差异及其调整

审计差异	(1)会计核算错报 因被审计单位对交易与事项进行了不恰当的会计核算（确认、计量与记录）而引起的差异	(2)重分类错报 因被审计单位未按适用的财务报告编制基础（如会计准则）编制财务报表而引起的差异
举例	如虚构销售10万元，被审计单位不仅需要调整财务报表项目，还需要调整相关账户记录	如一年内到期的长期借款20万元在“长期借款”项目下列报了，被审计单位只需调整财务报表项目，不需要调整账户记录
审计调整	账项调整	重分类调整
审计调整分录举例	借：营业收入/主营业务收入/A产品　10万元 贷：应收账款/甲公司　10万元	借：长期借款　20万元 贷：一年内到期的长期借款　20万元

4.评价未更正错报的影响

被审计单位应更正所有错报。但实际上可能存在被审计单位未予更正或未更正所有错报的情形。

在评价未更正错报的影响时，注册会计师应当考虑审计重要性，并据以确定审计意见类型（详见第十一章完成审计工作与第十二章审计报告）。

第二节　审计风险

一、审计风险的含义

审计风险是指被审计单位的财务报表存在重大错报，而注册会计师审计后发表不恰当审计意见的可能性。

注册会计师审计意见的合理保证意味着审计风险始终存在。审计风险与合理保证之和应等于100%，比如1%的风险也就意味着是99%的保证。如果注册会计师将审计风险降到可接受的低水平，也就是其对财务报表不存在重大错报进行了合理保证。

二、审计风险的构成要素

审计风险取决于重大错报风险和检查风险。

(一)重大错报风险

重大错报风险是指财务报表在审计前存在重大错报的可能性。

注册会计师在设计审计程序时应当识别风险与报表整体广泛相关，还是仅与特定认定有关，应该从下面两个层次考虑重大错报风险：

1. 财务报表层次重大错报风险

财务报表层次重大错报风险对财务报表整体产生广泛影响，可能影响多项认定，难以限于某类交易、账户余额、列报的具体认定，如经济危机、管理层缺乏诚信、治理层形同虚设可能引发的舞弊风险，与财务报表整体相关。

2. 认定层次重大错报风险

各类交易、账户余额、列报认定层次重大错报风险，与特定的某类交易、账户余额、列报的认定相关。例如，被审计单位存在复杂的联营或合资的情形。这一事项表明长期股权投资账户的相关认定可能存在重大错报风险；主要客户经营失败而陷入财务困境，则应收账款计价认定可能存在重大错报风险。

认定层次的重大错报风险可以从固有风险和控制风险两个层面去理解：

(1)固有风险是指假定不存在相关的内部控制，某一认定存在重大错报的可能性。例如，没有设立复核控制，会计人员在记录金额时多写了一个零。

(2)控制风险是指某一认定存在重大错报，而未能被相关控制防止或发现并纠正的可能性。例如，记录的金额多写了一个零却没有被复核人员所发现。

(二)检查风险

检查风险是指某一认定存在重大错报，但注册会计师没有发现这种错报的可能性。例如记录的金额多写了一个零，复核人员没有发现，注册会计师审计后也未能发现。

审计风险要素关系如图 6-2 所示。

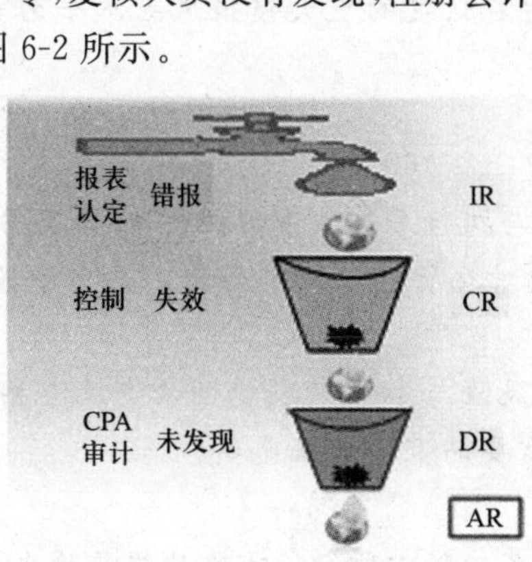

图 6-2 审计风险要素关系

三、审计风险模型

(一)审计风险模型的建立

认定层次的重大错报风险或检查风险水平越高，审计风险水平就越高。审计风险模型就是根据审计风险的各构成要素的相互关系建立的。现代审计风险模型如下：

$$审计风险＝重大错报风险\times检查风险$$

例如，注册会计师评估应收账款计价认定存在的重大错报风险水平为50％，估计检查风险水平为10％，则审计风险水平为：

$$50\%\times10\%=5\%$$

即：注册会计师对应收账款计价认定得出不恰当审计结论的可能性为5％。

(二)审计风险模型的运用

1. 在计划阶段，运用审计风险模型确定可接受的检查风险水平。

审计风险模型可以演变为：

$$可接受的检查风险水平=\frac{可接受的审计风险}{重大错报风险}$$

在既定的可接受的审计风险水平下，首先评估认定层次重大错报风险，然后利用上述审计风险模型来确定可接受的检查风险水平，并据以设计和实施进一步审计程序（性质、时间与范围），确定需要的审计证据数量，以将检查风险控制在可接受的水平。

【案例 6-2】 审计风险模型的第一种运用

注册会计师对ABC公司2011年度财务报表进行审计，确定可接受的审计风险水平为3％。

情况一：假定评估存货存在认定的重大错报风险水平为30％，则计算可接受的检查风险水平为：

$$\frac{3\%}{30\%}\times100\%=10\%$$

即注册会计师需要设计与执行足够的审计程序，获取充分适当的审计证据，将检查风险水平控制在10％以下，以使对存货存在认定得出不恰当结论的可能性（审计风险）不超过5％。

情况二：假定评估存货存在认定的重大错报风险水平为60％，则计算可接受的检查风险水平为：

$$\frac{3\%}{60\%}\times100\%=5\%$$

即注册会计师需要设计与执行足够的审计程序，获取充分适当的审计证据，将检查风险水平控制在5％以下，以使对存货存在认定得出不恰当结论的可能性（审计风险）不超过3％。

显然，5％可接受的检查风险与10％可接受的检查风险相比，前者对注册会计师执行审计工作的要求会更严格，需要的审计证据更多。

注意：

①重大错报风险的评估不能随心所欲。重大错报风险水平的评估不能偏离其实际水平，估计水平偏高或偏低都是不利的。偏高会导致审计成本加大，偏低则会导致审计风险加大。

②重大错报风险的评估应以了解被审计单位及其环境时获取的审计证据为基础。

③重大错报风险的评估水平可能会随着审计过程中不断获取新的审计证据而加以修

正。即审计风险模型运用于整个审计过程当中。

2. 在终结阶段，运用审计风险模型评估实际审计风险水平，并将实际审计风险水平与可接受的审计风险水平相比较，若前者高于后者，就需要重新考虑所实施的审计程序的性质、时间与范围，可能追加审计程序，或者建议被审计单位调整财务报表以降低审计风险，否则注册会计师应谨慎考虑准备发表的审计意见的类型。

【案例 6-3】 审计风险模型的第二种运用

注册会计师对 ABC 公司 2011 年度财务报表进行审计，确定可接受的审计风险水平为 3%。

注册会计师根据对存货执行审计程序的相关情况，重新评估存货存在认定的重大错报风险水平为 50%，评估检查风险水平为 10%。则评估实际审计风险为：

$$50\% \times 10\% = 5\%$$

实际审计风险水平超过了可接受的审计风险水平。所以，注册会计师需要重新考虑所实施的审计程序的性质、时间与范围。

注意：

在审计实务中，审计风险难以精确地量化，所以通常采用高、中、低定性评估审计风险。也就是说，它只是一种职业判断，而不是一种精确的计量。

(三)审计风险各要素的关系

从审计风险模型中，可以看出：

1. 在既定的重大错报风险水平下，审计风险与检查风险水平呈正向变动关系。

(1)可接受的审计风险水平越高，可接受的检查风险水平就越高；可接受的审计风险水平越低，可接受的检查风险水平就越低。

(2)实际的检查风险水平越高，实际的审计风险水平就越高；实际的检查风险水平越低，实际的审计风险水平就越低。

2. 在既定的审计风险水平下，可接受的检查风险水平与认定层次重大错报风险的评估结果呈反向变动关系。

评估的重大错报风险越高，可接受的检查风险水平就越低；评估的重大错报风险越低，可接受的检查风险水平就越高。

四、审计风险的控制

(一)审计风险控制的总体要求

注册会计师应当保持应有的职业怀疑态度，通过计划和实施审计工作，获取充分、适当的审计证据，将审计风险降到可接受的低水平。

(二)关于重大错报风险

重大错报风险是客观存在的，注册会计师无法改变其实际水平。注册会计师只能通过实施适当的审计程序(风险评估程序)，了解被审计单位及其环境，包括内部控制，以评估重大错报风险，并根据评估的两个层次的重大错报风险分别采取相应的应对措施(重大错报风险的评估与应对见第八章与第九章)。

(三)关于检查风险

检查风险是注册会计师可以控制的风险。注册会计师应执行恰当的审计程序，获取充分、适当的审计证据，以控制检查风险，从而保证以可接受的低水平审计风险对财务报表整体发表审计意见。对检查风险的控制取决于审计程序设计的合理性和执行的有效性。

注意：

注册会计师通常无法将检查风险降低为零，其原因有两点：一是注册会计师通常并不对所有的交易、账户余额和列报进行检查；二是注册会计师可能选择了不恰当的审计程序，或是审计程序执行不当，或是错误地评价了审计证据，或是错误解读了审计结论。

四、审计风险、审计重要性和审计证据之间的关系

(一)审计重要性与审计证据的关系(见表 6-3)

表 6-3 审计重要性与审计证据的关系(在一定的可接受审计风险水平下)

评估的审计重要性水平	→	审计证据的需要量
低		多
高		少

从表 6-3 可以看出，审计重要性和审计证据之间是反向变动关系。重要性水平越高，需要的审计证据就越少。

(二)审计重要性与审计风险的关系(见表 6-4)

表 6-4 审计重要性与审计风险的关系

审计证据的实际量	→	实际审计重要性水平	→	实际审计风险水平
不变		低		高
不变		高		低

从表 6-4 可以看出，在审计证据不变的前提下，审计重要性与审计风险之间存在反向变动关系。重要性水平越高，审计风险就越低。显然，重要性水平为 20 000 元时查不出这样的重大错报的可能性，比重要性水平为 40 000 元时查不出这样的重大错报的可能性要高，即前者的审计风险比后者的审计风险要高。

(三)审计风险与审计证据的关系(见表 6-5、表 6-6 与表 6-7)

表 6-5 审计风险与审计证据的关系(在一定的重要性水平下)

审计证据的实际量	→	实际检查风险水平	→	实际审计风险水平
少		高		高
多		低		低

实际收集的审计证据越多、越有效，审计风险实际水平就越低。

表 6-6 审计风险与审计证据的关系(在一定的重要性水平下)

可接受的审计风险水平	→	可接受的检查风险水平	→	审计证据的需要量
高		高		少
低		低		多

可接受审计风险越低，越要求注册会计师收集更多更有效的审计证据，以将审计风险

降至可接受的低水平。

从表6-5与表6-6可以看出,审计风险与审计证据之间呈反向变动关系;检查风险与审计证据之间呈反向变动关系。

表6-7　　重大错报风险与审计证据的关系(在一定的重要性水平下)

可接受的审计风险水平 →	重大错报风险估计水平 →	审计证据的需要量
一定	高	多
一定	低	少

从表6-7可以看出,在可接受的审计风险水平一定的情况下,重大错报风险的估计水平同所需审计证据的数量之间呈同向变动关系。

实训

一、判断题

1. 注册会计师可以通过调高重要性来降低审计风险,因为重要性是注册会计师职业判断的结果。（　）

2. 理解和运用"重要性"需要站在被审计单位管理层的视角去判断。（　）

3. 为了将财务报表中未更正和未发现错报的汇总数超过财务报表整体的重要性的可能性降到适当的低水平,实际执行的审计重要性应高于财务报表整体的重要性。（　）

4. 如果财务报表中的某项错报足以影响财务报表使用者依据财务报表做出的经济决策,则该项错报就是重大的。（　）

5. 审计重要性是客观存在的,因此,注册会计师不应当运用职业判断来确定重要性水平。（　）

6. 注册会计师发表无保留意见就意味着被审计单位的财务报表没有错报。（　）

7. 审计重要性在计划阶段初步确定后,就不应再变动,以保证审计工作的稳定。（　）

8. 小额错报即使经常发生,其对财务报表的累计影响也不可能重大。（　）

9. 实际审计风险水平与收集的审计证据数量是呈同向变动的。（　）

10. 审计风险与合理保证之和等于100%。如果注册会计师将审计风险降到可接受的低水平,则对财务报表不存在重大错报获取了合理保证。（　）

二、单项选择题

1. 理解和运用"重要性"要站在(　　)的视角去判断。

A. 被审计单位管理层　　B. 财务报表使用者

C. 注册会计师　　D. 被审计单位全体员工

2. 在某些情况下,特定类别的交易、账户余额或披露,其发生的错报金额虽然低于财务报表整体的重要性,但是仍然可能影响财务报表使用者依据财务报表做出的经济决策。此时,需要根据被审计单位的特定情况,确定(　　)。

A. 财务报表整体重要性　　B. 资产负债表重要性

C. 特定类别的交易、账户余额或披露重要性　　D. 实际执行的重要性

3.(　　)是指被审计单位的财务报表存在重大错报，而注册会计师审计后发表不恰当审计意见的可能性。

A. 审计风险　　B. 重大错报风险　　C. 检查风险　　D. 审计重要性

4. 不同的注册会计师在确定同一被审计单位同一时期的重要性时，得出的结果可能不同。这体现了注册会计师在确定重要性时需要运用(　　)。

A. 分析程序　　B. 职业判断

C. 实际执行的重要性　　D. 独立性

5. 在特定审计风险水平下，检查风险同重大错报风险之间的关系是(　　)。

A. 同向变动关系　　B. 反向变动关系

C. 有时同向变动，有时反向变动　　D. 没有确切的关系

6. 注册会计师对重大错报风险的估计水平与所需审计证据数量之间(　　)。

A. 呈同向变动关系　B. 呈反向变动关系　C. 呈比例变化关系　D. 不存在关系

7. 审计重要性与审计风险之间(　　)。

A. 呈同向变动关系　B. 呈反向变动关系　C. 呈比例变化关系　D. 不存在关系

8.(　　)是指注册会计师在审计过程中发现的，能够具体识别的错报。

A. 已识别错报　　B. 推断错报　　C. 会计核算差异　　D. 重分类差异

9.(　　)是指某一认定存在重大错报，但注册会计师没有发现这种错报的可能性。

A. 审计风险　　B. 检查风险

C. 重大错报风险　　D. 被审计单位经营风险

10.(　　)是指财务报表在审计前存在重大错报的可能性。

A. 审计风险　　B. 检查风险

C. 重大错报风险　　D. 被审计单位经营风险

三、多项选择题

1. 审计差异按是否需要调整账户记录可分为(　　)。

A. 会计核算错报　　B. 重分类错报　　C. 已识别错报　　D. 推断错报

2. 注册会计师在运用重要性原则时，应从错报的(　　)两个方面考虑。

A. 行业状况　　B. 内部控制状况　　C. 数量　　D. 性质

3.(　　)相对稳定、可预测且能够反映被审计单位正常规模，注册会计师经常将其用作确定财务报表整体重要性的基准。

A. 营业收入　　B. 总资产　　C. 营业外收入　　D. 存货

4. 注册会计师应考虑两个层次的重大错报风险：(　　)。

A. 财务报表层次　　B. 认定层次　　C. 账簿层次　　D. 凭证层次

5. 在审计过程中，注册会计师可能在(　　)两个方面运用重要性。

A. 确定审计程序的性质、时间和范围　　B. 签订审计业务约定书

C. 确定审计具体目标　　D. 评价错报的影响

6. 审计风险构成要素包括(　　)。

A. 重大错报风险　　B. 检查风险　　C. 审计重要性　　D. 合理保证

7. 注册会计师不能改变其实际水平的有(　　)。

A. 重大错报风险　B. 检查风险　C. 审计风险　D. 审计重要性

8. 下列正确的有(　　)。

A. 注册会计师对审计重要性估计得越高，所需收集的审计证据的数量就越少

B. 注册会计师对审计重要性估计得越高，所需收集的审计证据的数量就越多

C. 在审计风险水平一定的前提下，评估的重大错报风险越低，可接受的检查风险水平就越高

D. 在审计风险水平一定的前提下，评估的重大错报风险越高，可接受的检查风险水平就越高

9. 对于特定被审计单位而言，审计风险和审计证据的关系可以表述为(　　)。

A. 要求的审计风险越低，所需的审计证据数量就越多

B. 要求的检查风险越高，所需的审计证据数量就越少

C. 评估的重大错报风险越低，所需的审计证据数量就越少

D. 评估的重大错报风险越高，所需的审计证据数量就越少

10. 审计人员能控制的风险有(　　)。

A. 审计风险　B. 检查风险　C. 重大错报风险　D. 控制风险

四、案例分析题

1. XYZ会计师事务所的注册会计师对ABC公司2012年度财务报表进行审计，其未经审计有关财务报表项目金额见表6-8。

表6-8　未经审计的财务报表项目及金额　单位：万元

资产总额	180 000
净资产	88 000
营业收入	240 000
净利润	24 120

该公司所处行业的市场波动较大，因此销售与盈利水平受到很大影响，但总资产比较稳定。XYZ会计师事务所在2010年、2011年对该公司年报审计时，审计调整较多。

要求：

(1)如以资产总额、净资产、营业收入和净利润作为基准，百分比分别为资产总额、净资产、营业收入和净利润的0.5%、1%、1%和5%，请代注册会计师计算确定ABC公司2012年度财务报表整体的重要性(请列示计算过程)，并简要说明理由。

(2)请代注册会计师确定实际执行的重要性，并简要说明理由。

(3)简要说明重要性与审计风险之间的关系。

2. 假如某注册会计师对被审计单位ABC公司的主营业务收入进行审计时，面临的可接受的审计风险和主营业务收入的发生认定重大错报风险水平，可能出现以下四种情况(见表6-9)。

表 6-9　　被审计单位 ABC 公司的风险类别及水平

风险类别	情况一	情况二	情况三	情况四
可接受的审计风险	4%	4%	2%	2%
重大错报风险	40%	100%	40%	100%

要求：

(1)计算上述四种情况下的可接受检查风险水平分别是多少。

(2)哪种情况需要注册会计师获取最多的审计证据？为什么？

第三篇

审计流程

第七章　初步业务活动与计划审计工作
第八章　风险评估
第九章　风险应对

第七章

初步业务活动与计划审计工作

引导案例

"预则立，不预则废"

某会计师事务所对ABC公司(大型制造业企业)连续审计多年，由于该公司的内部控制一直是令人满意的，而且该公司所处的行业非常稳定，实施审计工作的结果表明，该公司的财务报表合法、公允，因此从未向其出具过非无保留意见审计报告。

今年，会计师事务所派一位新招募来的职员负责这项审计工作。主任会计师通知他，今年的时间预算应当与以前年度保持一致。审计期间他向会计师事务所报告了以下事项：该公司最近对存货系统实行自动化改造；总会计师在此期间辞职，其职位空闲两个月；控制测试发现许多控制缺陷。尽管如此，原定的时间预算并未作修改。由于时间预算紧迫，审计人员并未对自动化系统进行测试，没有执行债务周转率等分析程序。审计在时间预算内完成，最终发表了无保留意见。但几个月后这家公司陷入严重的财务困境，无法偿还到期债务。随后的调查表明，由于计算机系统错误的存货定价，未考虑存货的过期贬值，导致存货价值高估。新任总会计师伪造发票，维持了以前年度的销售收入水平，由此高估销售收入和债权。此外，负责存货审计的是一个刚毕业的学生，只测试了很少的存货样本。样本中存在的存货计价错报被认为不重要，因此没有扩大审计程序。这些情况导致了审计失败。

分析：

在实施审计程序之前制订充分的审计计划对于审计成败是至关重要的。

必备知识

第一节　初步业务活动

一、初步业务活动的目的

初步业务活动主要是对被审计单位的情况和注册会计师自身的情况进行了解和评

估，确定是否接受或保持审计业务。这是控制审计风险的第一道屏障。

二、初步业务活动的内容

1.初步了解被审计单位及其环境

如了解被审计单位的业务性质、经营规模、组织结构、经营状况和财务状况、以前年度接受审计的情况、所在行业的市场竞争状况与发展趋势、技术变动、行业适用的法律法规、环保问题等。

通过对上述内容的了解，确定是否接受或保持审计业务。如果被审计单位已陷入财务困境，就要审慎决策了。如果决定接受或保持审计业务，这种了解又为计划审计工作奠定了基础。

2.评价被审计单位的治理层、管理层是否诚信

选择诚信的被审计单位是有效控制审计风险和避免法律后果的重要措施。会计师事务所不应与不诚信的被审计单位签约，因为如果治理层、管理层缺乏诚信，财务报表容易出现舞弊导致的重大错报。

3.评价会计师事务所与注册会计师遵守职业道德的情况

这包括评价独立性、专业胜任能力以及必要的时间和资源。若不独立、专业胜任能力欠缺或时间与资源不足，会计师事务所就要拒绝承接审计业务。

4.签订或修改审计业务约定书

在做出接受或保持审计业务的决策后，在审计业务开始前，注册会计师应与被审计单位商定审计收费，就审计业务约定条款达成一致意见，签订或修改审计业务约定书，以避免双方对审计业务的理解产生分歧。

注意：

初步业务活动中的前三项活动贯穿于审计业务全过程。

三、审计业务约定书的基本内容

审计业务约定书的具体内容和格式，可能因被审计单位的不同而存在差异，但应当包括下列主要方面：

(1)审计范围与审计目标。

(2)管理层对财务报表的责任，包括指出用于编制财务报表所适用的财务报告编制基础(如企业会计准则)，管理层为注册会计师提供必要的工作条件和协助等。

(3)注册会计师的责任，包括指明在执行财务报表审计业务时遵守的审计准则，明确审计风险，出具审计报告的时间要求等。

(4)审计收费，包括收费的计算基础和收费安排。

注意：

在专业服务得到良好的计划、监督及管理的前提下，通常以合理估计的每一专业人员审计工时和适当的小时费用率为基础计算收费。

(5)审计报告的格式和对审计结果的其他沟通形式。

(6)违约责任。

(7)解决争议的方法。

(8)签约双方法定代表人或其授权代表的签字盖章以及签约双方加盖的公章。

审计业务约定书一式两份，任何一方如需修改、补充审计业务约定书，应以适当方式获得双方的确认。

注意：

①在某些情况下，注册会计师可能考虑在审计业务约定书中列明：在某些方面利用专家工作的安排；与审计涉及的内部审计人员工作的协调；在首次接受审计委托时对与前任注册会计师沟通的安排。

②对于连续审计，可以与被审计单位签订长期审计业务约定书，而不必每次审计都重新签订审计业务约定书。但是，注册会计师应当考虑是否需要根据具体情况修改业务约定的条款以及是否需要提醒被审计单位注意现有的业务约定条款。

③如果被审计单位不是委托人，在签订审计业务约定书前，注册会计师应当与委托人、被审计单位就审计业务约定相关条款进行充分沟通，并达成一致意见。但仍然要与被审计单位而不是委托人签约，因为审计需要被审计单位提供审计所需要的资料和条件。

四、审计业务约定书范例

在实务中，审计业务约定书可以采用合同式或信函式两种形式，尽管形式不同，但其实质内容是相同的。合同式审计业务约定书范例如下：

审计业务约定书

甲方：ABC 股份有限公司

乙方：××会计师事务所

兹由甲方委托乙方对 2012 年度财务报表进行审计，经双方协商，达成以下约定：

一、业务范围与审计目标

1. 乙方接受甲方委托，对甲方按照企业会计准则编制的 2012 年 12 月 31 日的资产负债表，2012 年度的利润表、股东权益变动表和现金流量表以及财务报表附注（以下统称财务报表）进行审计。

2. 乙方通过执行审计工作，对财务报表的下列方面发表审计意见：(1)财务报表是否在所有重大方面按照企业会计准则的规定编制；(2)财务报表是否在所有重大方面公允反映甲方 2012 年 12 月 31 日的财务状况以及 2012 年度的经营成果和现金流量。

二、甲方的责任

1. 根据《中华人民共和国会计法》及《企业财务会计报告条例》，甲方及甲方负责人有责任保证会计资料的真实性和完整性。因此，甲方管理层有责任妥善保存和提供会计记录（包括但不限于会计凭证、会计账簿及其他会计资料），这些记录必须真实、完整地反映甲方的财务状况、经营成果和现金流量。

2. 按照企业会计准则的规定编制和公允列报财务报表是甲方管理层的责任。这种责任包括：(1)按照企业会计准则的规定编制财务报表，并使其实现公允反映；(2)设计、执行和维护必要的内部控制，以使财务报表不存在由于舞弊或错误而导致的重大错报。

3. 及时为乙方的审计工作提供与审计有关的所有记录、文件和所需的其他信息（在 2013 年 3 月 5 日之前提供审计所需的全部资料，如果在审计过程中需要补充资料，亦应及时提供），并保证所提供资料的真实性和完整性。

4. 确保乙方不受限制地接触其认为必要的甲方内部人员和其他相关人员。

5. 甲方管理层对其做出的与审计有关的声明予以书面确认。

6. 为乙方派出的有关工作人员提供必要的工作条件和协助，乙方将于外勤工作开始前提供主要事项的清单。

7. 按照本约定书的约定及时足额支付审计费用以及乙方人员在审计期间的交通、食宿和其他相关费用。

8. 乙方的审计不能减轻甲方及甲方管理层的责任。

三、乙方的责任

1. 乙方的责任是在执行审计工作的基础上对甲方财务报表发表审计意见。乙方按照中国注册会计师审计准则(以下简称审计准则)的规定进行审计工作。审计准则要求注册会计师遵守中国注册会计师职业道德守则，计划和执行审计工作以对财务报表是否不存在重大错报获取合理保证。

2. 审计工作涉及实施审计程序，以获取有关财务报表金额和披露的审计证据。选择的审计程序取决于乙方的判断，包括对由于舞弊或错误导致的财务报表重大错报风险的评估。在进行风险评估时，乙方考虑与财务报表编制和公允列报相关的内部控制，以设计恰当的审计程序，但目的并非对内部控制的有效性发表意见。审计工作还包括评价管理层选用会计政策的恰当性、做出会计估计的合理性以及评价财务报表的总体列报。

3. 由于审计和内部控制的固有限制，即使按照审计准则的规定适当地计划和执行审计工作，仍不可避免地存在财务报表的某些重大错报在审计后可能未被乙方发现的风险。

4. 在审计过程中，乙方若发现甲方存在乙方认为值得关注的内部控制缺陷，应以书面形式向甲方治理层或管理层通报。但乙方通报的各种事项，并不代表已全面说明所有可能存在的缺陷或已提出所有可行的改进建议。甲方在实施乙方提出的改进建议前应全面评估其影响。未经乙方书面许可，甲方不得向任何第三方提供乙方出具的沟通文件。

5. 按照约定时间完成审计工作，出具审计报告。乙方应于 2013 年 4 月 20 日前出具审计报告。

6. 除下列情况外，乙方应当对执行业务过程中知悉的甲方信息予以保密：(1)法律法规允许披露，并取得甲方的授权；(2)根据法律法规的要求，为法律诉讼、仲裁准备文件或提供证据，以及向监管机构报告发现的违法行为；(3)在法律法规允许的情况下，在法律诉讼、仲裁中维护自己的合法权益；(4)接受注册会计师协会或监管机构的执业质量检查；(5)法律法规、执业准则和职业道德规范规定的其他情形。

四、审计收费

1. 本次审计服务的收费是以乙方各级别工作人员在本次工作中所耗费的时间为基础计算的。乙方预计本次审计服务的费用总额为人民币××万元。

2. 甲方应于本约定书签署之日起××日内支付×%的审计费用，剩余款项于××(如审计报告草稿完成日)结清。

3. 如果由于无法预见的原因，致使乙方从事本约定书所涉及的审计服务实际时间较本约定书签订时预计的时间有明显的增加或减少时，甲乙双方应通过协商，相应调整本部分第 1 段所述的审计费用。

4.如果由于无法预见的原因，致使乙方人员抵达甲方的工作现场后，本约定书所涉及的审计服务不再进行，甲方不得要求退还预付的审计费用；如上述情况发生于乙方人员完成现场审计工作，并离开甲方的工作现场之后，甲方应另行向乙方支付人民币××元的补偿费，该补偿费应于甲方收到乙方的收款通知之日起××日内支付。

5.与本次审计有关的其他费用（包括交通费、食宿费等）由甲方承担。

五、审计报告和审计报告的使用

1.乙方按照中国注册会计师审计准则规定的格式和类型出具审计报告。

2.乙方向甲方致送审计报告一式××份。

3.甲方在提交或对外公布乙方出具的审计报告及后附的已审计财务报表时，不得对其进行修改。当甲方认为有必要修改会计数据、报表附注和所作的重要说明时，应当事先通知乙方，乙方将考虑有关的修改对审计报告的影响，必要时，将重新出具审计报告。

六、本约定书的有效期间

本约定书自签署之日起生效，并在双方履行完毕本约定书约定的所有义务后终止。但其中第三项第六段、第四、五、七、八、九、十项并不因本约定书终止而失效。

七、约定事项的变更

如果出现不可预见的情况，影响审计工作如期完成，或需要提前出具审计报告时，甲乙双方均可要求变更约定事项，但应及时通知对方，并由双方协商解决。

八、终止条款

1.如果根据乙方的职业道德及其他有关专业职责、适用的法律法规或其他任何法定的要求，乙方认为已不适宜继续为甲方提供本约定书约定的审计服务，乙方可以采取向甲方提出合理通知的方式终止履行本约定书。

2.在本约定书终止的情况下，乙方有权就其于终止之日前对约定的审计服务项目所做的工作收取合理的审计费用。

九、违约责任

甲、乙双方按照《中华人民共和国合同法》的规定承担违约责任。

十、适用法律和争议解决

本约定书的所有方面均应适用中华人民共和国法律及其解释并受其约束。本约定书履行地为乙方出具审计报告所在地，因本约定书所引起的或与本约定书有关的任何纠纷或争议（包括关于本约定书条款的存在、效力或终止，或无效之后果），双方协商确定采取以下第______种方式予以解决：

（1）向有管辖权的人民法院提起诉讼；

（2）提交××仲裁委员会仲裁。

十一、双方对其他有关事项的约定

本约定书一式两份，甲、乙双方各执一份，具有同等法律效力。

甲方：ABC股份有限公司（盖章）	乙方：××会计师事务所（盖章）
授权代表：（签名并盖章）	授权代表：（签名并盖章）
二〇一二年三月七日	二〇一二年三月七日

第二节 计划审计工作

一、计划审计工作的主要内容

1.初步确定重要性水平。

2.初步识别可能存在的较高重大错报风险领域。

3.制定总体审计策略。

4.制订具体审计计划(本阶段主要是计划实施的风险评估程序的性质、时间和范围)。

二、总体审计策略

总体审计策略用以确定审计范围、时间和方向,并指导制订具体审计计划。

(一)总体审计策略的主要内容

1.审计范围

(1)被审计单位编制财务报表所依据的财务报告基础(如企业会计准则、小企业会计准则等)。

(2)特定行业的报告要求,如某些行业监管机构要求提交的报告。

(3)预期的审计工作涵盖范围,包括所审计的集团内各组成部分的数量及所在地。

(4)内部审计工作的可获得性及注册会计师对内部审计工作的拟依赖程度,如内部审计部门对各仓库的存货每半年至少盘点一次。在中期审计时,项目组已经对内部审计部门盘点步骤进行观察,其结果满意,因此项目组将查阅其年底的盘点结果,并缩小存货监盘的范围。

(5)需要阅读的含有已审计财务报表的文件中的其他信息,如上市公司年报。

(6)对应用计算机辅助审计技术以及数据的采集方式等的考虑。

(7)对利用在以前审计工作中获取的审计证据(如获取的与风险评估程序和控制测试相关的审计证据)的预期。

2.审计时间安排

(1)被审计单位对外报告的时间表。

(2)执行审计的时间安排。

①期中审计的执行时间。

②期末审计的执行时间。

(3)沟通的时间安排。

①与管理层和治理层的沟通(讨论审计工作的性质、时间和范围,讨论注册会计师拟出具的报告的类型和时间安排及其他事项,讨论审计工作的进展)。

②项目组成员之间预期沟通的时间安排、复核工作的时间安排。

③与前任注册会计师沟通。

④与对集团内各组成部分执行审计的其他注册会计师沟通。

⑤预期是否需要和第三方进行其他沟通。

3.审计方向

(1)确定适当的重要性水平。

(2)识别重要的账户(包括本身具有重要性的账户,如存货以及评估出存在重大错报风险的账户)。

(3)重大错报风险较高的审计领域。

(4)评估的财务报表层次的重大错报风险对指导、监督及复核的影响。

(5)项目时间预算。

(6)以往审计中对内部控制运行有效性评价的结果及管理层重视内部控制的相关证据。

(7)业务交易量规模。

(8)影响被审计单位经营的重大变化,包括信息技术和业务流程的变化,关键管理人员变化以及收购、兼并和分立。

(9)重大的行业发展情况,如行业法规变化。

(10)会计准则的变化。

4.审计资源

(1)向具体审计领域调配的资源,包括向高风险领域分派有适当经验的项目组成员,就复杂的问题利用专家工作等。

(2)向具体审计领域分配资源的数量,包括分派对重要存货进行监盘的项目组成员的数量,对高风险领域分配的审计时间预算等。

(3)何时调配这些资源,包括是在期中审计阶段还是在关键的截止日期调配资源等。

(4)如何管理、指导、监督这些资源,包括预期何时召开项目组预备会和总结会,预期项目负责人和经理如何进行复核(如是现场复核还是非现场复核),是否需要实施项目质量控制复核等。

总体审计策略的详略程度因被审计单位的规模及该项审计业务的复杂程度而异,比如,在小型被审计单位审计中,总体审计策略可以相对简单。而且,注册会计师应当根据实施风险评估程序的结果对上述内容进行调整。

(二)总体审计策略范例(见表7-1)

表7-1　　总体审计策略

一、审计工作范围

报告要求	
适用的财务报告基础(会计准则等)	
适用的审计准则	
与财务报告相关的行业特别规定	
需要阅读的含有已审计财务报表的文件中的其他信息	

二、审计业务时间安排

(一)对外报告时间安排:________________

（续表）

(二)执行审计时间安排

执行审计时间安排	时间
1.期中审计	
(1)制定总体审计策略	
(2)制订具体审计计划	
…	
2.期末审计	
(1)存货监盘	
…	

(三)沟通的时间安排

所需沟通	时间
与管理层及治理层的会议	
项目组会议(包括预备会和总结会)	
与专家或有关人士的沟通	
与前任注册会计师沟通	
…	

三、影响审计业务的重要因素

(一)确定的重要性水平	索引号
…	

(二)可能存在较高重大错报风险的领域	索引号
…	

(三)重要的账户	索引号
…	

四、项目组人员安排

职位	姓名	主要职责
…		

五、对专家或有关人士工作的利用(如适用)

(一)对内部审计工作的利用

主要报表项目	拟利用的内部审计工作	索引号
…		

(二)对其他注册会计师工作的利用

其他注册会计师名称	利用其工作范围及程度	索引号
…		

(三)对专家工作的利用

主要报表项目	专家名称	主要职责及工作范围	利用专家工作的原因	索引号
…				

三、具体审计计划

具体审计计划是依据总体审计策略制订的，比总体审计策略更加详细。具体审计计划包括项目组成员拟实施的审计程序的性质、时间安排和范围。

(一)具体审计计划的主要内容

1.风险评估程序

注册会计师计划实施的风险评估程序的性质、时间安排和范围。

2.计划实施的进一步审计程序

针对评估的认定层次的重大错报风险，注册会计师计划实施的进一步审计程序的性质、时间安排和范围。

3.计划实施的其他审计程序

注册会计师针对审计业务需要实施的其他审计程序，例如，寻求与被审计单位律师直接沟通等。

(二)具体审计计划的范例(见表7-2)

表7-2 具体审计计划

一、风险评估程序 1.一般风险评估程序 2.针对特别项目的程序
二、了解被审计单位及其环境 1.行业状况、法律环境与监管环境以及其他外部因素 2.被审计单位的性质 3.会计政策的选择和运用 4.目标、战略及相关经营风险 5.财务业绩的衡量和评价
三、了解内部控制 1.控制环境 2.被审计单位的风险评估过程 3.信息系统与沟通 4.控制活动 5.对控制的监督
四、对风险评估及审计计划的讨论
五、评估的重大错报风险 1.评估的财务报表层次的重大错报风险 2.评估的认定层次的重大错报风险
六、计划的进一步审计程序 1.重要账户或列报的计划总体方案(综合性方案或实质性方案) 2.进一步审计程序(单独编制一套包括具体程序的“进一步审计程序表”)
七、其他审计程序

注意：

①注册会计师可以同被审计单位治理层、管理层就计划审计工作的某些情况进行沟通，但要保持职业谨慎，以防止由于具体审计程序易于被管理层或治理层预见而损害审计工作的有效性。

②独立制订审计计划仍然是注册会计师的责任。

③审计计划并不是一成不变的，需要根据审计业务的实际情况及时修正、更新。注册会计师应记录对审计计划做出的重大更改及其理由，并采取应对措施。

④在实务中，注册会计师可能采用将总体审计策略和具体审计计划合并为一份审计计划文件的方式，以提高编制及复核工作的效率，增强其效果。

⑤项目负责人和项目组其他关键成员都应当参与计划审计工作，利用其经验和见解，以提高计划过程的效率和效果。

实训

一、判断题

1. 审计业务错综复杂，即使归属于同一审计阶段的几项具体审计工作，有时也是难分先后的。（　　）

2. 如果被审计单位不是委托人，审计业务约定书是由注册会计师与委托人签订的书面协议。（　　）

3. 审计业务约定书一式两份，只能由签约双方法人代表亲自签署。（　　）

4. 初步业务活动主要是对被审计单位的财务报表及账户余额进行检查。（　　）

5. 总体审计策略的详细程度随被审计单位的规模及该项审计业务的复杂程度的不同而变化。（　　）

6. 具体审计计划比总体审计策略更加详细。（　　）

7. 审计计划一旦制订，在执行中就不得作任何修改。（　　）

8. 具体审计计划用以确定审计范围、时间和方向，并指导制定总体审计策略。（　　）

9. 除了项目负责人，项目组其他成员都不应当参与计划审计工作，以免对计划过程的效率和效果产生不利影响。（　　）

10. 为了防止审计程序被管理层或治理层预见，注册会计师不可以同被审计单位的治理层与管理层就计划审计工作进行沟通。（　　）

二、单项选择题

1.（　　）是指会计师事务所与被审计单位签订的，用以记录和确认审计业务的委托与受托关系、审计目标和业务范围、双方的责任以及报告的格式等事项的书面协议。

A. 审计计划　　B. 审计业务约定书

C. 总体审计策略　　D. 具体审计计划

2.（　　）主要是对被审计单位的情况和注册会计师自身的能力进行了解和评估，确定是否接受或保持审计业务，是控制审计风险的第一道屏障。

A. 初步业务活动　　B. 风险识别　　C. 风险评估　　D. 风险应对

3.“凡事预则立，不预则废”，这句话在审计工作中体现在(　　)上。

A. 审计计划　　B. 审计业务约定书　　C. 审计准则　　D. 审计工作底稿

4.(　　)是指注册会计师为了高效地完成某项审计业务、达到预期审计目标而对审计工作做出的安排。

A. 审计计划　　B. 审计业务约定书　　C. 审计准则　　D. 审计工作底稿

5. 编制与实施(　　)，并对其执行情况进行检查，可以保证审计工作有效地进行，有利于合理利用审计资源。

A. 审计计划　　B. 审计业务约定书　　C. 审计准则　　D. 审计程序

6.(　　)用以确定审计范围、时间和方向。

A. 总体审计策略　　B. 审计业务约定书　　C. 审计依据　　D. 具体审计计划

7.(　　)是依据总体审计策略制订的，比总体审计策略更加详细。

A. 审计业务约定书　　B. 具体审计计划　　C. 审计准则　　D. 审计工作底稿

8. 具体审计计划不包括下列哪一项内容(　　)。

A. 计划实施的风险评估程序　　B. 计划实施的进一步审计程序

C. 计划实施的其他审计程序　　D. 向具体审计领域调配的资源

9. 下列不包括在总体审计策略中的是(　　)。

A. 计划实施的风险评估程序　　B. 向具体审计领域分配资源的数量

C. 何时向具体审计领域调配资源　　D. 向具体审计领域调配的资源

10. 下列正确的说法是(　　)。

A. 注册会计师不可以同被审计单位治理层、管理层就计划审计工作的某些情况进行沟通

B. 审计计划可以交由被审计单位管理层制订

C. 审计计划的修正、更新贯穿于整个审计过程

D. 总体审计策略与具体审计计划制定过程是完全孤立的

三、多项选择题

1. 审计业务约定书的具体内容包括(　　)。

A. 财务报表审计的目标　　B. 管理层对财务报表的责任

C. 执行审计工作的安排　　D. 确定审计收费

2. 下列关于审计业务约定书正确的说法有(　　)。

A. 审计业务约定书是会计师事务所与被审计单位签订的协议

B. 审计业务约定书的具体内容和格式，可能因被审计单位的不同而存在差异

C. 会计师事务所承接某些审计业务可以不与被审计单位签订审计业务约定书

D. 审计业务约定书应由会计师事务所与被审计单位法人代表或授权代表签署，并加盖双方单位印章

3. 在实务中，审计业务约定书可以采用的形式有(　　)。

A. 合同式　　B. 媒体公告式　　C. 口头约定式　　D. 信函式

4. 初步业务活动包括(　　)。

A. 初步了解被审计单位及其环境

B. 评价被审计单位的治理层、管理层是否诚信

C. 评价会计师事务所与注册会计师遵守职业道德的情况

D. 签订或修改审计业务约定书

5. 在确定审计工作方向时，注册会计师要考虑(　　)。

A. 确定适当的重要性水平　　B. 重大错报风险较高的审计领域

C. 识别重要账户余额　　D. 影响被审计单位经营的重大发展变化

6. 注册会计师应当在总体审计策略中清楚地说明下列内容(　　)。

A. 向具体审计领域调配的资源　　B. 向具体审计领域分配资源的数量

C. 何时调配资源　　D. 如何管理、指导、监督资源的利用

7. 在制定总体审计策略时，注册会计师应考虑以下主要事项(　　)。

A. 审计工作范围　　B. 审计业务时间安排

C. 审计工作方向　　D. 风险评估程序

8. (　　)都应当参与计划审计工作，利用其经验和见解，以提高计划过程的效率和效果。

A. 项目负责人　　B. 项目组其他关键成员

C. 被审计单位管理层　　D. 被审计单位治理层

9. 具体审计计划的主要内容有(　　)。

A. 项目组成员的分工　　B. 风险评估程序

C. 计划实施的进一步审计程序　　D. 计划其他审计程序

10. 审计计划可分为(　　)。

A. 总体审计策略　　B. 具体审计计划

C. 审计工作底稿　　D. 审计业务约定书

四、案例分析题

XYZ 会计师事务所接受 ABC 公司委托，预计将在 2013 年 1 月 15 日到 3 月 15 日完成对该公司 2012 年度财务报表的审计。双方约定：(1)在 1 月 20 日前，ABC 公司需要提供审计所需要的全部资料，把三楼会议室用来作为审计组的办公场所；(2)XYZ 会计师事务所在 3 月 18 日提交审计报告，审计工作结束后，注册会计师要对在审计过程中获知的信息保密，并根据具体情况对 ABC 公司内部控制及其他不足提交管理建议书；(3)审计收费按照实际参加本项审计业务的各级别工作人员所花费的时间为基础计算，预计为 180 万元人民币；与审计有关的其他费用(交通费、食宿费)由 ABC 公司承担；(4)ABC 公司要恰当使用审计报告；(5)如果出现不可预见的情况，影响审计工作按期完成，双方均可要求变更约定事项，由双方协商解决；(6)如果出现违约，双方要按照《中华人民共和国合同法》的规定承担违约责任。

要求：

请根据上述的材料撰写审计业务约定书。

第八章

风险评估

引导案例

蓝田神话

1996年蓝田股份有限公司(以下简称蓝田)在上海证券交易所上市,它的主业之一是农副水产养殖,上市5年,业绩骄人,被誉为"中国农业第一股",创造了蓝田神话。

1. 鱼塘里的业绩神话

蓝田创造了立体养殖方式:"水中有鱼,水面有鸭,水下有藕",每亩水面年产值3万元,而同在湖北的另一家养鱼企业,每亩水面年产值不足1 000元。蓝田的鱼塘业绩相当于同业的30倍。

2. 巨额现金交易

2000年,蓝田的销售收入为18.4亿元,应收账款为857.2万元,应收账款占主营业务收入的比重仅为4.6‰。蓝田解释说,客户有大量的个体户,他们自己上门提货,"钱货两清",所以应收账款占销售收入的比重低。然而,巨额交易不通过银行结算,真假难辨。

3. 严重现金流缺口

更令人费解的是,有着巨额的现金收入,蓝田却存在着严重的现金流缺口。2000年末,流动比率0.77,营运资金是负的1.27亿元,这意味着有1.27亿元短期债务没有偿还保障。

一边是巨额的现金收入,一边是巨额的现金流缺口,蓝田又是如何自圆其说的呢?

4. 扔到水里的固定资产

蓝田声称鱼塘改造投入巨额资金,现金收入转化成了固定资产。2000年底,蓝田的固定资产已达21.69亿元,占总资产的76.4%。作为农业企业,如此高的固定资产比重是非常不正常的。然而,农业的特殊性又决定了它在鱼塘里打了几根桩,抹了了几吨水泥,很难盘点验证。

启示:

种种迹象表明,蓝田财务报表存在着重大错报,然而注册会计师却没能揭露蓝田的造假。蓝田审计失败案例告诉我们,注册会计师应保持职业怀疑,了解被审计单位及其环境,识别并评估重大错报风险,以便妥善应对。

那么如何进行重大错报风险的识别与评估呢?

必备知识

在风险导向审计模式下，审计的起点是重大错报风险的识别与评估。风险评估就是实施风险评估程序，了解被审计单位及其环境，包括内部控制，以充分识别和评估财务报表层次和认定层次的重大错报风险。

第一节 了解被审计单位及其环境

一、了解被审计单位及其环境的主要内容

(一)行业状况、法律环境与监管环境以及其他外部因素

它包括市场供求与竞争、生产技术的变化、适用的会计准则、经济政策、环保要求、宏观经济景气度等。例如，从事计算机硬件制造的企业，应重点了解其市场和竞争以及技术进步的情况，行业竞争激烈，技术进步飞快，对其经营可能产生重大影响，可能造成存货滞销，导致其存货计价存在错报风险。

(二)被审计单位的性质

它包括所有权结构、治理结构、组织结构、经营活动、投资活动、筹资活动等。例如，了解被审计单位主业是属于制造业还是商品批发零售业，以确定其交易类别、交易的难易复杂程度；又如，是否存在复杂的联营或合资、业务外包情况；是否进入新的业务领域、开辟新的经营场所、是否存在重大的关联方交易。这些情况可能意味着风险的存在。

(三)被审计单位对会计政策的选择和运用

它包括重要项目的会计政策和行业惯例、重大和异常交易的会计处理方法、会计政策的变更等。例如，应用新颁布的会计准则、会计计量过程复杂；又如，固定资产折旧政策变更、以往存在重大错报或本期期末出现重大会计调整；再如，存在按照管理层特定意图记录的交易、发生的重大、非常规交易。上述情形可能存在错报风险。

(四)被审计单位的目标、战略以及相关经营风险

例如，为保持和扩大市场，应对消费者需求的变化(这是目标)，企业开发了新产品(这是战略)。但是，开发新产品可能会产生许多经营风险，如开发失败的风险；市场需求没有充分开发而导致产品滞销风险；产品的缺陷导致声誉受损风险和承担赔偿责任的风险。这些经营风险反映到财务报表中，可能会出现研发支出资本化与费用化的问题，营业收入、销售费用与应收账款的确认与计量问题，这些问题可能会导致财务报表重大错报风险。

(五)被审计单位财务业绩的衡量和评价

它包括关键业绩指标、业绩趋势、预算和差异分析、管理层和员工业绩考核与激励性报酬政策、与竞争对手的业绩比较、外部机构提出的报告。例如，被审计单位某年的资产收益率这个业绩指标比同行业其他单位高出很多，而管理层的报酬恰恰与资产收益率挂钩，这表明财务报表可能存在高估利润的错报风险。

(六)被审计单位的内部控制

缺乏具备胜任能力的会计人员、关键人员发生变动、内部控制薄弱等，这些都意味着

风险的存在。

【案例 8-1】

ABC 公司是 XYZ 会计师事务所的常年审计客户，现对 ABC 公司执行 2012 年财务报表审计。注册会计师在了解 ABC 公司及其环境时，注意到以下情况：

(1)2012 年 12 月，ABC 公司从银行取得长期借款用于新生产线的建设。12 月 30 日，银行发现 ABC 公司未按照规定用途使用借款，将长期借款用于偿还到期债务，当日决定停止向 ABC 公司发放剩余贷款，并要求其偿还已经发放的长期借款本金。

(2)2012 年 1 月，ABC 公司与丙公司签订建造办公楼的合同。在建造过程中，由于未约定首期付款时间，丙公司拒绝在 ABC 公司为其支付首期付款前垫支工程款项，办公楼到 2012 年 3 月开始停建，到 2012 年年末仍未复工，并且预计在未来三年内不会重新开工。

分析：

(1)ABC 公司用长期借款偿还到期债务，银行停止向 ABC 公司发放剩余贷款，并要求其偿还已经发放的长期借款本金，说明 ABC 公司的持续经营能力令人堪忧，对财务报表整体存在广泛影响，表明存在报表层次的重大错报风险。

(2)在建办公楼停工，存在减值迹象，表明在建工程的计价认定(资产减值损失的准确性认定)存在重大错报风险。

二、实施风险评估程序

(一)询问

1. 询问被审计单位管理层和财务负责人

(1)管理层所关注的主要问题，如新的竞争对手、主要客户和供应商的流失、新的税收法规的实施以及经营目标或战略的变化等。

(2)被审计单位的财务状况和最近的经营成果、现金流量。

(3)可能影响财务报告的交易和事项，或者目前发生的重大会计处理问题，如重大的并购事宜等。

(4)被审计单位发生的其他重要变化，如所有权结构的变化、内部控制的变化等。

2. 询问内部其他人员

询问被审计单位内部不同部门不同级别的员工，以从不同视角获取有用的信息。

(1)询问治理层，了解其对财务报告过程的监督情况。

(2)询问内部审计人员，了解其针对被审计单位内部控制设计和运行有效性而实施的工作，并了解管理层对内部审计发现的问题是否采取适当的行动。

(3)询问参与生成、处理、记录复杂或异常交易的员工，有助于注册会计师评估被审计单位选择和运用某项会计政策的适当性。

(4)询问内部法律事务人员，了解有关法律法规的遵循、诉讼情况、产品保证和售后责任以及合同条款的含义。

(5)询问销售人员，了解被审计单位的营销策略及其变化、销售趋势或与其客户的合同安排。

(6)询问采购人员和生产人员，了解被审计单位的原材料采购和产品生产等情况。

(7)询问仓库人员，了解原材料、产成品等存货的进出、保管和盘点等情况。

3.询问外部人员

询问被审计单位聘请的外部法律顾问、专业评估师、投资顾问和财务顾问，从被审计单位外部获取有关信息。

(二)分析程序

在了解被审计单位及其环境并评估重大错报风险时通常使用分析程序。

例如，注册会计师通过对被审计单位及其环境的了解，获知其银行贷款额比去年略有增加，今年银行贷款利率上涨1%，因此注册会计师预期财务费用应相应上升，但注册会计师比较两年的财务费用，发现今年财务费用比去年大幅下降。上述分析使注册会计师得出结论：财务费用可能存在重大错报风险。

(三)观察

1.观察被审计单位的生产经营活动

通过观察被审计单位人员正在从事的生产活动和控制活动，可以增进注册会计师对被审计单位人员如何进行生产经营活动及实施内部控制的了解。

2.实地观察被审计单位的生产经营场所和设备

通过实地观察被审计单位的生产经营场所(如厂房)和设备，了解被审计单位的主要业务及经营活动，与被审计单位的管理层和担任不同职责的员工进行交流，以增强对被审计单位的经营活动及其重大影响因素的了解。

(四)检查

1.查阅以前年度的审计工作底稿

2.检查文件、记录和内部控制手册

例如，检查被审计单位的章程，与其他单位签订的合同、协议，股东(大)会、董事会会议及管理层会议的记录，各种会计资料、内部凭证和单据，各业务流程操作指引和内部控制手册等。

3.阅读由管理层和治理层编制的报告

例如，阅读被审计单位年度和中期财务报告、管理层的讨论和分析资料、经营计划和战略、对重要经营环节和外部因素的评价、被审计单位内部管理报告以及其他特殊目的报告(如新投资项目的可行性分析报告)。

4.阅读外部信息

外部信息包括证券分析师、银行、评级机构出具的有关被审计单位及其所处行业的经济或市场环境等状况的报告，贸易与经济方面的期刊杂志，法规以及政府部门或民间组织发布的行业报告和统计数据等。

观察和检查程序可以印证对管理层和其他相关人员询问的结果。

注意：

注册会计师还应当考虑其他信息来源，如为确定接受或保持审计业务所进行的初步业务活动时获取的信息以及向被审计单位提供其他服务(如税务服务)所获得的经验，这些也可能有助于识别重大错报风险。

三、识别与评估重大错报风险的思路

(一)在了解被审计单位及其环境的整个过程中识别风险

注册会计师应当运用各项风险评估程序,在了解被审计单位及其环境的整个过程中来识别是否存在错报风险。例如,被审计单位的清洁员突然离职,通常并不会构成风险;如果财务总监突然离职,可能意味着风险的存在。再如,环境法规的变化、宏观经济的不景气、市场竞争激烈,这些情形可能意味着风险的存在。

(二)识别两个层次的重大错报风险

确定识别的重大错报风险是与特定的某类交易、账户余额、列报的认定相关(认定层次),还是与财务报表整体广泛相关(报表层次),进而影响多项认定。

1.报表层次重大错报风险

例如,资产的流动性出现问题、重要客户流失、融资能力受到限制等,可能导致持续经营受到威胁,而持续经营能力与财务报表整体相关;又如,执行新颁布的会计准则,可能导致报表多项认定出现错报,属于报表层次的风险。

注意:

考虑控制环境对报表层次的重大错报风险的影响。

报表层次的重大错报风险很可能源于薄弱的控制环境。例如,被审计单位管理层不重视内部控制,没有建立必要的政策和程序;管理层经营理念偏于激进冒险;管理缺乏诚信。上述情形表明控制环境薄弱,可能对财务报表产生广泛影响。

2.认定层次重大错报风险

例如,被审计单位存在复杂的联营或合资情形,预示着长期股权投资账户的有关认定可能存在重大错报风险,属于认定层次的风险。

注意:

考虑控制对评估认定层次重大错报风险的影响。

有效的控制有助于防止或发现并纠正认定层次的重大错报,减少认定层次错报发生的可能性;而控制的不当或缺失,很可能导致错报的发生。因此,在评估认定层次重大错报风险性时,要考虑控制对风险的抵消和遏制作用。

(三)将已识别的认定层次错报风险与各类交易、账户余额和列报相联系

例如,被审计单位因相关环境法规的实施需要更新设备,可能使原有设备(固定资产)闲置或贬值;宏观经济的不景气可能影响应收账款的可收回性;市场竞争激烈,使产品的市场价格下降,可能导致存货减值。

(四)将已识别风险与认定层次可能发生错报的领域相联系

例如,市场竞争激烈使产品的市场价格下降,由于成本高于其可变现净值而需要计提存货跌价准备,可能导致存货减值,这显示存货的计价认定可能发生错报。

(五)考虑已识别风险后果的严重性

上例中,除考虑产品市场价格下降因素外,注册会计师还应当考虑产品市场价格下降的幅度和该产品在被审计单位产品中的比重等,以确定已识别风险对财务报表的影响是否严重。如果产品市场价格大幅下降,导致产品销售收入不能抵偿成本,毛利率为负数,那么存货跌价就较为严重,存货计价认定发生错报的影响就是重大的;如果价格下降的产

品在被审计单位产品中所占比重很低，被审计单位其他产品毛利率很高，尽管该产品的毛利率为负数，但可能不会导致存货发生严重跌价，存货计价认定发生错报的影响也就不那么严重了。

（六）考虑已识别风险导致财务报表发生重大错报的可能性

在某些情况下，尽管已识别风险的后果严重，但不至于导致财务报表重大错报。上例中，如果期末存货的余额较低，尽管已识别风险严重，但不至于导致财务报表重大错报；或者，被审计单位对存货计价认定实施了有效的控制，已经根据存货的可变现净值计提了相应的跌价准备，则也不大可能导致财务报表重大错报。

（七）汇总识别的重大错报风险

最后需要将识别的所有重大错报风险进行汇总，记录在审计工作底稿中，以便有针对性地采取有效的应对措施。

第二节　了解内部控制①

一、了解内部控制的程度

（一）评价控制的设计的合理性

评价控制的设计是指考虑一项控制单独或连同其他控制是否能够有效防止或发现并纠正重大错报。如果控制设计不当，可能表明内部控制存在重大缺陷。

（二）确定控制是否得到执行

控制得到执行是指某项控制存在且正在使用。设计合理的控制如果得不到执行，意味着内部控制存在重大缺陷。

注意：

了解内部控制就是评价控制的设计是否合理，以及是否得到执行，但不涉及评价控制执行的效果。

二、了解内部控制的范围

财务报表审计的目标是对财务报表是否不存在重大错报发表审计意见，因此注册会计师需要了解和评价的内部控制只是与审计相关的内部控制，并非被审计单位所有的内部控制。例如，由于税法的规定涉及应交税费和所得税费用，所以其对财务报表存在着直接和重大的影响。为了遵守这些法规而设计和执行的控制就与注册会计师的审计相关；如果注册会计师在实施分析程序时使用某些非财务数据（如生产统计数据），则对于这些非财务数据的控制就与审计相关；被审计单位可能依靠某一复杂的自动控制系统提高经营活动的效率和效果（如航空公司用于维护航班时间表的自动控制系统），这些控制通常与审计无关。

三、了解内部控制的程序

（一）询问被审计单位的有关人员

注册会计师可以向被审计单位的有关人员询问相关内部控制是否建立，是否执行，与

① 学习本章内容之前需要复习有关企业内部控制的内容，相关知识见【知识链接】。

上次审计相比发生了哪些新变化，以往内部控制的薄弱环节是否得到了改进等。

(二)观察特定控制的运行

针对不留下书面记录的控制，注册会计师通常可以实地观察被审计单位的业务活动和控制的运行情况，以确认它们是否已经建立并得到运行。

(三)检查文件和报告

注册会计师索取并检查被审计单位编制的有关内部控制的文件与报告，如董事会会议纪要、员工培训记录，并结合对被审计单位有关人员的询问，来了解有关内部控制的建立与执行情况。

四、了解并评价内部控制的过程

内部控制的某些要素(如控制环境)更多地对被审计单位整体层面产生影响，而有些要素(如信息和沟通、控制活动)则可能更多地与特定业务流程相关。在实务中，往往从被审计单位整体层面和业务流程层面分别了解和评价内部控制。

(一)在整体层面了解并评价内部控制

1.了解控制环境

注册会计师应当了解构成控制环境的各个因素的状况，如管理层是否营造了良好的企业文化，治理层是否具备适当的资历并独立于管理层，是否设置了责权明确的内部组织机构，是否建立有利的人力资源政策，是否开展了内部审计监督。

2.了解风险管理

注册会计师应当向管理层询问，以了解被审计单位管理层如何识别经营风险，已识别出哪些经营风险，如何估计该风险的重要性，如何评估风险发生的可能性，如何采取措施来应对这些风险，并考虑这些风险是否可能导致重大错报。

3.了解信息与沟通

注册会计师应当了解被审计单位是否有明确的信息收集、处理和传递程序，是否确保信息及时沟通，在信息技术环境下，还应了解被审计单位是否建立了有关信息系统开发与维护、访问与变更、数据输入与输出、文件储存与保管、网络安全等方面的控制。

4.了解控制活动

控制活动更多地与特定业务流程相关，所以注册会计师在整体层面上对控制活动的了解，主要是针对具有普遍影响的控制活动，比如系统软件购置的授权。

5.了解对控制的监督

注册会计师应当了解被审计单位对内部控制的日常监督活动和专项监督活动，并利用与外部沟通的监督，了解如何纠正发现的内部控制缺陷，是否定期进行内部控制的自我评价。

6.在整体层面评价内部控制

基于上述了解的要点与执行的程序，评价被审计单位整体层面的内部控制设计是否合理，是否得到执行，识别的缺陷是否属于重大缺陷，得出相应的结论。

(二)在业务流程层面了解并评价内部控制

在重要业务流程层面了解和评价内部控制的步骤如下：

1.确定被审计单位的重要业务流程和重要交易类别

(1)注册会计师可以通过划分业务循环来确定重要的业务流程。比如,制造业企业的业务流程可以划分为采购与付款循环、生产与存货循环、销售与收款循环、筹资与投资循环;银行业有发放贷款与吸收存款循环。

(2)重要交易类别是指可能对被审计单位财务报表发生重大影响的各类交易。重要交易应与重大账户及其认定相联系,例如,制造业企业的销售与收款循环,销售和收款都是重要交易类别,主营业务收入和应收账款通常是重大账户。

注意:

"交易"也包含对财务报表具有重大影响的事项和情况,例如计提固定资产折旧。

交易类别可以划分为常规交易、非常规交易与判断事项。常规交易是指在日常经营中经常重复发生的交易,例如销售、收款;非常规交易是指由于金额或性质异常而不经常发生的交易,例如企业并购、债务重组;判断事项通常指做出的会计估计,例如对资产减值准备金额的估计。如果存在非常规交易与判断事项,可能意味着存在需要注册会计师特别关注的风险(特别风险)。

2. 了解重要交易流程并记录

在确定重要的业务流程和交易类别后,注册会计师着手了解每一重要交易流程,即重要交易在自动化或人工系统中生成、处理、记录以及在财务报表中报告的流程。例如,在销售交易中,这些活动包括接受顾客订单、核准信用、发货并编制货运单据和发票、生成记账凭证、更新销售收入与应收账款记录,处理销售调整交易以及修改被错误记录的交易。

3. 确定可能发生错报的环节

注册会计师需要了解错报可能在什么环节发生,即确定被审计单位应在哪些环节设置控制,以防止或发现并纠正各重要交易流程可能发生的错报。注册会计师通过设计一系列的问题(针对控制目标是否实现),确认某类交易流程中需要加以控制的环节。表 8-2 列举了销售交易可能发生错报的环节。

表 8-2　　销售交易可能发生错报的环节

交易流程	可能的错报	可能涉及的重要账户及认定
接受顾客订单	可能把商品销售给了未经授权的顾客	应收账款:存在 主营业务收入:发生
核准信用 批准赊销	因承担了不适当的信用风险而蒙受损失	应收账款:计价与分摊
按销售单发货、装运货物	(1)所发出、装运的货物可能与被订购的货物不符 (2)可能有未经授权的发货、装运	应收账款:存在 主营业务收入:发生
开发票给顾客	(1)可能对虚构的交易开账单或重复开账单 (2)销售发票可能计算错误 (3)可能不及时开具发票	应收账款:存在 主营业务收入:发生、准确性、截止
记录销售	(1)发票可能未入账 (2)发票可能未正确过账 (3)发票可能记入不恰当的期间	应收账款:完整性 主营业务收入:完整性、准确性、分类、截止

4.识别和了解相关控制并记录

通过对被审计单位及其环境的了解，包括在被审计单位整体层面上对内部控制各要素的了解，以及在上述程序中对重要业务流程的了解，注册会计师可以确定是否有必要了解在业务流程层面的控制。有时，之前的了解可能表明针对某些重要交易流程所设计的控制是无效的，或者不存在相应的控制，那么就没有必要去了解在业务流程层面的控制。

注册会计师如果计划对业务流程层面的有关控制做进一步的了解和评价，其工作重点应放在交易流程中容易发生错报的环节，确定关键控制点是否存在相应的控制，了解相关的控制设计是否合理，是否得到执行。

注意：

关键控制点是指如果未加控制就容易发生错误或舞弊的业务环节（即可能的错报环节）。

5.执行穿行测试

穿行测试是指通过在财务报告信息系统中追踪交易的处理过程，即选择某笔或某几笔具有代表性的交易追踪其从发生到记账的整个流程，来证实之前通过其他程序所获得的关于被审计单位的交易流程和控制的信息是否准确、完整。

例如，针对销售交易，通过追踪订单处理，核准信用批准赊销，编制货运单据，发货运送至顾客，开具销售发票，生成相关记账凭证，并过账至销售收入与应收账款明细账、总账等交易的整个流程，以考虑之前对交易流程与相关内部控制的了解是否正确和完整。

穿行测试运用的程序包括：询问执行交易流程各个处理环节和控制的相关人员，以了解其对岗位职责的理解，并判断控制是否得到执行；检查有关记录和文件；观察有关控制的执行。

注意：

即使不打算在业务流程层面对相关控制进行了解，仍应执行穿行测试，以验证之前对交易流程及可能发生错报的环节的了解是否准确和完整。

6.初步评价内部控制

注册会计师对控制的初步评价结论可能是下列情况之一：

(1)控制设计合理，并得到执行。

(2)控制设计合理，但没有得到执行。

(3)控制设计无效或缺乏必要的控制。

五、记录内部控制

注册会计师需要将了解到的被审计单位交易流程与内部控制记录在审计工作底稿中，即对交易流程与内部控制加以描述。

常用的记录方式有文字表述、调查表、流程图。这三种方式可单独使用，也可以结合使用。

（一）文字表述

文字表述是指注册会计师用文字叙述的方式描述被审计单位交易流程与内部控制的方式（见表8-3）。

表 8-3　　　　销售与收款循环内部控制说明书

销售部收到顾客订单(一式两联)后,王林登记,李科负责审查订单上的产品种类、质量要求、数量、价格、交货与付款方式,以决定是否接受订货。李科在决定接受订货的情况下,将一式两联订单送交财务部的刘昌,由刘昌审核给予顾客的信用政策,并签署意见,将其中一联送还销售部,另一联留存,并登记信用备忘录。信用政策被批准后,销售部编制提货单和一式三联的销售单,提货单交顾客,销售单一联留存,另外两联分别送至仓库和财务部;顾客凭提货单到仓库提货,仓库在核对提货单和销售通知单相符后,发出货物,并编制一式三联的出库单,一联留存,据以更新库存记录,另外两联分别送销售部和财务部。销售部负责催收款项。财务部刘昌在核对出库单、销售单和顾客订单后,向顾客开具销售发票,要求对方按时付款,并更新销售收入和应收账款等会计记录;收到款项后,财务部马民负责登记银行存款日记账。财务部每月向顾客发出应收账款对账单,如果出现分歧,应及时查明原因;每周核对一次销售发票和出库单上的数据。
评价: 销售与收款循环内部控制存在下列缺陷: 1. 应收账款的记录与批准信用政策由一人承担; 2. 没有将顾客的编号、销售数量和销售收入与销售发票、信用备忘录上的有关信息进行核对。

文字表述的优点:(1)可对调查对象做出比较深入和具体的描述;(2)具有灵活性。缺点:(1)不够直观;(2)不便于抓住重点,有时难以用简明的语言来描述复杂的控制细节,还可能遗漏控制点。因此文字表述主要适用于内部控制比较简单的小型被审计单位,或者用于对控制环境、实物控制的描述。

(二)调查表

调查表是以相关事项作为调查对象,注册会计师自行设计成有针对性的模式化的问题,要求被调查者做出"是"、"否"或"不适用"的回答,来了解被审计单位内部控制的一种方法(见表 8-4)。

表 8-4　　　　生产循环内部控制调查表

调查的问题	是	否	不适用	备注
1. 在正式接受订单之前,生产部门是否对订单要求进行审查?				
2. 生产计划对产品的工艺要求、制造日期、工时、设备、人员和材料的配备是否有详细的说明?				
3. 在产品正式生产前是否对产品成本进行估算?				
4. 生产计划编制后是否受到计划部门主管的审查批准?				
5. 生产通知单是否以生产计划为依据加以填制?				
6. 生产通知单是否由适当的被授权人士签发?				
7. 生产通知单是否予以连续编号?				
8. 在产品在各个部门之间的转移是否都予以记录?				
9. 有无成本核算制度? 成本核算制度是否符合生产经营特点?				
10. 采用的成本计算方法是否严格执行? 有无随意变更现象?				
11. 是否制订和执行先进合理的定额和预算,有无以估代实来计算成本的现象?				

（续表）

调查的问题	是	否	不适用	备注
12. 对各种或各类产品是否分别设置分类账户？				
13. 各成本项目的核算、制造费用的归集、产成品的结转是否严格按规定执行、前后期是否符合一贯性？				
14. 完工产品成本与在产品成本的分配方法是否严格执行？				
15. 产品质量是否由独立于生产部门的职员来进行检查？				

调查表的优点：(1)描述简明，便于注册会计师做分析评价；(2)回答为"否"的项目集中反映了被审计单位的内部控制的弱点，能够引起注册会计师关注；(3)编制调查表省时省力。缺点：(1)容易把各业务的内部控制孤立看待，不能提供完整的看法；(2)对于不同行业的被审计单位或者小型被审计单位，模式化问题往往不适用，缺乏弹性。

(三)流程图

流程图是采用一定的符号和图形，以流程线加以联结，将交易与事项的处理程序和文件凭证的有序流动反映出来的文件(如图 8-1 所示)。

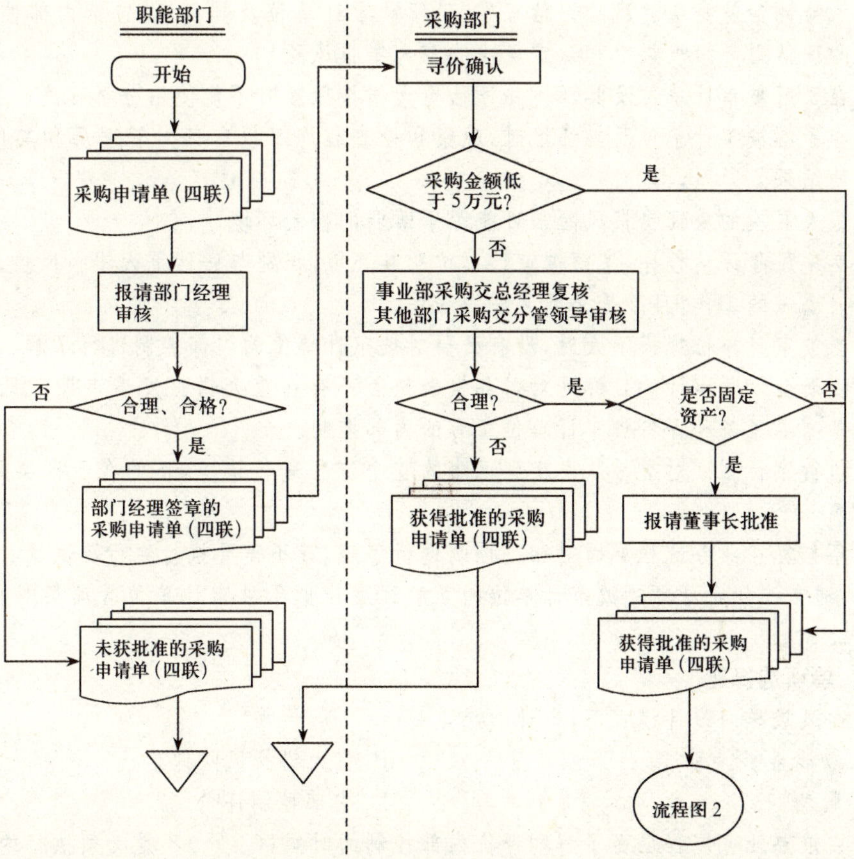

图 8-1　采购交易流程图

流程图的优点:(1)能够形象、直观地反映出交易流程与内部控制的运行方式,突出关键控制点;(2)便于修改。缺点:(1)绘制流程图的技术难度大,费时费力;(2)流程控制之外的控制措施如实物控制无法直接反映;(3)对控制弱点有时也难以明确表示。

注意:

①在每次审计中,无论被审计单位规模大小,注册会计师首先必须实施风险评估程序,了解被审计单位及其环境,包括内部控制,以评估重大错报风险。这是审计的起点,不得在未经过风险评估的情况下,直接将重大错报风险设定为高水平。

②识别与评估重大错报风险贯穿于整个审计过程的始终。

③注册会计师应当运用职业判断确定需要了解被审计单位及其环境的程度。如果了解被审计单位及其环境获得的信息足以识别和评估财务报表重大错报风险,那么了解的程度就是恰当的。当然注册会计师对被审计单位的了解程度应低于被审计单位管理层管理企业时对自身的了解程度。

实 训

一、判断题

1. 风险评估就是实施风险评估程序,了解被审计单位及其环境,包括内部控制,以充分识别和评估财务报表层次和认定层次的重大错报风险。 ( )

2. 在了解被审计单位及其环境并评估重大错报风险时不能使用分析程序。 ( )

3. 在了解被审计单位及其环境时,观察和检查程序可以印证对管理层和其他相关人员询问的结果。 ( )

4. 报表层次的重大错报风险很可能源于薄弱的控制环境。 ( )

5. 实施风险评估程序,了解被审计单位及其环境,识别与评估重大错报风险只是在审计开始时要做的工作,且不是必须实施的程序。 ( )

6. 当被审计单位规模不大时,没有必要对被审计单位的内部控制进行了解。 ( )

7. 注册会计师审计的目标是对财务报表是否不存在重大错报发表审计意见,因此注册会计师需要了解和评价被审计单位所有的内部控制。 ( )

8. 执行穿行测试对交易从发生到记账的整个流程进行追踪,目的在于证实账户余额是否正确。 ( )

9. 不打算在业务流程层面对相关控制进行了解,就不需要执行穿行测试了。 ( )

10. 通常注册会计师对被审计单位的了解程度应低于被审计单位管理层对自身的了解程度。 ( )

二、单项选择题

1. 在风险导向审计模式下,审计的起点是( )。

A. 初步业务活动　　B. 重大错报风险评估

C. 账表　　D. 内部控制评价

2. 在重要业务流程层面了解和评价内部控制的时候,( )不是必须执行的。

A. 了解重要交易流程　　B. 确定可能发生错报的环节

C. 识别和了解相关控制并记录　　D. 执行穿行测试

3. 为了了解被审计单位及其环境，注册会计师应实施风险评估程序。下列一定不属于风险评估程序的是(　　)。

A. 监盘存货　B. 询问管理层　C. 观察控制活动　D. 检查销售合同

4. (　　)用来评价控制的设计是否合理及是否得到执行，但不涉及评价控制执行的效果。

A. 了解内部控制　B. 控制测试　C. 实质性程序　D. 双重目的测试

5. 如果存在非常规交易与判断事项，可能意味着存在需要注册会计师特别关注的(　　)。

A. 报表层次重大错报风险　B. 特别风险
C. 认定层次重大错报风险　D. 检查风险

6. 在评估认定层次重大错报风险时，要考虑(　　)对风险的抵消和遏制作用。

A. 控制环境　B. 交易性质　C. 控制　D. 治理结构

7. 即使不打算在业务流程层面对相关控制进行了解，仍应(　　)，以验证之前对交易流程及可能发生错报的环节的了解是否准确和完整。

A. 了解重要交易流程　B. 确定可能发生错报的环节
C. 识别和了解相关控制并记录　D. 执行穿行测试

8. 财务报表审计的目标是对财务报表是否不存在重大错报发表审计意见，因此注册会计师需要了解和评价的内部控制只是与(　　)相关的内部控制，并非被审计单位所有的内部控制。

A. 审计　B. 实质性程序　C. 总体应对措施　D. 控制测试

9. 下列被审计单位的控制中，与审计无关的控制是(　　)。

A. 公司信用经理审核提出赊销的客户信用
B. 公司同意因某些特别原因，对某个不符合一般信用条件的客户赊销商品
C. 航空公司用于维护航班时间表的自动控制系统
D. 定期盘点存货

10. 注册会计师为了了解被审计单位的财务状况、重大的会计处理问题，应向(　　)进行询问。

A. 内部审计人员　B. 仓库人员　C. 销售人员　D. 财务负责人

三、多项选择题

1. 注册会计师识别与评估重大错报风险时，还可以利用其他信息来源，包括(　　)。

A. 初步业务活动时获取的信息
B. 风险评估
C. 向被审计单位提供其他服务时获取的信息
D. 实质性程序

2. 了解被审计单位及其环境时需要了解的内容有(　　)。

A. 被审计单位的内部控制　B. 宏观经济景气度
C. 被审计单位的组织结构　D. 被审计单位对会计政策的选择和运用

3. 注册会计师对控制的初步评价结论可能是（　　）。

A. 控制设计合理，并得到执行　　B. 控制设计合理，但没有得到执行

C. 控制设计无效或缺乏必要的控制　　D. 控制有效运行

4. 了解内部控制的程度应达到（　　）。

A. 评价控制的设计是否合理　　B. 评价控制是否得到执行

C. 评价控制执行的效果　　D. 评价控制是否健全

5. 为了解被审计单位及其环境，评估重大错报风险而实施的风险评估程序通常有（　　）。

A. 观察　　B. 分析程序　　C. 检查　　D. 询问

6. 在审计实务中，注册会计师往往从被审计单位的（　　）分别了解和评价内部控制。

A. 整体层面　　B. 业务流程层面　　C. 报表层次　　D. 认定层次

7. 交易类别可以划分为常规交易、非常规交易与判断事项。常规交易是指在日常经营中经常重复发生的交易，例如销售、收款；非常规交易是指由于金额或性质异常而不经常发生的交易；判断事项通常指做出的会计估计。特别风险的产生通常与（　　）有关。

A. 重大的非常规交易　　B. 日常的交易

C. 不复杂的、经正规处理的交易　　D. 判断事项

8. 在重要业务流程层面了解和评价内部控制，可以做出如下设计（　　）。

A. 确定被审计单位的重要业务流程和重要交易类别及重要交易流程

B. 确定可能发生错报的环节

C. 识别和了解相关控制并记录

D. 执行穿行测试

9. 了解被审计单位的相关内部控制的设计和执行，通常实施下列风险评估程序（　　）。

A. 询问被审计单位的有关人员　　B. 观察特定控制的运行

C. 检查文件和报告　　D. 执行穿行测试

10. 执行穿行测试所运用的程序包括（　　）。

A. 询问　　B. 检查　　C. 观察　　D. 分析程序

四、案例分析题

1. ABC 公司原材料的领发交易流程图如图 8-2 所示。

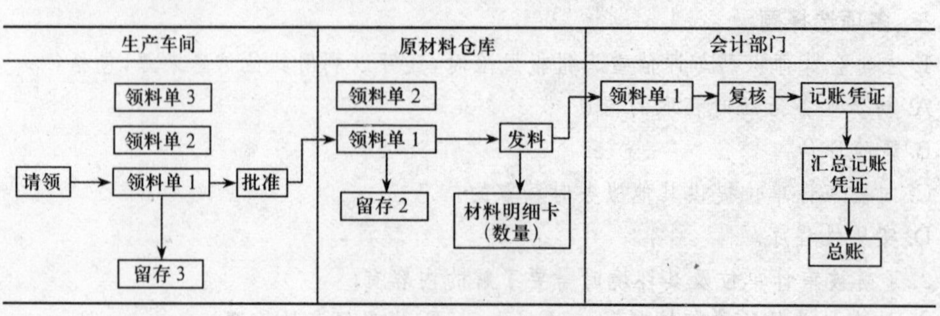

图 8-2　原材料的领发交易流程图

要求：

(1)该流程图中生产车间、原材料仓库和会计部门各自的关键控制点在哪？

(2)按照内部控制的要求，该流程图是否存在控制弱点？

2. ABC公司出纳员采用下列手段进行贪污：

(1)出纳员从公司收发室截取了顾客××寄给公司的5 890元支票，存入了由他负责的公司零用金存款账户中，然后再以支付劳务费为由，开具了一张以自己为收款人的5 890元的现金支票，签章后从银行兑现。

(2)在与顾客对账时，出纳员将应收账款(××公司)账户余额扣减了5 890元后作为对账金额向对方发出对账单，表示5 890元的款项已经收到。

(3)8天后，出纳员编制了一张记账凭证，借记“银行存款”，贷记“应收账款”，将“应收账款××公司”账户调整到正确余额，但银行存款账户余额比实际多出5 890元。

(4)月末，出纳员在编制银行存款余额调节表时，虚列了两笔未达账项，将银行存款余额调节表调平。

要求：

分析该公司内部控制中存在哪些缺陷。

3. ABC公司主要从事小型电子消费品的生产和销售，产品销售以ABC公司仓库为交货地点。注册会计师审计ABC公司2012年度财务报表。有关财务数据如下：

项目	营业收入	营业成本	存货	存货跌价准备
2012年(末)	75 850	65 660	9 999	860
2011年(末)	68 680	56 880	9 788	980

注册会计师实施风险评估程序，了解到ABC公司及其环境情况如下：

(1)由于2011年销售业绩未达到董事会制定的目标，ABC公司于2012年2月更换了公司负责销售的副总经理。

(2)ABC公司的主要竞争对手于2012年末纷纷推出降价促销活动。为了巩固市场份额，ABC公司于2013年元旦开始全面下调了主要产品的零售价，不同规格的主要产品降价幅度从15%到20%不等。

(3)2012年执行新的企业会计准则。

要求：

(1)分别指出上述三个事项是否可能表明存在重大错报风险。如果认为存在，简要说明理由，并分别说明该风险属于财务报表层次还是认定层次。

(2)如果认为属于认定层次，指出相关事项主要与哪些财务报表项目的哪些认定相关。

第九章

风险应对

引导案例

如何应对识别的重大错报风险

ABC公司主要从事小型医疗设备的生产和销售，产品主要通过经销商销往药店。注册会计师审计ABC公司2012年度财务报表。注册会计师实施风险评估程序，在了解ABC公司及其环境时注意到下述情况。

情况一：2012年1月ABC公司执行新的企业会计准则。

分析：

执行新的企业会计准则，增加了会计确认与计量风险，可能对报表整体产生重大影响，所以属于报表层次的重大错报风险。

情况二：由于市场不景气，ABC公司的重大客户RUT公司陷入财务困境。

分析：

重大客户陷入财务困境，应收账款发生巨额坏账的可能性极大，因此应收账款计价认定存在重大错报风险。

针对识别出的重大错报风险，注册会计师应如何应对呢？

必备知识

风险应对就是针对识别出来的重大错报风险，注册会计师应采取总体应对措施，设计与实施进一步的审计程序，获取充分、适当的审计证据，以将审计风险降低至可接受的水平。

第一节　总体应对措施与进一步审计程序总体方案

一、总体应对措施

针对评估的财务报表层次的重大错报风险，注册会计师运用职业判断来设计与实施总体应对措施，这是战略上的应对。包括以下方面：

1.向项目组成员强调保持职业怀疑的必要性。比如，不能假定管理层是诚信的，不能以获取管理层声明书代替其他审计证据的收集。

2.指派更有经验的或具有特殊技能的审计人员，或利用专家的工作。比如，被审计单位有衍生金融工具业务，应该派熟悉金融业的注册会计师去审计；对被审计单位发生的资产减值，可以考虑利用资产评估专家的工作。

3.提供更多的督导。项目组内经验较丰富的人员、项目负责人，要对其他成员提供更详细、更经常、更及时的指导和监督并加强复核。

4.在选择拟实施的进一步审计程序时，应当注意某些程序不被管理层预见或事先了解。被审计单位管理层如果熟悉注册会计师的审计套路，就可能采取种种规避手段，掩盖舞弊行为。因此，在设计进一步审计程序的性质、时间安排和范围时，注册会计师要注意增强程序的不可预见性。可以采用如下一些做法：

(1)采取不同的选取测试项目的方法，使当期选取的测试项目与以前有所不同。

(2)对某些未测试过的低于设定的重要性水平或风险较小的账户余额和交易实施实质性程序。比如以前只对大型设备进行实地检查，现在考虑实地检查价值较低的汽车和其他设备等固定资产。

(3)调整实施审计程序的时间。比如从前习惯上测试 12 月的项目调整到测试 9 月、10 月或11 月的项目。

(4)选取不同的地点实施审计程序，或预先不告知被审计单位所选定的测试地点。比如以前监盘时没去过仓库的存货。

5.对拟实施审计程序的性质、时间安排和范围做出总体修改，如在期末而非期中实施实质性程序，或修改审计程序的性质(主要依赖实质性程序)以获取更具说服力的审计证据，扩大审计程序的范围(扩大样本规模、采用更详细的数据实施分析程序等)。

二、进一步审计程序的总体方案

针对评估的各类交易、账户余额、列报的认定层次重大错报风险，注册会计师要设计与实施进一步审计程序(性质、时间安排与范围)，这是在战术上的应对。注册会计师首先需要恰当拟定进一步审计程序的总体方案。

(一)进一步审计程序的总体方案的种类

1.控制测试方案是指注册会计师实施的进一步审计程序以控制测试为主。

2.实质性方案是指注册会计师实施的进一步审计程序以实质性程序为主。

3.综合性方案是指注册会计师实施进一步审计程序将控制测试与实质性程序结合使用。

(二)进一步审计程序的总体方案的选择

1.通常情况下，注册会计师出于成本效益的考虑采用综合性方案。

2.在某些情况下(如存在仅通过实质性程序无法应对的重大错报风险)，必须通过实施控制测试才可能有效应对评估出的某一认定的重大错报风险。

3.在某些情况下(如与认定相关的控制缺失或控制测试很可能不符合成本效益原则)，仅实施实质性程序是适当的。

第二节 控制测试

控制测试是为了确定控制运行有效性而实施的审计程序。

一、控制测试的要求

控制测试并非在任何情况下都需要实施。实施控制测试的情形有两种：

(一)预期控制有效运行

在了解内部控制以后，如果发现某项控制的设计合理(能够防止或发现并纠正认定层次的重大错报)，且得到执行(存在且正在使用)，并且相关控制在不同时点都得到了一贯有效地执行，则注册会计师可能会预期该项控制针对的认定的重大错报风险不会很高。即注册会计师拟信赖该项控制，为此，需要对相关控制在不同时点是否得到了一贯有效地运行实施控制测试，以减少实质性程序，从而提高审计效率。

此时控制测试主要是基于成本效益原则的考虑，其前提是注册会计师认为控制设计合理且得到执行，即预期控制值得信赖。

(二)仅实施实质性程序不足以获取认定层次的充分、适当的审计证据

如果认为仅实施实质性程序获取的审计证据无法将检查风险降至可接受的低水平，注册会计师应当实施相关的控制测试以获取控制运行有效性的审计证据，从而帮助注册会计师得出恰当的结论。

例如，被审计单位采用信息技术处理业务，除信息系统中的信息外不生成或保留任何与业务相关的文件记录，此时审计证据是否充分和适当通常取决于信息系统相关控制的有效性。如果交易从发生、处理到记录、报告均通过信息系统进行且缺乏有效的控制(如没有程序修改控制来确保所有对计算机程序的修改在实施前都经过适当的授权，没有访问控制来确保只有经过授权的人员和程序才有权访问数据)，则生成不正确信息或信息被不恰当修改的可能性就会大大增加。在这种情况下，仅实施实质性程序无法获取充分、适当的审计证据，注册会计师必须实施控制测试。

此时，控制测试已经不再是单纯出于成本效益的考虑，而是获取认定不存在重大错报的审计证据的必要手段。

二、控制测试的性质

控制测试的性质是指控制测试所使用的审计程序的类型及其组合，包括：

(一)询问

注册会计师可以向被审计单位适当员工询问，获取与控制运行情况相关的信息。例如，询问信息系统管理人员有无未经授权而接触计算机硬件和软件；向负责复核银行存款余额调节表的人员询问如何进行复核，包括复核的要点是什么，发现不符事项如何处理；向开票人员询问如何防止虚开发票。

(二)观察

测试不留下书面记录的控制的运行情况，观察往往是有效的方法。例如，贵重的大宗货物的验收入库必须有采购部门负责人、仓库负责人、财会部门负责人在场的控制，往往

不会有文件记录。在这种情况下，注册会计师可通过询问并实地观察，来判断相关控制是否得到有效遵守。再如，观察职责分离是否严格执行。观察也可运用于测试财产保护控制，如观察仓库门是否锁好，空白支票是否妥善保管。

(三)检查

对运行情况留有书面记录的控制，检查非常适用。例如，检查赊销的批准文件，以确定其是否经过适当的授权批准，检查销售发票是否有复核人员签字，检查销售发票是否附有顾客订单和出库单等。

(四)重新执行

通常，当询问、观察和检查程序结合在一起仍无法获得充分的证据时，注册会计师才考虑通过重新执行来证实控制是否有效运行。例如，为了合理保证销售交易准确性认定，被审计单位的一项控制是由复核人员核对销售发票上的价格与商品价目表上的价格是否一致。但是，要检查复核人员是否认真复核，仅仅检查复核人员是否在相关文件上签字是不够的，注册会计师还需要自己选取一部分销售发票进行核对，即重新执行。

三、控制测试的时间安排

控制测试的时间安排包含两层含义：一是测试所针对的控制适用的时点或期间；二是何时实施控制测试。

(一)测试所针对的控制适用的时点或期间

1. 时点测试

如果仅需要测试控制在特定时点的运行有效性(如对被审计单位期末存货盘点进行控制测试)，注册会计师只需要获取该时点的审计证据。

2. 期间测试

如果需要测试控制在某一期间运行的有效性，仅获取时点的审计证据是不充分的。也就是说，将在多个不同时点测试控制的运行有效性的审计证据简单相加并不能构成控制在某一期间的运行有效性的充分、适当的审计证据，注册会计师还应当实施其他控制测试，比如测试被审计单位对控制的监督，以获取相关控制在该期间内的相关时点运行有效的审计证据。

(二)何时实施控制测试

1. 期中测试

注册会计师最有可能在期中实施控制测试。但是，很多情况下还需要针对期中至期末这段剩余期间测试控制的运行情况，以获取对剩余期间的补充审计证据。

2. 利用以前审计获取的审计证据

如果拟信赖以前审计获取的有关控制运行有效性的审计证据，注册会计师首先应当通过实施询问并结合观察或检查程序，来确定这些控制自上次测试后是否已经发生变化。

(1)如果未发生变化，注册会计师本次可能执行控制测试(比如控制环境比较薄弱时)，也可以利用以前审计获取的有关控制运行有效性的审计证据，但是不可以长时间地不实施控制测试(通常两次测试的时间间隔不得超过两年)。一般情况下，重大错报风险越高，或对控制的拟依赖程度越高，时间间隔越短。

(2)如果已发生变化，注册会计师应当在本期审计中实施控制测试。

(3)对于旨在减轻特别风险的控制,不论该控制是否发生变化,注册会计师都不应依赖以前审计获取的证据,而应在本期执行控制测试。

(4)注册会计师应当在每一次审计中都选取足够数量的部分控制进行测试,即不应将所有拟信赖控制的测试集中于某一次审计,而在之后的审计中不对任何控制进行测试。

四、控制测试的范围

控制测试的范围主要是指对某项控制活动测试的次数或所选取的测试项目的数量。

对某项控制的测试范围的确定,主要受对控制初步评价结果的影响。在了解控制后,如果认为相关控制风险较低,即对控制运行有效性的拟信赖程度较高,则需要更充分、适当的证据来支持这种高信赖程度,因此实施控制测试的范围就越大。

五、控制测试的结论

注册会计师实施控制测试后,就下列几个方面评价相关控制:

①控制在所审计期间的不同时点是如何运行的。

②控制是否得到一贯执行。

③控制由谁执行(是否是经过授权的人)。

④控制以何种方式运行(例如人工控制或自动化控制)。

控制运行有效性强调的是控制能够按照既定设计得以一贯有效地执行。

注册会计师最终得出的结论可能是下列情况之一:

①控制运行有效,可以信赖。

②控制运行无效,不可信赖。

注册会计师应根据控制测试的结果,确定其对实质性程序的性质、时间安排与范围的影响。

第三节 审计抽样[①]在控制测试中的应用

控制运行留下轨迹(即有记录)时,控制测试可以使用审计抽样。

【案例 9-1】

ABC 公司是一家小家电制造企业,注册会计师执行 2012 年 ABC 公司年报审计。现拟对外购存货验收手续这一控制实施控制测试,注册会计师决定应用概率抽样中的固定样本量抽样。

一、设计样本

(一)确定测试目标

实施控制测试的目标是提供关于控制运行有效性的审计证据,以支持计划的重大错报风险评估水平。

【本例】 注册会计师拟测试客户 2012 年度的外购存货的"验收手续"这一控制是否有效执行,可把具体目标定为检查存货验收单与购货发票是否相符。

---

① 有关抽样知识见【知识链接】。

(二)定义总体

总体应与特定的审计目标相关,并具有完整性。

【本例】 可将抽样总体确定为2012年的所有购货发票。如果将总体确定为2012年所有验收单,显然不能实现检验“验收手续”控制是否一贯地有效执行的这一目标。

(三)定义抽样单元

抽样单元是构成总体的个体项目。注册会计师应根据所测试的控制定义抽样单元,通常是能够提供控制运行证据的一份文件资料、一个记录或其中一行。

【本例】 抽样单元可被定义为每一张购货发票。如果一张购货发票上记载多种存货,则抽样单元应定义为每一张购货发票的每一行。

(四)定义误差

在控制测试中,误差是指控制偏差,即控制失效的事件。注册会计师要根据对内部控制的理解,确定哪些特征能够显示所测试控制的运行情况,然后据此定义控制偏差。

【本例】 若发现下列情况之一,即可界定为一个偏差:

(1)发票未附验收单据;

(2)发票附有不属于它本身的验收单据;

(3)发票和验收单据记载的数量不符。

二、选取样本

(一)确定样本规模

1.确定可接受的信赖过度风险

样本规模与可接受的信赖过度风险呈反向变动。注册会计师愿意接受的信赖过度风险越低,样本规模通常越大。在控制测试中,可接受的信赖过度风险应确定在相对较低的水平上。在实务中,通常将信赖过度风险确定为10%,特别重要的测试则选择5%。

【本例】 信赖过度风险确定为10%。

2.确定可容忍偏差率

在控制测试中,可容忍偏差率是指在不改变对控制有效性的评价及其评估的重大错报风险水平的前提下,注册会计师愿意接受的控制的最大偏差率。通常评价的控制有效性越高,注册会计师确定的可容忍偏差率越低,所需的样本规模就越大。即样本规模与可容忍偏差率呈反向变动。

在实务中,通常可容忍偏差率与控制的有效性之间的关系见表9-1。

表9-1 可容忍偏差率和控制的有效性之间的关系

控制的有效性	可容忍偏差率%(近似值)
高	3～7
中	6～12
低	11～20
最低	不进行控制测试

【本例】 可容忍偏差率确定为7%。

3.确定预计总体偏差率

样本规模与预计总体偏差率呈正向变动。在既定的可容忍偏差率下，预计总体偏差率越接近可容忍偏差率，注册会计师越需要从样本中得到更精确的信息，以控制（降低）总体实际偏差率超出可容忍偏差率的风险，因而需要越大的样本规模。

确定预计总体偏差率可考虑下列三种情况：

(1)根据上年测试结果和控制环境等因素对预计总体偏差率进行估计。

(2)根据对相关控制的设计和执行情况的了解，对拟测试总体的预计偏差率进行评估。

(3)在抽样总体中选取一个较小初始样本，以样本的偏差率作为预计总体偏差率的估计值。

注意：

如果预计总体偏差率很高，意味着控制有效性很低，这时可能不进行控制测试。

【本例】 预计总体偏差率为1.75%(1例偏差)。

4.确定样本容量

(1)公式法

在控制测试中可以建立基于泊松分布的统计模型，使用统计公式计算样本容量。

$$\text{样本量}(n)=\frac{\text{可接受的信赖过度风险系数}(R)}{\text{可容忍偏差率}(TR)}$$

其中，“可接受的信赖过度风险系数(R)”取决于特定的信赖过度风险和预期将出现偏差的个数。控制测试中常用的风险系数见表9-2。

表9-2　控制测试中常用的风险系数

风险系数 \ 信赖过度风险 偏差数	5%	10%
0	3.0	2.3
1	4.8	3.9
2	6.3	5.3
3	7.8	6.7
4	9.2	8.0
5	10.5	9.3
6	11.9	10.6
7	13.2	11.8
8	14.5	13.0
9	15.7	14.2
10	17.0	15.4

【本例】 注册会计师确定可接受的信赖过度风险为10%，可容忍偏差率7%，并预期至多发现1例偏差。根据预期偏差1，信赖过度风险10%，从表9-2中查得风险系数R为

3.9 。所需的样本量：

$$n=\frac{3.9}{0.07}=56$$

(2)样本规模表法

注册会计师也可以使用样本规模表来确定样本容量。

【本例】 根据可接受信赖过度风险 10%，预期的偏差为 1，可容忍偏差率 7%，预计总体偏差率为 1.75%，则查表 9-3，二者交叉处为 55，即所需的样本量为 55。这与用公式法计算的样本量 56 相近。

表 9-3　　控制测试中概率抽样样本规模——信赖过度风险 10%

预计总体偏差率%	可容忍偏差率										
	2%	3%	4%	5%	6%	7%	8%	9%	10%	15%	20%
0.00	114(0)	76(0)	57(0)	45(0)	38(0)	32(0)	28(0)	25(0)	22(0)	15(0)	11(0)
0.25	194(1)	129(1)	96(1)	77(1)	64(1)	55(1)	48(1)	42(1)	38(1)	25(1)	18(1)
0.50	194(1)	129(1)	96(1)	77(1)	64(1)	55(1)	48(1)	42(1)	38(1)	25(1)	18(1)
0.75	265(2)	129(1)	96(1)	77(1)	64(1)	55(1)	48(1)	42(1)	38(1)	25(1)	18(1)
1.00	*	176(2)	96(1)	77(1)	64(1)	55(1)	48(1)	42(1)	38(1)	25(1)	18(1)
1.25	*	221(3)	132(2)	77(1)	64(1)	55(1)	48(1)	42(1)	38(1)	25(1)	18(1)
1.50	*	*	132(2)	105(2)	64(1)	55(1)	48(1)	42(1)	38(1)	25(1)	18(1)
1.75	*	*	166(3)	105(2)	88(2)	55(1)	48(1)	42(1)	38(1)	25(1)	18(1)
2.00	*	*	198(4)	132(3)	88(2)	75(2)	48(1)	42(1)	38(1)	25(1)	18(1)
2.25	*	*	*	132(3)	88(2)	75(2)	65(2)	42(2)	38(2)	25(1)	18(1)
2.50	*	*	*	158(4)	110(3)	75(2)	65(2)	58(2)	38(2)	25(1)	18(1)
2.75	*	*	*	209(6)	132(4)	94(3)	65(2)	58(2)	52(2)	25(1)	18(1)
3.00	*	*	*	*	132(4)	94(3)	65(2)	58(2)	52(2)	25(1)	18(1)
3.25	*	*	*	*	153(5)	113(4)	82(3)	58(2)	52(2)	25(1)	18(1)
3.50	*	*	*	*	194(7)	113(4)	82(3)	73(3)	52(2)	25(1)	18(1)
3.75	*	*	*	*	*	131(5)	98(4)	73(3)	52(2)	25(1)	18(1)
4.00	*	*	*	*	*	149(6)	98(4)	73(3)	65(3)	25(1)	18(1)
5.00	*	*	*	*	*	*	160(8)	115(6)	78(4)	34(2)	18(1)
6.00	*	*	*	*	*	*	*	182(11)	116(7)	43(3)	25(2)

注：1. 括号内是可接受的偏差数。

2. * 大于 1 000，样本规模太大，因而在多数情况下不符合成本效益原则。

(二)选取样本和实施审计程序

当样本量确定以后，就要选择适当的选样方法(如计算机辅助审计技术选样)，选取足够的样本，然后实施审计程序。

三、评价样本结果

(一)计算总体偏差率

将样本中发现的偏差数量除以样本规模,计算出样本偏差率。此时样本偏差率也就是注册会计师对总体偏差率的最佳估计。

(二)分析偏差的性质与原因

不仅要考虑偏差的数量,还需要考虑偏差的性质和原因。若发现被审计单位有舞弊或相关控制无效时,无论其偏差率是高是低,可能都要提高重大错报风险评估水平,并相应调整实质性程序。

(三)推断总体结论

1.公式法

$$最大总体偏差率=\frac{风险系数 R}{样本量 n}$$

【本例】 情况一:注册会计师对56个样本项目实施了既定的审计程序,未发现偏差。则在既定的10%可接受信赖过度风险下,根据样本结果计算最大总体偏差率:

$$最大总体偏差率=\frac{2.3}{56}=4.1\%$$

其中,风险系数是根据可接受的信赖过度风险为10%,且偏差数量为0,在表9-2查得为2.3。

这意味着,如果样本量为56且0例偏差,总体实际偏差率超过4.1%的风险为10%,即有90%的把握保证总体实际偏差率不超过4.1%。由于注册会计师确定的可容忍偏差率为7%,因此可以得出结论,总体的实际偏差率超过可容忍偏差率的风险很小,总体可以接受。也就是说,样本结果证实注册会计师对控制运行有效性的预期和评估的重大错报风险水平是适当的。

【本例】 情况二:如果在56个样本中有2个偏差,则在既定的10%可接受信赖过度风险下,计算最大总体偏差率如下:

$$最大总体偏差率=\frac{5.3}{56}=9.5\%$$

其中,风险系数是根据可接受的信赖过度风险为10%,且偏差数量为2,在表9-2中查得为5.3。

这意味着,如果样本量为56且有2个偏差,总体实际偏差率超过9.5%的风险为10%。在可容忍偏差率为7%的情况下,可以得出结论,总体的实际偏差率超过可容忍偏差率的风险很大,因而不能接受总体。也就是说,样本结果不支持注册会计师对控制运行有效性的预期和评估的重大错报风险水平。注册会计师应当扩大控制测试范围,以证实初步评估结果,或提高重大错报风险评估水平,并相应调整实质性程序,或者对影响重大错报风险评估水平的其他控制进行测试,以支持计划的重大错报风险评估水平。

2.样本结果评价表法

注册会计师也可以使用样本结果评价表来评价统计抽样的结果,见表9-4。

表 9-4 控制测试中概率抽样结果评价——信赖过度风险 10%时的最大偏差率(部分列示)

样本规模	实际发现的偏差数										
	0	1	2	3	4	5	6	7	8	9	10
20	10.9	18.1	*	*	*	*	*	*	*	*	*
25	8.8	14.7	19.9	*	*	*	*	*	*	*	*
30	7.4	12.4	16.8	*	*	*	*	*	*	*	*
35	6.4	10.7	14.5	18.1	*	*	*	*	*	*	*
40	5.6	9.4	12.8	16.0	19.0	*	*	*	*	*	*
45	5.0	8.4	11.4	14.3	17.0	19.7	*	*	*	*	*
50	4.6	7.6	10.3	12.9	15.4	17.8	*	*	*	*	*
55	4.1	6.9	9.4	11.8	14.1	16.3	18.4	*	*	*	*
60	3.8	6.4	8.7	10.8	12.9	15.0	16.9	18.9	*	*	*
70	3.3	5.5	7.5	9.3	11.1	12.9	14.6	16.3	17.9	19.6	*
80	2.9	4.8	6.6	8.2	9.8	11.3	12.8	14.3	15.8	17.2	18.6
90	2.6	4.3	5.9	7.3	8.7	10.1	11.5	12.8	14.1	15.4	16.6
100	2.3	3.9	5.3	6.6	7.9	9.1	10.3	11.5	12.7	13.9	15.0
120	2.0	3.3	4.4	5.5	6.6	7.6	8.7	9.7	10.7	11.6	12.6
160	1.5	2.5	3.3	4.2	5.0	5.8	6.5	7.3	8.0	8.8	9.5
200	1.2	2.0	2.7	3.4	4.0	4.6	5.3	5.9	6.5	7.1	7.6

【本例】 注册会计师选择可接受的信赖过度风险为10%的表(表9-4)评价样本结果。样本量为55,当样本中未发现偏差时,应选择偏差数为0的那一列,两者交叉处的4.1%即为最大总体偏差率,与利用公式计算的结果4.1%相同。此时,由于最大总体偏差率小于本例中的可容忍偏差率7%,总体可以接受。

当样本中发现两个偏差时,应选择偏差数为2的那一列,两者交叉处的9.4%即为最大总体偏差率,与利用公式计算的结果9.5%相近。此时,最大总体偏差率大于可容忍偏差率,因此不能接受总体。

注意:

控制测试中也可以使用非概率抽样。

第四节 实质性程序

实质性程序是注册会计师直接用以发现认定层次的重大错报而实施的审计程序。

无论评估的重大错报风险结果如何,注册会计师都应当针对所有重大交易、账户余额和披露设计和实施实质性程序,以应对识别的认定层次重大错报风险。

一、实质性程序的性质

实质性程序的性质是指实质性程序的类型及其组合，包括细节测试和实质性分析程序。

（一）细节测试

细节测试是针对各类交易、账户余额、列报的具体细节（如时间、金额）进行测试，目的在于直接识别财务报表认定是否存在重大错报。通常可采用检查记录或文件、检查有形资产、观察、询问、函证、重新计算等审计程序。

（二）实质性分析程序

实质性分析程序就是将分析程序用作实质性程序，通常针对在一段时期内存在稳定的预期关系的大量交易，通过研究数据间关系来评价财务信息，用以识别有关财务报表认定是否存在重大错报（详见“第四章第二节审计程序”）。

二、实质性程序的时间安排

（一）期末测试

绝大多数情况下，注册会计师应在期末或接近期末实施实质性程序，尤其在评估的重大错报风险较高时。

（二）期中测试

在期中实施实质性程序，并针对剩余期间实施相关的实质性程序（或者将实质性程序和控制测试结合使用），以将期中测试得出的结论合理延伸至期末，降低期末存在错报而未被发现的风险，而且要考虑成本效益。否则，不宜在期中实施实质性程序。

（三）利用以前审计获取的审计证据

以前审计中通过实质性程序获取的审计证据，通常对本期只有很弱的证据效力，甚至没有效力。

只有当以前获取的审计证据及其相关事项未发生重大变动时（例如以前审计通过实质性程序测试过的某项诉讼在本期没有任何实质性进展），而且本期已实施审计程序用以确认的这些审计证据具有持续相关性，以前获取的审计证据才可用作本期的有效审计证据。

三、实质性程序的范围

（一）实质性程序范围的影响因素

1. 评估的认定层次重大错报风险

注册会计师评估的认定层次的重大错报风险越高，需要实施实质性程序的范围越广。

2. 实施控制测试的结果

如果对控制测试结果不满意，注册会计师应当考虑扩大实质性程序的范围。

（二）实质性程序范围的确定

1. 细节测试范围的确定

在设计细节测试时，注册会计师一方面要考虑选取测试项目的数量（样本量）；另一方面要考虑所选取的测试项目的特征（如选取大额的项目、异常的项目）。

2. 实质性分析程序范围的确定

注册会计师应从两个方面考虑实质性分析程序的范围：

（1）确定适当的分析层次，即对什么层次上的数据进行分析。注册会计师可以选择在汇总的财务数据层次进行分析，例如，按全部产品年收入进行分析；也可以在细分的财务数据层次进行分析，例如，按照不同产品线、不同季节或月份、不同经营地点的产品收入进行分析。分析层次需要根据重大错报风险的性质和水平来调整。

(2)进一步调查的范围，即需要对什么幅度或性质的差异展开进一步调查。实施分析程序发现的已记录金额与预期值之间的差异，并非都值得进一步调查。可接受的差异越大，进一步调查的范围就越小。而可接受的差异的确定应当考虑各类交易、账户余额、披露及相关认定的重要性和从分析程序中计划获取的保证水平。如果该认定的重要性水平越低，或者计划的保证水平越高，可接受的差异就越小。

四、双重目的测试

细节测试的目的是发现认定层次的重大错报；控制测试的目的是评价控制是否有效运行。注册会计师可以考虑针对同一交易同时实施控制测试和细节测试，取得控制运行情况的证据，同时获得交易认定是否不存在重大错报的证据，以实现双重目的，即双重目的测试。例如，注册会计师检查某笔交易的发票确定其是否经过适当的授权，也可以获取关于该交易的金额、发生时间等细节证据。又如，抽出某项应收账款进行函证，以验证应收账款是否正确，同时测试顾客订单是否经批准，是否与顾客定期对账并处理差异。

【案例 9-2】

ABC 公司针对银行存款设计了这样的控制：由一名会计人员每月核对银行存款日记账与银行对账单，并编制银行存款余额调节表；由有关主管人员不定期地抽查银行存款余额调节表。

注册会计师实施了如下程序：(1)向被审计单位会计人员询问是否按月编制银行存款余额调节表，并抽取三个开户行各自最近两个月的银行存款余额调节表。被审计单位按要求拿来了六份银行存款余额调节表。这是注册会计师实施了解内部控制的程序，获得了银行存款对账的控制是否得到执行的证据。(2)注册会计师又从这六份中抽出三份，并取得相应的银行存款日记账和银行对账单，重新编制银行存款余额调节表，与被审计单位编制的银行存款余额调节表进行核对。这是注册会计师实施了控制测试，获取了银行存款对账控制运行有效性的证据。(3)注册会计师又复核计算银行存款余额调节表中的数字，检查未达账项。这是注册会计师实施了实质性程序(细节测试)，获取银行存款存在及完整性的证据。

第五节 审计抽样在细节测试中的应用

在实质性程序中的细节测试可以使用抽样技术。下面举例说明非概率抽样在细节测试中的应用。

ABC 公司是一家供电企业，注册会计师决定函证其 2012 年 12 月 31 日应收账款余额的“存在”时使用非概率抽样。当年 12 月 31 日，应收账款共有 905 个借方余额账户，共计 4 250 000 元。这些账户余额在 10 元到 140 000 元之间不等。另有 4 个贷方余额账户，共计 50 000 元。

注册会计师做出下列决定：

(1)根据控制测试的结果，将与应收账款存在认定有关的重大错报风险评估为“高”水平；

(2)确定的可容忍错报为 125 000 元；

注意：

“可容忍错报”低于或等于注册会计师确定的实际执行的重要性。

(3)应收账款贷方余额单独测试；

(4)对选取的所有账户的余额进行函证。

还有一些其他信息如下：

(1)总体中有 5 个余额超过 50 000 元的账户，共计 490 000 元。注册会计师决定将这 5 个账户列为重大项目进行百分之百检查。另外 100 个余额在 1 000 元以下的账户，共计 10 000 元，注册会计师认为极不重要。于是注册会计师将这 105 个账户排除在准备抽样的总体之外。总体还包含 800 个借方余额账户，共计 3 750 000 元。

(2)通过分析程序，注册会计师合理确信，应收账款不存在重大的低估。

(3)注册会计师没有对应收账款的存在认定实施与函证目标相同的其他实质性程序，因此其他实质性程序未能发现重大错报的风险(即检查风险)为“最高”。

注册会计师根据下列公式计算样本规模：

$$样本规模=\frac{总体账面金额}{可容忍错报}\times 保证系数$$

其中，保证系数见表 9-5。

表 9-5　　保证系数表

评估的重大错报风险	其他实质性程序未能发现重大错报的风险			
	最高	高	中	低
最高	3.0	2.7	2.3	2.0
高	2.7	2.4	2.0	1.6
中	2.3	2.1	1.6	1.2
低	2.0	1.6	1.2	1.0

注册会计师使用表 9-5 得到的保证系数为 2.7。

$$样本规模=\frac{3\ 750\ 000}{125\ 000}\times 2.7=81$$

注册会计师根据总体项目的账面金额，将总体分为两组。第一组由 260 个余额大于或等于 5 000 元的账户组成(账面余额总计 2 500 000 元)，第二组由余额小于 5 000 元的其余账户组成(账面余额总计 1 250 000 元)。注册会计师将样本在两组之间进行分配，以使每组的样本数量大致与该组账户的账面余额成比例。从第一组中选取 54 个，从第二组中选取 27 个账户。样本分布见表 9-6。

表 9-6　　样本分布表

组	组账面总额(元)	组账户数(个)	组样本规模(个)
5 000 元及以上	2 500 000	260	54
5 000 元以下	1 250 000	540	27
合计	3 750 000	800	81

注册会计师对这81个顾客和百分之百检查的5个顾客寄发了共86份询证函。收到了71份已填写的回函。通过执行检查日后收款等替代审计程序，注册会计师能够合理确信未回函的15个账户余额没有重大错报。在71份回函中，有4个客户表示其余额被高估。注册会计师进一步调查了这些余额，结论是它们的确存在错报，但这些错报并非舞弊导致。错报情况见表9-7。

表9-7　错报汇总表

组	组样本账面金额(元)	组样本错报额(元)	组样本错报数(个)	组错报金额(元)
重大项目	490 000	1 000	1	1 000
5 000元及以上	739 430	6 300	2	21 300
5 000元以下	62 500	750	1	15 000
合计	1 291 930	8 050	4	37 300

注：1.第二、三行组错报金额＝组样本错报额/组样本账面金额×组总体账面金额。

2.推断错报为29 250(37 300－8 050)元。

将错报37 300元与可容忍错报125 000元进行比较，注册会计师认为应收账款借方账面余额发生的错报超过可容忍错报的风险很小，因此总体可以接受。

注册会计师得出结论，样本结果支持应收账款账面余额，即应收账款余额的存在认定未发现重大错报。

实训

一、判断题

1.总体应对措施是针对认定层次重大错报风险来实施的。（　）

2.随着重大错报风险的增加，注册会计师应当考虑扩大审计程序的范围。（　）

3.在设计细节测试时，注册会计师一方面要考虑选取测试项目的数量(样本量)；另一方面要考虑所选取的测试项目的特征，例如选取大额的、异常的项目。（　）

4.注册会计师实施进一步审计程序的时间可以在期中，也可以在期末。（　）

5.通常情况下，注册会计师出于成本效益的考虑采用实质性方案。（　）

6.注册会计师在做实质性分析程序时，可以选择在汇总的财务数据层次进行分析；也可以在细分的财务数据层次进行分析，例如，按照不同产品线、不同季节或月份、不同经营地点的产品收入进行分析。（　）

7.进一步审计程序的目的只是在于通过实施实质性程序来发现认定层次的重大错报。（　）

8.注册会计师针对评估的报表层次重大错报风险实施进一步审计程序。（　）

9.控制测试是每次审计中必定执行的测试。（　）

10.实质性程序只能在期末执行。（　）

二、单项选择题

1.注册会计师针对财务报表层次的重大错报风险，运用职业判断来确定(　　)。

A.进一步审计程序　B.控制测试　C.实质性程序　D.总体应对措施

2. 注册会计师针对评估的各类交易、账户余额、列报和披露认定层次重大错报风险实施(   )。

A. 进一步审计程序　B. 控制测试　C. 实质性程序　D. 总体应对措施

3. 实质性方案是注册会计师实施的进一步审计程序以(   )为主。

A. 风险评估程序　B. 控制测试　C. 实质性程序　D. 分析程序

4. 若注册会计师采用等距抽样方法，从 3 000 张标号为 0001 至 3000 的销售发票中抽取 150 张进行审计，随机确定的抽样起点为 0024，则抽取到的第 4 个样本号为(   )。

A. 0424　B. 0054　C. 0064　D. 0084

5. 注册会计师通过检查某笔交易的发票可以确定其是否经过适当的授权，也可以获取关于该交易的金额、发生时间等细节证据。这属于是(   )。

A. 实质性程序　B. 细节测试　C. 控制测试　D. 双重目的测试

6. 注册会计师在实施风险评估程序后，针对(   )实施控制测试。

A. 设计不合理的控制　B. 设计合理且得到执行的控制

C. 设计合理但没有得到执行的控制　D. 与审计相关的控制

7. 控制测试是为了确定(   )而实施的审计测试。

A. 财务报表认定是否正确　B. 控制运行的有效性

C. 控制是否得到执行　D. 控制设计的合理性

8. 控制测试的对象是被审计单位的(   )。

A. 内部控制　B. 财务报表　C. 账簿与凭证　D. 交易与事项

9. 直接用以发现认定层次的重大错报的审计程序是(   )。

A. 重新执行　B. 了解内部控制　C. 控制测试　D. 实质性程序

10. 实质性分析程序通常是针对在一段时期内(   )实施的。

A. 各类交易　B. 存在稳定的预期关系的大量交易

C. 各类账户余额　D. 各类列报

三、多项选择题

1. 注册会计师针对财务报表层次的重大错报风险，运用职业判断来实施的总体应对措施包括(   )。

A. 向项目组成员强调保持职业怀疑的必要性

B. 指派更有经验的或具有特殊技能的审计人员，或利用专家的工作

C. 提供更多的督导

D. 实施综合性方案

2. 实质性程序的两种基本类型包括(   )。

A. 风险评估程序　B. 控制测试　C. 细节测试　D. 实质性分析程序

3. 针对认定层次重大错报风险拟实施的进一步审计程序的总体方案包括(   )。

A. 控制测试方案　B. 实质性方案

C. 综合性方案　D. 风险评估方案

4. 进一步审计程序包括(　　)。

A. 控制测试　　B. 风险评估

C. 风险识别　　D. 实质性程序

5. 在测试控制运行的有效性时,注册会计师应当从(　　)方面获取相关的审计证据。

A. 控制在所审计期间的不同时点是如何运行的

B. 控制是否得到一贯执行

C. 控制由谁执行

D. 控制以何种方式执行

6. 控制测试并非在任何情况下都需要实施。实施控制测试的情形有(　　)。

A. 在了解内部控制后,预期控制的运行是有效的

B. 仅实施实质性程序不足以提供认定层次充分、适当的审计证据

C. 控制设计合理但没有得到执行时

D. 控制设计无效

7. 注册会计师实施控制测试后,最终评价相关控制,得出的结论可能是下列情况之一(　　)。

A. 控制有效运行,可以信赖　　B. 控制运行无效,不可信赖

C. 控制设计不合理　　D. 控制设计合理但没有得到执行

8. 实质性程序的时间安排有以下几种情况(　　)。

A. 期中　　B. 期末或接近期末

C. 期初　　D. 利用以前审计获取的审计证据

9. 可用作控制测试的程序类型包括(　　)。

A. 检查文件记录　　B. 重新执行　　C. 询问与观察　　D. 分析程序

10. 用于直接识别各类交易、账户余额与列报的认定层次重大错报而进行的测试有(　　)。

A. 实质性程序　　B. 控制测试　　C. 细节测试　　D. 风险评估程序

四、案例分析题

1. 资料一:ABC 公司是一家生产和销售高端清洁用品的有限责任公司,其产品主要用于星级酒店宾馆和大型饭店,已经占领了东北和华北市场,建立了省级或市级经销商网络。2012 年,ABC 公司面向全国开拓市场。

资料二:公司所有货物由物流公司运送,计算机发票由销售部开具。

资料三:公司提供的财务报表显示如表 9-8 所示。

表 9-8　　财务报表相关数据　　单位:元

项目	2012 年(末)	2011 年(末)	2010 年(末)
应收账款(年末)	39 560 810	27 765 338	19 820 905
坏账准备(年末)	1 879 830	1 707 400	
营业收入	112 655 260	93 103 520	

资料四：公司董事会制定的2012年度销售收入预算目标是增长20%；公司在2012年以放宽授信额度来增加销售收入。

资料五：ABC公司对每一笔销售收入，销售部专职秘书将客户订单、客户已签收的送货单以及发票上的客户名称、货物品种、数量、价格进行核对，并在发票记账联上加盖"核对确认无误"章，交给财务部作为确认销售收入的凭证。对于数据不符的交易则进行调查并调整。这是ABC公司的关键控制之一。

该公司2012年度的税前利润为8 475 623元，注册会计师决定以税前利润的5%来确定财务报表层次重要性水平。

注册会计师对该公司内部控制的了解结果表明，销售与收款循环相关控制设计合理且得到执行。

要求：

(1)根据上述资料，请你确定财务报表层次重要性水平，并进行风险评估。

(2)针对应收账款设计进一步审计程序的总体方案。

(3)如果打算实施控制测试，请针对资料五设计控制测试程序。

(4)如果控制测试结果表明，没有发现例外情况，相关控制有效运行，请针对应收账款设计实质性程序。

2. ABC公司是一家大型纺织品生产企业，2012年主营业务收入14 410 000元，无销售退回与折让，一共有贷方记录1 251笔，每笔金额在1 000元到300 000元之间不等。

(1)根据控制测试的结果，注册会计师将与主营业务收入发生认定有关的重大错报风险评估为"中"水平。

(2)确定的可容忍错报为200 000元。

(3)总体中有4个金额超过200 000元的交易，共计1 100 000元。注册会计师决定将这4个交易列为重大项目进行百分之百检查。另外47个金额在3 000元以下的交易，共计310 000元，注册会计师认为极不重要，不实施审计程序。

(4)注册会计师对其余交易决定实施审计抽样。注册会计师将总体项目按金额从大到小排序，然后将总体分成金额大致相等的两组。第一组由300笔交易组成(金额总计6 600 000元)，第二组由900笔交易组成(金额总计6 400 000元)。

(5)注册会计师决定将样本在两组之间平均分配。从第一组抽出的样本金额合计为2 000 000元，从第二组中抽出1 000 000元。

(6)注册会计师对选中的样本及4笔重大销售交易追查至原始凭证，必要时函证。

对选取的项目检查(包括函证)的结果表明存在高估错报：4笔重大交易有一笔高估10 000元，第一组样本中有1笔高估60 000元，第二组中有1笔高估10 000元。注册会计师进一步调查来确定这些错报并非舞弊导致。

(7)注册会计师没有对主营业务收入发生认定实施其他实质性程序，因此其他实质性程序未能发现重大错报的风险为"最高"。

要求：

(1)计算样本规模(结果取整)。

(2)完成表9-9、表9-10。

表 9-9 样本分布表

组	账面总额(元)	交易数(个)	样本规模(个)
第一组			
第二组			
合计			

表 9-10 错报汇总表

组	样本账面金额(元)	样本错报额(元)	样本错报数(个)	错报金额(元)
重大项目	—		—	
第一组				
第二组				
合计				

(3)帮助注册会计师对主营业务收入得出结论。

第十章

业务循环审计①

项目一　初步业务活动与计划审计工作

情景一

一、被审计单位简介

公司名称：长春平安纸业有限责任公司（简称平安公司）

法定代表人：黄　河

经营范围：开发、制造和销售纸

主要产品：新闻纸、书写纸

二、被审计单位税务资料

1. 纳税人识别号：220102123456789

2. 主管税务机关：长春市高新区国家税务局，长春市高新区地方税务局

3. **税种、计税依据及税率**

税　种	计税依据	税　率
增值税（销项税）	产品、原材料销售收入	17%
增值税（进项税）	原材料采购价	17%
增值税（进项税）	（采购、销售）运输费用	7%
企业所得税	应纳税所得额	15%
城市维护建设税	应缴纳流转税额	7%
教育费附加	应缴纳流转税额	3%

三、被审计单位 2010 年简易财务报表

被审计单位 2010 年简易财务报表见表 10-1-1 和表 10-1-2。

---

① 本书模拟执行企业会计准则的制造业企业的年度财务报表审计情境。限于篇幅，以体现审计程序的实务应用为主，其中在销售与收款循环审计中展示风险识别、评估、控制测试，其他循环审计展示主要报表项目的典型实质性程序。

表 10-1-1　　**资产负债表**　　会企 01 表

编制单位：长春平安纸业有限责任公司　　2010 年 12 月 31 日　　单位：元

资　产	行次	年初数	期末数	负债和所有者权益	行次	年初数	期末数
流动资产：				流动负债：			
货币资金	1	7 621 177.53	23 988 316.79	短期借款	21	3 650 000.00	11 650 000.00
交易性金融资产	2			应付账款	22	465 961.41	5 359 130.00
应收股利	3			预收款项	23		
应收账款	4	1 502 672.00	43 311 811.00	应付职工薪酬	24	2 112 129.78	3 630 919.45
其他应收款	5			应交税费	25	5 120 104.10	5 313 762.64
预付款项	6			应付利息	26		108 875.00
存货	7	63 436 590.66	31 937 095.73	应付股利	27	19 836 759.00	17 251 157.07
一年内到期的长期债权投资	8			一年内到期的非流动负债	28		
其他流动资产	9			其他流动负债	29		
流动资产合计	10	72 560 440.19	99 237 223.52	流动负债合计	30	31 184 954.29	43 313 844.16
非流动资产：				非流动负债：			
可供出售金融资产	11			长期借款	31	17 000 000.00	12 000 000.00
持有至到期投资	12			递延所得税负债	32		
长期股权投资	13			非流动负债合计	33	17 000 000.00	12 000 000.00
长期应收款	14			负债合计	34	48 184 954.29	55 313 844.16
固定资产	15	26 656 658.10	24 359 921.70	所有者权益：			
无形资产	16			实收资本	35	40 000 000.00	40 000 000.00
长期待摊费用	17			资本公积	36	6 566 206.00	6 566 206.00
递延所得税资产	18			盈余公积	37	1 660 174.00	5 110 405.41
				未分配利润	38	2 805 764.00	16 606 689.65
非流动资产合计	19	26 656 658.10	24 359 921.70	所有者权益合计	39	51 032 144.00	68 283 301.06
资产总计	20	99 217 098.29	123 597 145.22	负债和所有者权益总计	40	99 217 098.29	123 597 145.22

表 10-1-2　　　　利润表　　　　会企 02 表

编制单位:长春平安纸业有限责任公司　　2010 年　　单位:元

项　目	行次	本年数	上年数
一、营业收入	1	506 616 000.00	426 125 000.00
减:营业成本	2	426 029 940.75	356 012 830.00
营业税金及附加	3	6 004 831.93	5 104 852.51
销售费用	4	1 584 518.00	1 881 510.00
管理费用	5	23 992 896.48	24 012 816.10
财务费用(收益以"—"号填列)	6	824 053.79	1 801 055.00
资产减值损失	7	2 200 481.00	3 210 293.00
加:公允价值变动净收益(净损失以"—"号填列)	8		
投资收益(损失以"—"号填列)	9		
其中:对联营企业与合营企业的投资收益	10		
二、营业利润(亏损以"—"号填列)	11	45 979 278.05	34 101 643.39
加:营业外收入	12	0.00	1 000 000.00
减:营业外支出	13	5 000 000.00	3 000 000.00
其中:非流动资产处置损失	14		
三、利润总额(亏损总额以"—"号填列)	15	40 979 278.05	32 101 643.39
减:所得税费用	16	6 476 963.92	5 107 371.46
四、净利润(净亏损以"—"号填列)	17	34 502 314.13	26 994 271.93

情景二

2010 年 3 月 1 日会计师事务所与平安纸业公司达成年报审计意向,并开展了初步业务活动,确定被审计单位管理层诚信,不存在影响注册会计师独立性的因素,注册会计师熟悉造纸业,能够胜任纸业审计任务。于是会计师事务所接受委托对平安公司 2010 年的财务报表进行年报审计,约定 2011 年 3 月 12 日前提交审计报告。

任务一　签订审计业务约定书

1. 为会计师事务所命名。

2. 分组模拟会计师事务所与被审计单位就审计目的、双方的责任与义务、审计收费进行商谈并签订审计业务约定书。

任务二　评估重要性水平

选择以下方案之一确定报表整体重要性水平及实际执行的重要性水平。

方　案	计划重要性水平	实际执行的重要性水平
1. 基准:资产总额;比率:0.5%		
2. 基准:营业收入总额;比率:0.1%		
3. 基准:净利润;比率:2%		

注:还可以根据职业判断采用其他方法评估重要性。

情景三

注册会计师已完成下列工作。

1. 确定可接受的审计风险水平为5%。

2. 在整体层面了解内部控制的结论：未识别缺陷。

3. 通过了解被审计单位及其环境（不含内部控制）来识别重大错报风险，见表10-1-3。

表10-1-3 重大错报风险汇总表

识别的重大错报风险	索引号	属于财务报表层次还是认定层次	受影响的交易类别、账户余额和列报认定
市场竞争更加激烈，存在经营失败的风险	B4	认定层次	营业收入（发生） 存货（计价）
1—11月新闻纸毛利率与行业毛利率18.1%持平，书写纸毛利率低于行业水平16.5%；12月新闻纸、书写纸毛利率都远高于行业水平：高估利润的风险	B4	认定层次	营业收入（发生、截止） 应收账款（存在） 营业成本（完整性、截止） 存货（存在）
2010年激励方案：如果2010年度经营目标实现（营业收入5亿元），高管人员可以获得高额奖励：虚增收入的风险	B4	认定层次	营业收入（发生、截止） 应收账款（存在）
根据平安控股公司的统一要求，自2010年1月1日起公司启用新的财务软件：整体层面的风险	B4	报表层次	

注：审计工作底稿索引号由教师指导学生按照一定的规律编排，并进行底稿编制与复核的分工。

项目二 销售与收款循环审计

情景四

一、2010年12月份销售与收款循环部分总账、明细账、记账凭证及原始凭证

应收账款总账

科目：应收账款（1122）

2010年		凭证号	摘要	借方	贷方	方向	余额
月	日						
12	1		期初余额			借	1 674 680.00
12			本月合计	66 875 600.00	22 958 900.00	借	45 591 380.00
12			本年累计	79 028 840.00	35 023 866.00		
12	31		结转下年			借	45 591 380.00

坏账准备总账

科目:坏账准备(1231)

2010年		凭证号	摘要	借方	贷方	方向	余额
月	日						
12	1		期初余额			贷	83 734.00
12			本月合计		2 195 835.00	贷	2 279 569.00
12			本年累计		2 195 835.00		
12	31		结转下年			贷	2 279 569.00

主营业务收入总账

页号:1-1

本币名称:人民币

科目:主营业收入(6001)

2010年		凭证号	摘要	借方	贷方	方向	余额
月	日						
			期初余额			平	
12			当前合计	60 660 000.00	60 660 000.00	平	
12			当前累计	504 556 000.00	504 556 000.00		
			结转下年			平	

核算单位:长春平安纸业有限责任公司　　制表:张佩瑶　　打印日期:2010.12.31

应收账款明细账

页号:1-1

月份:2010.12

本币名称:人民币

科目:应收账款/麦派实业(112207)

2010年		凭证号	摘要	借方	贷方	方向	余额
月	日						
			期初余额			借	447 700.00
12	05	记-0013	收回前欠货款		447 700.00	平	
12	05	记-0014	销售新闻纸货款未收	4 680 000.00		借	4 680 000.00
12	07	记-0022	销售新闻纸货款未收	4 095 000.00		借	8 775 000.00
12	22	记-0071	销售书写纸货款未收	3 042 000.00		借	11 817 000.00
12	25	记-0076	收回前欠货款		4 500 000.00	借	7 317 000.00
12	31	记-0106	销售新闻纸货款未收	6 435 000.00		借	13 752 000.00
12	31	记-0114	收回前欠货款		3 888 900.00	借	9 863 100.00
12			当前合计	18 252 000.00	8 836 600.00	借	9 863 100.00
12			当前累计	19 007 000.00	10 091 600.00	借	9 863 100.00
			结转下年			借	9 863 100.00

核算单位:长春平安纸业有限责任公司　　制表:张佩瑶　　打印日期:2010.12.31

应收账款明细账

页号:1-1

月份:2010.12

本币名称:人民币

科目:应收账款/森工集团(112210)

2010年 月	日	凭证号	摘要	借方	贷方	方向	余额
12	31	记-0105	销售书写纸货款未收	4 867 200.00		借	4 867 200.00
12			当前合计	4 867 200.00		借	4 867 200.00
12			当前累计	4 867 200.00		借	4 867 200.00
			结转下年			借	4 867 200.00

核算单位:长春平安纸业有限责任公司　　制表:张佩瑶　　打印日期:2010.12.31

应收账款明细账

页号:1-1

月份:2010.12

本币名称:人民币

科目:应收账款/新华商贸(112211)

2010年 月	日	凭证号	摘要	借方	贷方	方向	余额
12	31	记-0104	收到销售新闻纸预订款	510 000.00		借	510 000.00
12			当前合计	510 000.00		借	510 000.00
12			当前累计	510 000.00		借	510 000.00
			结转下年			借	510 000.00

核算单位:长春平安纸业有限责任公司　　制表:张佩瑶　　打印日期:2010.12.31

主营业务收入明细账

页号:1-1

月份:2010.12

本币名称:人民币

科目:主营业务收入/新闻纸(600101)

2010年 月	日	凭证号	摘要	借方	贷方	方向	余额
12	05	记-0014	销售新闻纸货款未收		4 000 000.00	贷	4 000 000.00
12	07	记-0022	销售新闻纸货款未收		3 500 000.00	贷	7 500 000.00
12	12	记-0041	销售新闻纸货款未收		2 500 000.00	贷	10 000 000.00
12	15	记-0043	销售新闻纸货款已收		2 500 000.00	贷	12 500 000.00
12	20	记-0054	销售新闻纸书写纸货款未收		4 500 000.00	贷	17 000 000.00
12	31	记-0068	销售新闻纸书写纸货款未收		5 000 000.00	贷	22 000 000.00
12	31	记-0104	收到销售新闻纸预订款		3 000 000.00	贷	25 000 000.00
12	31	记-0106	销售新闻纸货款未收		5 500 000.00	贷	30 500 000.00
12	31	记-0122	期间损益结转	30 500 000.00		平	
12			当前合计	30 500 000.00	30 500 000.00	平	
12			当前累计	240 500 000.00	240 500 000.00	平	
			结转下年			平	

核算单位:长春平安纸业有限责任公司　　制表:张佩瑶　　打印日期:2010.12.31

主营业务收入明细账

页号:1-1

月份:2010.12

本币名称:人民币

科目:主营业务收入/书写纸(600102)

2010年		凭证号	摘要	借方	贷方	方向	余额
月	日						
12	03	记-0006	销售书写纸货款未收		3 640 000.00	贷	3 640 000.00
12	03	记-0008	销售书写纸货款未收		2 600 000.00	贷	6 240 000.00
12	15	记-0054	销售新闻纸书写纸货款未收		4 680 000.00	贷	10 920 000.00
12	16	记-0061	销售书写纸货款已收		4 160 000.00	贷	15 080 000.00
12	20	记-0068	销售新闻纸书写纸货款未收		4 160 000.00	贷	19 240 000.00
12	22	记-0071	销售书写纸货款未收		2 600 000.00	贷	21 840 000.00
12	26	记-0078	销售书写纸货款未收		4 160 000.00	贷	26 000 000.00
12	31	记-0105	销售书写纸货款未收		4 160 000.00	贷	30 160 000.00
12	31	记-0122	期间损益结转	30 160 000.00		平	
12			当前合计	30 160 000.00	30 160 000.00	平	
12			当前累计	264 056 000.00	264 056 000.00	平	
			结转下年			平	

核算单位:长春平安纸业有限责任公司　　制表:张佩瑶　　打印日期:2010.12.31

2010年12月份其他部分明细账信息

科目编码	明细科目	月初余额	借方发生额	贷方发生额	月末余额
112201	应收账款/金隆包装	220 000.00	1 170 000.00	0.00	1 390 000.00
112202	应收账款/君达纸业	56 130.00	4 917 200.00	1 800 000.00	3 173 330.00
112203	应收账款/吉利印刷	23 870.00	10 740 600.00	4 000 000.00	6 764 470.00
112204	应收账款/同文出版	40 000.00	4 867 200.00	1 400 000.00	3 507 200.00
112205	应收账款/众协商贸	334 680.00	2 925 000.00	2 300 000.00	959 680.00
112206	应收账款/亚金科技	0.00	13 759 200.00	4 000 000.00	9 759 200.00
112208	应收账款/嘉豪纸业	552 300.00	4 867 200.00	552 300.00	4 867 200.00
112209	应收账款/大唐实业	0.00	0.00	70 000.00	(70 000.00)
123101	坏账准备/应收账款	(83 734.00)	0.00	2 195 835.00	(2 279 569.00)
605101	其他业务收入/草浆		560 000.00	560 000.00	
605103	其他业务收入/木浆		1 500 000.00	1 500 000.00	

注:()表示贷方余额。

记账凭证

赵书晗

记　字　0068　　制单日期：2010.12.20　　附单据数：　2

摘要	科目名称	借方金额	贷方金额
销售新闻纸书写纸货款未收	应收账款/亚金科技	1071720000	
销售新闻纸书写纸货款未收	主营业务收入/新闻纸		500000000
销售新闻纸书写纸货款未收	主营业务收入/书写纸		416000000
销售新闻纸书写纸货款未收	应交税费/应交增值税/销项税额		155720000
票号 - 日期	数量 单价 合计	1071720000	1071720000
备注	项目 客户	部门 业务员	个人

记账　张佩瑶　　审核　高云童　　出纳　　制单　杜思淼

吉林增值税专用发票

2200101170　　№ 00727338

此联不作报销、扣税凭证使用　　开票日期：2010年12月20日

购货单位	名　　称：通化市亚金科技股份有限公司 纳税人识别号：2204027808091417 地址、电话：通化市光明路1212号 0435-87897894 开户行及账号：工行通化支行0022800988000000529	密码区	*522197>72-78-5>11235 7953>*2/*3>6*>1068<-0 228502<-26>4*40*>><31 48>547>>>9472547*78*3 加密版本：01 1300051372 02995637

货物或应税劳务名称	规格型号	单位	数量	单价	金额	税率	税额
新闻纸		吨	1000	5,000.00	5,000,000.00	17%	850,000.00
书写纸		吨	800	5,200.00	4,160,000.00	17%	707,200.00
合计					¥9,160,000.00		¥1,557,200.00
价税合计（大写）	⊗壹仟零柒拾壹万柒仟贰佰元整				（小写）¥10,717,200.00		

销货单位	名　　称：长春平安纸业有限责任公司 纳税人识别号：220102123456789 地址、电话：长春市高新区浦东路0001号 0431-89123888 开户行及账号：工行吉林省分行自由支行2200881208080019999	备注	

收款人：　　复核：　　开票人：李大光　　销货单位：（章）

国税函[2009]649号 北京印钞厂

第一联 记账联 销货方记账凭证

产成品出库单

用途：销售　　2010年12月20日　　No：1003010　　仓库：产品库

类别	编号	名称及规格	计量单位	数量	单位成本	总成本	附注
产成品	P2010X01	新闻纸	吨	1 000	4 120.21056	4 120 210.56	亚金科技
产成品	P2010S02	书写纸	吨	800	4 573.50733	3 658 805.86	
合计						7 779 016.42	

②财务记账联

制表：李静宜　　保管：刘家辉　　会计：许　右　　经手人：杨　光

记账凭证

赵书晗

记 字 0071　　制单日期：2010.12.22　　附单据数：2

摘要	科目名称	借方金额	贷方金额
销售书写纸货款未收	应收账款/麦派实业	304200000	
销售书写纸货款未收	主营业务收入/书写纸		260000000
销售书写纸货款未收	应交税费/应交增值税/销项税额		44200000
票号 - 日期	数量 单价 合计	304200000	304200000
备注	项目 客户 部门 业务员 个人		

记账 张佩瑶　审核 高云童　出纳　制单 杜思淼

吉林增值税专用发票

2200101170　　№ 00727339

此联不作报销、扣税凭证使用　　开票日期：2010年12月22日

购货单位	名　　称：吉林市麦派实业有限公司 纳税人识别号：2202000388009104 地址、电话：吉林市船营区五柳街8号 0432-85683471 开户行及账号：农行吉林市支行0973000000986009912	密码区	11*522197>72-78-5>235 3>6*>1068<7953>*2/*-0 228502<->><31438>547 >>>9472547*26>4*40*78* 加密版本：01 1300051372 02995637

货物或应税劳务名称	规格型号	单位	数量	单价	金额	税率	税额
书写纸		吨	500	5,200.00	2,600,000.00	17%	442,000.00
合计					￥2,600,000.00		￥442,000.00
价税合计（大写）	⊗叁佰零肆万贰仟元整				（小写）￥3,042,000.00		

销货单位	名　　称：长春平安纸业有限责任公司 纳税人识别号：220102123456789 地址、电话：长春市高新区浦东路0001号 0431-89123888 开户行及账号：工行吉林省分行自由支行2200881208080019999	备注	

收款人：　复核：　开票人：李大光　销货单位：（章）

国税函[2009]649号 北京印钞厂

第一联 记账联 销货方记账凭证

产成品出库单

用途：销售　　2010年12月22日　　No：100311　仓库：产品库

类别	编号	名称及规格	计量单位	数量	单位成本	总成本	附注
产成品	P2010S02	书写纸	吨	500	4 573.50733	2 286 753.67	麦派实业
合计						2 286 753.67	

②财务记账联

制表：李静宜　保管：刘家辉　会计：许　右　经手人：杨　光

记 账 凭 证

赵书晗

记　字　0078　　制单日期：2010.12.26　　附单据数：　2

摘　要	科目名称	借方金额	贷方金额
销售书写纸货款未收	应收账款/嘉豪纸业	486720000	
销售书写纸货款未收	主营业务收入/书写纸		416000000
销售书写纸货款未收	应交税费/应交增值税/销项税额		70720000
票号 - 日期	数量 单价 合　计	486720000	486720000
备注	项　目　　部　门　　个　人 客　户　　业务员		

记账　张佩瑶　　审核　高云童　　出纳　　制单　杜思淼

吉林增值税专用发票

2200101170　　　　№ 00727340

全国统一发票监制章 吉林 国家税务总局监制

此联不作报销、扣税凭证使用　　　　开票日期：2010年12月26日

国税函[2009]649号 北京印钞厂

购货单位	名　　称：青岛市嘉豪纸业股份有限公司 纳税人识别号：370200990115601 地址、电话：青岛市海边区琴海路1111号 0532-87234153 开户行及账号：工行青岛开发区支行0097190098018378901	密码区	197>72-7811*522-5>235 3>6*>1068<7953>*2/*-0 228502<-26>4*40*>><31 >947257>>*78*47438>54	加密版本：01 1300051372 02995637

货物或应税劳务名称	规格型号	单位	数量	单价	金额	税率	税额
书写纸		吨	800	5,200.00	4,160,000.00	17%	707,200.00
合计					¥4,160,000.00		¥707,200.00
价税合计（大写）	⊗肆佰捌拾陆万柒仟贰佰 元整				（小写）¥4,867,200.00		

销货单位	名　　称：长春平安纸业有限责任公司 纳税人识别号：220102123456789 地址、电话：长春市高新区浦东路0001号 0431-89123888 开户行及账号：工行吉林省分行自由支行2200881208080019999	备注	

收款人：　　复核：　　开票人：李大光　　销货单位：（章）

第一联 记账联 销货方记账凭证

产成品出库单

用途：销售　　2010 年 12 月 26 日　　No：1003012　仓库：产品库

类别	编号	名称及规格	计量单位	数量	单位成本	总成本	附注
产成品	P2010S02	书写纸	吨	800	4 573.50733	3 658 805.86	嘉豪实业
合计						3 658 805.86	

制表：李静宜　　保管：刘家辉　　会计：许　右　　经手人：杨　光

②财务记账联

记账凭证

赵书晗

记 字 0104 制单日期：2010.12.31 附单据数： 2

摘要	科目名称	借方金额	贷方金额
收到销售新闻纸预订款	银行存款/工商银行	300000000	
收到销售新闻纸预订款	应收账款/新华商贸	51000000	
收到销售新闻纸预订款	主营业务收入/新闻纸		300000000
收到销售新闻纸预订款	应交税费/应交增值税/销项税额		51000000
票号 3 -56597946 日期 2010.12.31	数量 单价 合 计	351000000	351000000
备注	项目 客户	部门 业务员	个人

记账 张佩瑶 审核 高云童 出纳 张佳宁 制单 杜思淼

中国工商银行 进账单（收账通知） 3

2010年12月31日

出票人	全称	北京市新华商贸公司	收款人	全称	长春平安纸业有限责任公司
	账号	1100000098638916135		账号	2200 8812 0808 0019 999
	开户银行	工行北京王府井支行		开户银行	工行吉林省分行自由支行
金额	人民币（大写）	叁佰万元整		千百十万千百十元角分	￥3 0 0 0 0 0 0 0 0
票据种类	支票	票据张数	壹		
票据号码	VII II 56597946				
复核： 记账：					收款人开户银行签章

此联是开户银行交给收款人的收账通知

吉林增值税专用发票

2200101170 № 00727341

此联不作报销、扣税凭证使用

开票日期：2010年12月31日

购货单位	名 称：北京市新华商贸有限公司 纳税人识别号：110003230936389l 地址、电话：北京朝阳区王府井大街1558号 010-89955123 开户行及账号：工行北京分行王府井支行1100000098638916135	密码区	<7953>*2/*7>727>2350 3>6*>8-510611*522198-- 2285-26>478**40>><314 02<7254*7*438>547>>>9 加密版本：01 1300051372 02995637

货物或应税劳务名称	规格型号	单位	数量	单价	金额	税率	税额
新闻纸		吨	600	5,000.00	3,000,000.00	17%	510,000.00
合计					￥3,000,000.00		￥510,000.00
价税合计（大写）	⊗叁佰伍拾壹万 元整				（小写）￥3,510,000.00		

销货单位	名 称：长春平安纸业有限责任公司 纳税人识别号：220102123456789 地址、电话：长春市高新区浦东路0001号 0431-89123883 开户行及账号：工行吉林省分行自由支行2200881208080019999	备注	

收款人： 复核： 开票人：李大光 销货单位：（章）

国税函[2009]649号 北京印钞厂

第一联 记账联 销货方记账凭证

记账凭证

赵书晗

记 字 0105　　制单日期：2010.12.31　　附单据数：1

摘要	科目名称	借方金额	贷方金额
销售书写纸货款未收	应收账款/森工集团	486720000	
销售书写纸货款未收	主营业务收入/书写纸		416000000
销售书写纸货款未收	应交税费/应交增值税/销项税额		70720000
票号 - 日期	数量 单价 合计	486720000	486720000
备注	项目 客户	部门 业务员	个人

记账 张佩瑶　　审核 高云童　　出纳　　制单 杜思淼

吉林增值税专用发票

2200101170　　№ 00727342

此联不作报销、扣税凭证使用　　开票日期：2010年12月31日

购货单位	名　　称：吉林森工集团公司 纳税人识别号：220003230936311 7 地址、电话：长春市人民大街1558号 0431-89955123 开户行及账号：工行长春分行人民广场支行2200000098638990122	密码区	*7>727>2350<7953>*2/ 3>6*>8-510611*522198-- 2285-26>478**40>><314 38>547>>>02<7254*7*49 加密版本：01 1300051372 02995637

货物或应税劳务名称	规格型号	单位	数量	单价	金额	税率	税额
书写纸		吨	800	5,200.00	4,160,000.00	17%	707,200.00
合计					¥4,160,000.00		¥707,200.00
价税合计（大写）	⊗肆佰捌拾陆万柒仟贰佰 元整				（小写）¥4,867,200.00		

销货单位	名　　称：长春平安纸业有限责任公司 纳税人识别号：220102123456789 地址、电话：长春市高新区浦东路0001号 0431-89123888 开户行及账号：工行吉林省分行自由支行220088120808001999 9	备注	

收款人：　　复核：　　开票人：李大光　　销货单位：（章）

国税函[2009]649号 北京印钞厂

第一联 记账联 销货方记账凭证

记账凭证

赵书晗

记 字 0106　　制单日期：2010.12.31　　附单据数：2

摘要	科目名称	借方金额	贷方金额
销售新闻纸货款未收	应收账款/麦派实业	643500000	
销售新闻纸货款未收	主营业务收入/新闻纸		550000000
销售新闻纸货款未收	应交税费/应交增值税/销项税额		93500000
票号 – 日期	数量 单价	合计 643500000	643500000
备注	项目 客户	部门 业务员	个人

记账 张佩瑶　　审核 高云童　　出纳　　制单 杜思淼

吉林增值税专用发票

2200101170　　此联不作报销、扣税凭证使用　　№ 00727343

开票日期：2010年12月31日

购货单位	名称：吉林市麦派实业有限公司 纳税人识别号：220200003880091O4 地址、电话：吉林市船营区五柳街8号 0432-85683471 开户行及账号：农行吉林市支行0973000000986009912	密码区	350<7953>*7>727>2*2/ 3>6*1*522198>8-51061-- 6>478**2285-240>><314 <7254*38>547>>>027*49 加密版本：01 1300051372 02995637

货物或应税劳务名称	规格型号	单位	数量	单价	金额	税率	税额
新闻纸		吨	1 100	5,000.00	5,500,000.00	17%	935,000.00
合计					￥5,500,000.00		￥935,000.00
价税合计（大写）	⊗ 陆佰肆拾叁万伍仟 元整				（小写）￥6,435,000.00		

销货单位	名称：长春平安纸业有限责任公司 纳税人识别号：220102123456789 地址、电话：长春市高新区浦东路0001号 0431－89123888 开户行及账号：工行吉林省分行自由支行2200881208080019999	备注	交货地：吉林市船营区五柳街8号

收款人：　　复核：　　开票人：李大光　　销货单位：（章）

国税函[2009]649号 北京印钞厂

第一联 记账联 销货方记账凭证

产成品出库单

用途：销售　　2010 年 12 月 31 日　　No：1003013　仓库：产品库

类别	编号	名称及规格	计量单位	数量	单位成本	总成本	附注
产成品	P2010X01	新闻纸	吨	1 100	4 120.21056	4 532 231.62	麦派实业
合计						4 532 231.62	

②财务记账联

制表：李静宜　　保管：刘家辉　　会计：许 右　　经手人：杨 光

重要提示：建议按照编号顺序制作上述出库单第三联(仓库存根联)及销售发票第四联(备查联)，以便以出库单或销售发票为起点进行销售截止测试。

二、2011年1月份部分明细账、记账凭证及原始凭证

主营业务收入明细账

页号：1-1

月份：2011.01　　本币名称：人民币

科目：主营业务收入/书写纸(600102)

2010年		凭证号	摘要	借方	贷方	方向	余额
月	日						
			上年结转			平	
01	08	记-0001	销售书写纸收到货款		159 000.00	贷	159 000.00
01	13	记-0004	销售退回书写纸	4 160 000.00		借	4 001 000.00
01			当前合计	4 160 000.00	159 000.00	借	4 001 000.00
01			当前累计	4 160 000.00	159 000.00	借	4 001 000.00
			结转下年			借	4 001 000.00

核算单位：长春平安纸业有限责任公司　　制表：张佩瑶　　打印日期：2011.01.20

应收账款明细账

页号：1-1

月份：2011.01　　本币名称：人民币

科目：应收账款/金隆包装(112201)

2010年		凭证号	摘要	借方	贷方	方向	余额
月	日						
			上年结转			借	1 390 000.00
01	10	记-0003	核销坏账		1 390 000.00	平	
01			当前合计		1 390 000.00	平	
01			当前累计		1 390 000.00	平	
			结转下年			平	

核算单位：长春平安纸业有限责任公司　　制表：张佩瑶　　打印日期：2011.01.20

应收账款明细账

页号：1-1

月份：2011.01　　本币名称：人民币

科目：应收账款/大唐实业(112209)

2010年		凭证号	摘要	借方	贷方	方向	余额
月	日						
			上年结转			贷	70 000.00
01	08	记-0001	销售书写纸收到货款	70 000.00		平	
			当前合计	70 000.00		平	
			当前累计	70 000.00		平	
			结转下年			平	

核算单位：长春平安纸业有限责任公司　　制表：张佩瑶　　打印日期：2011.01.20

应收账款明细账

页号:1-1

月份:2011.01

本币名称:人民币

科目:应收账款/森工集团(112210)

2010年 月	日	凭证号	摘要	借方	贷方	方向	余额
			上年结转			借	4 867 200.00
01	13	记-0004	销售退回书写纸		4 867 200.00	平	
01			当前合计		4 867 200.00	平	
01			当前累计		4 867 200.00	平	
			结转下年			平	

核算单位:长春平安纸业有限责任公司　　制表:张佩瑶　　打印日期:2011.01.20

应收账款明细账

页号:1-1

月份:2011.01

本币名称:人民币

科目:应收账款/新华商贸(112211)

2011年 月	日	凭证号	摘要	借方	贷方	方向	余额
			上年结转			借	510 000.00
01	13	记-0005	发出已销售新闻纸		510 000.00	平	
01			当前合计		510 000.00	平	
01			当前累计		510 000.00	平	
			结转下年			平	

核算单位:长春平安纸业有限责任公司　　制表:张佩瑶　　打印日期:2011.01.20

坏账准备明细账

页号:1-1

月份:2011.01

本币名称:人民币

科目:坏账准备/应收账款(123101)

2010年 月	日	凭证号	摘要	借方	贷方	方向	余额
01	01		期初余额			贷	2 279 569.00
01	10	记-0003	核销坏账	973 000.00		贷	1 306 569.00
01			当前合计	973 000.00		贷	1 306 569.00
01			当前累计	973 000.00		贷	1 306 569.00

核算单位:长春平安纸业有限责任公司　　制表:张佩瑶　　打印日期:2011.01.20

记　账　凭　证　赵书晗

记　字 0001　　　　制单日期：2011.01.08　　　　附单据数：3

摘要	科目名称	借方金额	贷方金额
销售书写纸收到货款	应收账款/大唐实业	7000000	
销售书写纸收到货款	银行存款/工商银行	11603000	
销售书写纸收到货款	主营业务收入/书写纸		15900000
销售书写纸收到货款	应交税费/应交增值税/销项税额		2703000
票号 3 -52210010 日期 2011.01.08　数量 单价	合计	18603000	18603000
备注	项目　客户	部门　业务员	个人

记账　张佩瑶　　审核　高云童　　出纳　张佳宁　　制单　杜思淼

吉林增值税专用发票

2200101170　　　　№ 00727344

此联不作报销、扣税凭证使用　　　　开票日期：2011年1月8日

购货单位	名　称：长春市大唐实业股份有限公司 纳税人识别号：2200000807105418 地址、电话：长春市朝阳区自由大路589号 0431-85318888 开户行及账号：工行吉林省分行自由支行2200881208008798148			密码区	11*522197>72-78-5>235 3>6*>1068<7953>*2/*-0 228502<-26>4*40*>><31 438>547>>>9472547*78*	加密版本：01 1300051372 02995637	
货物或应税劳务名称	规格型号	单位	数量	单价	金额	税率	税额
书写纸		吨	30	5,300.00	159,000.00	17%	27,030.00
合计					￥159,000.00		￥27,030.00
价税合计（大写）	⊗ 壹拾捌万陆仟零叁拾 元整				（小写）￥186,030.00		
销货单位	名　称：长春平安纸业有限责任公司 纳税人识别号：220102123456789 地址、电话：长春市高新区浦东路0001号 0431－89123888 开户行及账号：工行吉林省分行自由支行2200881208080019999			备注			

收款人：　　　复核：　　　开票人：李大光　　　销货单位：（章）

国税函[2009]649号 北京印钞厂

第一联 记账联 销货方记账凭证

产成品出库单

用途：销售　　　2011 年 1 月 8 日　　　No：1003014　仓库：产品库

类别	编号	名称及规格	计量单位	数量	单位成本	总成本	附注
产成品	P2010S02	书写纸	吨	30			大唐公司
		合计					

②财务记账联

制表：孙大伟　　　保管：舒　北　　　会计：许　右　　　经手人：杨继先

中国工商银行 进账单（收账通知） 3

2011年1月8日

出票人	全称	长春市大唐实业股份有限公司	收款人	全称	长春平安纸业有限责任公司
	账号	2200881208008798148		账号	2200881208080019999
	开户银行	工行吉林省分行自由支行		开户银行	工行吉林省分行自由支行
金额	人民币（大写）	壹拾壹万陆仟零叁拾元整		千百十万千百十元角分	￥11603000
票据种类	支票	票据张数	壹		
票据号码	IV II 52210010				
复核： 记账：					收款人开户银行签章

此联是开户银行交给收款人的收账通知

记 账 凭 证

赵书晗

记 字 0003　制单日期：2011.01.10　附单据数：2

摘要	科目名称	借方金额	贷方金额
核销坏账	银行存款/工商银行	41700000	
核销坏账	坏账准备/应收账款	97300000	
核销坏账	应收账款/金隆包装		139000000
票号 3 -89713543 日期 2011.01.10 数量 单价	合 计	139000000	139000000
备注 项 目 客 户	部 门 业务员	个 人	

记账 张佩瑶　审核 高云童　出纳 张佳宁　制单 杜思淼

坏账审批表

金额单位：元

债务单位（债务人）	应收账款账户余额	坏账损失金额	坏账损失发生时间
金隆包装公司	1 390 000.00	973 000.00	2011 年 1 月 10 日
合 计		973 000.00	
损失原因分析	债务人金隆包装公司因经营不善倒闭清算，导致我公司应收账款只能收回 30%。 经手人：赵明明 2011 年 1 月 10 日		
同意 财务部长：王天奇 2011 年 1 月 10 日	同意 财务总监：高 岭 2011 年 1 月 10 日	同意 法定代表人：黄 河 2011 年 1 月 10 日	

中国工商银行 进账单（收账通知） 3

2011年1月10日

出票人	全称	哈尔滨金隆包装公司	收款人	全称	长春平安纸业有限责任公司
	账号	0007028523681780804		账号	2200881208080019999
	开户银行	工行哈尔滨市分行世纪支行		开户银行	工行吉林省分行自由支行
金额	人民币（大写）	肆拾壹万柒仟元整		千百十万千百十元角分	¥41700000
票据种类	支票	票据张数	壹		
票据号码	II VI 89713543				
复核： 记账：				收款人开户银行签章	

此联是开户银行交给收款人的收账通知

记 账 凭 证

赵书晗

记 字 0004　　制单日期：2011.01.13　　附单据数： 2

摘要	科目名称	借方金额	贷方金额
销售退回书写纸	主营业务收入/书写纸	416000000	
销售退回书写纸	应交税费/应交增值税/销项税额	70720000	
销售退回书写纸	应收账款/森工集团		486720000
票号 - 日期　数量 单价	合 计	486720000	486720000
备注	项 目 客 户	部 门 业务员	个 人

记账 张佩瑶　　审核 高云童　　出纳　　制单 杜思淼

吉林增值税专用发票

2200101170　　　　此联不作报销、扣税凭证使用　　　　№ 00727345

开票日期:2011年1月13日

购货单位	名　　称：吉林森工集团公司 纳税人识别号：220003230936311 7 地址、电话：长春市人民大街1558号 0431-89955123 开户行及账号：工行长春分行人民广场支行220000009863899012 2	密码区	11*522197>72-78-5>235　加密版本：01 3>6*>1068<7953>*2/*-0　1300051372 228502<-26>4*40*>><31 438>547>>>9472547*78*　02995637

货物或应税劳务名称	规格型号	单位	数量	单价	金额	税率	税额
书写纸		吨	-800	5,200.00	-4,160,000.00	17%	-707,200.00
合计					¥-4,160,000.00		¥-707,200.00
价税合计（大写）	⊗（负数）肆佰捌拾陆万柒仟贰佰 元整				(小写) ¥-4,867,200.00		

销货单位	名　　称：长春平安纸业有限责任公司 纳税人识别号：220102123456789 地址、电话：长春市高新区浦东路0001号 0431－89123888 开户行及账号：工行吉林省分行自由支行2200881208080019999	备注	

收款人：　　复核：　　开票人：李大光　　销货单位：（章）

国税函[2009]649号 北京印钞厂

第一联 记账联 销货方记账凭证

注：此发票为红字发票

记 账 凭 证

赵书晗

记　字　0005　　　　制单日期：2011.01.13　　　　附单据数：　2

摘要	科目名称	借方金额	贷方金额
发出已销售新闻纸	银行存款/工商银行	51000000	
发出已销售新闻纸	应收账款/新华商贸		51000000
票号 3　－99881170 日期 2011.01.13	数量 单价　　合 计	51000000	51000000
备注	项　目　　部　门　　个　人 客　户　　业务员		

记账　张佩瑶　　审核　高云童　　出纳　张佳宁　　制单　杜思淼

中国工商银行　进账单（收账通知）　3

2011年1月13日

出票人	全称	北京市新华商贸有限公司	收款人	全称	长春平安纸业有限责任公司
	账号	110000009863891613 5		账号	2200881208080019999
	开户银行	工行北京分行王府井支行		开户银行	工行吉林省分行自由支行
金额	人民币（大写）	伍拾壹万元整		千百十万千百十元角分	¥ 5 1 0 0 0 0 0 0
票据种类	支票	票据张数	壹		
票据号码	II VI 99881170				
	复核：　记账：				收款人开户银行签章

此联是开户银行交给收款人的收账通知

产成品出库单

用途：销售　　2010 年 1 月 13 日　　No：1003015　仓库：产品库

类别	编号	名称及规格	计量单位	数量	单位成本	总成本	附注
产成品	P2010X01	新闻纸	吨	600			新华商贸
合计							

②财务记账联

制表：孙大伟　　保管：舒　北　　会计：林　敏　　经手人：杨　光

三、其他相关资料

1. 应收款项的坏账准备会计政策：账龄分析法计提坏账准备。

2. 坏账准备计提比例

账　龄	应收账款计提比例(%)	其他应收款计提比例(%)
1 年以内(含 1 年)	5	5
1—2 年	10	10
2—3 年	20	20
3 年以上	100	100

3. 应收账款账龄分析表

2010 年 12 月 31 日

序号	债务人名称	期末余额	账龄分析			
			1 年以内	1—2 年	2—3 年	3 年以上
1	金隆包装	1 390 000.00	1 390 000.00			
2	君达纸业	3 173 330.00	3 173 330.00			
3	吉利印刷	6 764 470.00	6 764 470.00			
4	同文出版	3 507 200.00	3 507 200.00			
5	众协商贸	959 680.00	959 680.00			
6	亚金科技	9 759 200.00	9 759 200.00			
7	麦派实业	9 863 100.00	9 863 100.00			
8	嘉豪纸业	4 867 200.00	4 867 200.00			
9	大唐实业	−70 000.00	−70 000.00			
10	森工集团	4 867 200.00	4 867 200.00			
11	新华商贸	510 000.00	510 000.00			
合　计		45 591 380.00	45 591 380.00			

4. 主要客户信息

名称	地址	邮编	电话	备注(信用记录)
金隆包装	哈尔滨市世纪大街 1233 号	140088	0451-77777777	良好
君达纸业	济南市朝阳区和平大街 1588 号	260062	0531-88888888	良好
嘉豪纸业	青岛市海边区琴海路 1111 号	266009	0532-87234153	良好
众协商贸	上海保税区解放路 3333 号	200012	021-87545321	良好
同文出版	沈阳市中城区建阳街 868 号	110006	024-87678798	良好
亚金科技	通化市光明路 1212 号	134000	0435-87897894	良好
麦派实业	吉林市船营区五柳街 8 号	132005	0432-85683471	良好
吉利印刷	长春市宽城区迎宾路 128 号	137007	0431-83349982	良好
新华商贸	北京朝阳区王府井大街 1558 号	100023	010-89955123	新客户
大唐实业	长春市朝阳区自由大路 589 号	130033	0431-85318888	新客户

5. 商品价目表

产品类				原料类			
编号	商品名称	销售价格(元)		编号	商品名称	销售价格(元)	
		2010 年 12 月	2011 年 1 月			2010 年 12 月	2011 年 1 月
P2010X01	新闻纸	5 000	5 100	101	草浆	2 800	2 850
P2010S02	书写纸	5 200	5 300	102	废纸浆	1 000	1 050
				103	木浆	5 000	5 050
				104	助剂	800	850

6. 销售合同

销售合同

合同编号:销 201028

甲方(卖方):长春平安纸业有限责任公司　　签订地点:长春市平安纸业公司

乙方(买方):吉林麦派实业有限责任公司　　签订时间:2010 年 12 月 25 日

甲乙双方根据《合同法》、《消费者权益保护法》及有关法律、法规,经协商一致,签订本合同。

第一条　乙方按下表所列要求购买甲方商品:

商品名称	货号	规格	质地	颜色	单位	单价	数量	金额
新闻纸	P2010X0	1m×1m	特级	本色	吨	5 000	1 100	5 500 000

合计金额:人民币伍佰伍拾万元整(￥5 500 000)

第二条　质量要求:甲方所出售的商品必须符合国家标准。

第三条　交货及验收:甲方应当将订单列明的商品,在 2011 年 1 月 15 日之前交付至乙方1号仓库。商品的所有权自交付时起转移给乙方，商品毁损、灭失的风险也自交付时起由乙方承担。

第四条　结算方式：货到验收后2个月内以转账支票付款。

第五条　违约责任：略。

第六条　争议解决：略。

本合同一式两份，双方各执一份，自双方签章之日起生效。合同执行期间，如有未尽事宜，甲乙双方协商另订附则，所有附则均与本合同有同等法律效力。

甲方：长春平安纸业有限责任公司
法定代表人：黄　河
签约代表：张海波
开户银行/账号：中国工商银行吉林省分行自由支行
2200 8812 0808 0019 999
税号：220102123456789
签字日期：2010年12月30日

（印章：长春平安纸业有限责任公司 合同专用章）

乙方：吉林麦派实业有限责任公司
法定代表人：李嘉第
签约代表：董　峰
开户银行/账号：中国农业银行吉林市支行
0973000000986009912
税号：2202000388009104
签字日期：2010年12月30日

（印章：吉林麦派实业有限责任公司 合同专用章）

（**注：其他销售合同略。**）

7. 客户的商品验收确认单（略）

8. 红字发票备查文件

（1）开具红字增值税专用发票申请单及通知单（略）

（2）红字发票

吉林增值税专用发票

2200101170　　（全国统一发票监制章 吉林 国家税务总局监制）　　№ 00727345

抵扣联

开票日期：2011年1月13日

购货单位	名　称：吉林森工集团公司 纳税人识别号：2200032309363117 地址、电话：长春市人民大街1558号 0431-89955123 开户行及账号：工行长春分行人民广场支行2200000098638990122	密码区	11*522197>72-78-5>235 3>6*>1068<7953>*2/*-0 228502<-26>4*40*>><31 438>547>>>9472547*78*	加密版本：01 1300051372 02995637

货物或应税劳务名称	规格型号	单位	数量	单价	金额	税率	税额
书写纸		吨	-800	5,200.00	-4,160,000.00	17%	-707,200.00
合计					¥-4,160,000.00		¥-707,200.00
价税合计（大写）	⊗（负数）肆佰捌拾陆万柒仟贰佰 元整				（小写）¥-4,867,200.00		

销货单位	名　称：长春平安纸业有限责任公司 纳税人识别号：220102123456789 地址、电话：长春市高新区浦东路0001号 0431-89123888 开户行及账号：工行吉林省分行自由支行2200881208080019999	备注	

收款人：　　复核：　　开票人：李大光　　销货单位：（章）

国税函[2009]649号 北京印钞厂

第二联 抵扣联 购货方扣税凭证

吉林增值税专用发票

2200101170 № 00727345

发票联

开票日期:2011年1月13日

购货单位	名　　称：吉林森工集团公司 纳税人识别号：220003230936311 7 地址、电话：长春市人民大街1558号 0431-89955123 开户行及账号：工行长春分行人民广场支行220000009863899012 2				密码区	11*522197>72-78-5>235 3>6*>1068<7953>*2/*-0 228502<-26>4*40*>><31 438>547>>>9472547*78*		加密版本：01 1300051372 02995637
货物或应税劳务名称	规格型号	单位	数量	单价	金额		税率	税额
书写纸		吨	-800	5,200.00	-4,160,000.00		17%	-707,200.00
合计					¥-4,160,000.00			¥-707,200.00
价税合计（大写）	⊗（负数）肆佰捌拾陆万柒仟贰佰 元整					（小写）¥-4,867,200.00		
销货单位	名　　称：长春平安纸业有限责任公司 纳税人识别号：220102123456789 地址、电话：长春市高新区浦东路0001号 0431-89123888 开户行及账号：工行吉林省分行自由支行220088120808001999 9				备注			

收款人：　　复核：　　开票人：李大光　　销货单位：（章）

国税函[2009]649号 北京印钞厂

第三联 发票联 购货方记账凭证

(3)作废发票

吉林增值税专用发票

2200101170 № 00727342

抵扣联

开票日期:2010年12月31日

购货单位	名　　称：吉林森工集团公司 纳税人识别号：220003230936311 7 地址、电话：长春市人民大街1558号 0431-89955123 开户行及账号：工行长春分行人民广场支行220000009863899012 2				密码区	*7>727>2350<7953>*2/ 3>6*>8-510611*522198-- 2285-26>478**40>><314 38>547>>>02<7254*7*49		加密版本：01 1300051372 02995637
货物或应税劳务名称	规格型号	单位	数量	单价	金额		税率	税额
书写纸		吨	800	5,200.00	4,160,000.00		17%	707,200.00
合计					¥4,160,000.00			¥707,200.00
价税合计（大写）	⊗肆佰捌拾陆万柒仟贰佰 元整					（小写）¥4,867,200.00		
销货单位	名　　称：长春平安纸业有限责任公司 纳税人识别号：220102123456789 地址、电话：长春市高新区浦东路0001号 0431-89123888 开户行及账号：工行吉林省分行自由支行220088120808001999 9				备注	作废		

收款人：　　复核：　　开票人：李大光　　销货单位：（章）

国税函[2009]649号 北京印钞厂

第二联 抵扣联 购货方扣税凭证

吉林增值税专用发票

2200101170 № 00727342

发票联

开票日期：2010年12月31日

购货单位	名称：吉林森工集团公司 纳税人识别号：220003230936311 7 地址、电话：长春市人民大街1558号 0431-89955123 开户行及账号：工行长春分行人民广场支行2200000098638990122			密码区	*7>727>2350<7953>*2/ 3>6*>8-510611*522198-- 2285-26>478**40>><314 38>547>>>02<7254*7*49	加密版本：01 1300051372 02995637	
货物或应税劳务名称	规格型号	单位	数量	单价	金额	税率	税额
书写纸		吨	800	5,200.00	4,160,000.00	17%	707,200.00
合计					¥4,160,000.00		¥707,200.00
价税合计（大写）	⊗ 肆佰捌拾陆万柒仟贰佰 元整				（小写）¥4,867,200.00		
销货单位	名称：长春平安纸业有限责任公司 纳税人识别号：220102123456789 地址、电话：长春市高新区浦东路0001号 0431-89123888 开户行及账号：工行吉林省分行自由支行2200881208080019999			备注	作废		

收款人： 复核： 开票人：李大光 销货单位：（章）

国税函[2009]649号 北京印钞厂

第三联 发票联 购货方记账凭证

9. 销售发票备查联（略）

有关 No. 00727338～No. 00727345 销售发票备查联的信息可参考上述发票记账联。

10. 产品出库单第三联仓库存根联（略）

有关 No. 1003010～No. 1003015 出库单信息可参考上述出库单的第二联财务记账联。

11. **2010 年 1—12 月份发生额及余额表（部分）**

科目名称	期初余额	1—12 月 借方累计发生额	1—12 月 贷方累计发生额	期末余额
主营业务收入(6001)	—	504 556 000.00	504 556 000.00	—
新闻纸(600101)	—	240 500 000.00	240 500 000.00	—
书写纸(600102)	—	264 056 000.00	264 056 000.00	—
其他业务收入(6051)	—	2 060 000.00	2 060 000.00	—
草浆(605101)	—	560 000.00	560 000.00	—
木浆(605103)	—	1 500 000.00	1 500 000.00	—
应收账款(1122)	1 586 406.00	79 028 840.00	35 023 866.00	45 591 380.00
金隆包装(112201)	120 000.00	2 370 000.00	1 100 000.00	1 390 000.00
君达纸业(112202)	67 776.00	6 145 200.00	3 039 646.00	3 173 330.00
吉利印刷(112203)	123 870.00	12 540 600.00	5 900 000.00	6 764 470.00

（续表）

科目名称	期初余额	1—12月 借方累计发生额	1—12月 贷方累计发生额	期末余额
同文出版(112204)	140 000.00	8 822 200.00	5 455 000.00	3 507 200.00
众协商贸(112205)	34 760.00	4 107 000.00	3 182 080.00	959 680.00
亚金科技(112206)	0.00	14 944 840.00	5 185 640.00	9 759 200.00
麦派实业(112207)	947 700.00	19 007 000.00	10 091 600.00	9 863 100.00
嘉豪纸业(112208)	152 300.00	5 714 800.00	999 900.00	4 867 200.00
大唐实业(112209)	0.00	0.00	70 000.00	(70 000.00)
森工集团(112210)	0.00	4 867 200.00	0.00	4 867 200.00
新华商贸(112211)	0.00	510 000.00	0.00	510 000.00
坏账准备(1231)	83 734.00	0.00	2 195 835.00	2 279 569.00
应收账款(123101)	83 734.00	0.00	2 195 835.00	2 279 569.00
其他应收款(123102)	0.00	0.00	0.00	0.00
预付账款(123103)	0.00	0.00	0.00	0.00

四、审计情形设定

1.假定平安公司没有与关联方发生任何往来交易。

2.假定应收账款的账龄均为1年以内。

3.假定其他业务收入不存在错报。

4.应收账款函证时间:资产负债日后适当日期(如2011年1月8日)。根据被审计单位的报表等有关数据信息设计询证函及回函结果。

(1)函证结果相符。

(2)函证结果不符。麦派实业回函内容如下:"所购1 100吨新闻纸金额6 435 000.00元系目的地交货,所以截至2010年12月31日,本公司只欠贵公司3 428 100.00元。"

(3)函证结果不符。新华商贸回函内容如下:"我公司于2010年12月31日预付600吨新闻纸货款3 000 000元,至今尚未收到所购货物,所以截至2010年12月31日我公司并未欠贵公司510 000.00元。"

(4)无法执行函证,但可执行替代审计程序(检查日后收款、检查原始凭证等)。例如,无法获得应收账款的债务人森工集团公司通讯地址及联系方式。

(5)无法执行函证,又无法执行替代审计程序。

任务一　了解与评价销售与收款循环内部控制

如表10-2-1所示。

表 10-2-1

<table>
<tr><td colspan="3">第一步　了解重要交易类别与交易流程</td></tr>
<tr><td colspan="2">(一)识别在销售与收款循环中的重要交易类别</td><td>销售和收款</td></tr>
<tr><td colspan="2">(二)识别在销售与收款循环中的重大账户</td><td>主营业务收入、应收账款等</td></tr>
<tr><td colspan="3">(三)识别销售与收款循环的交易流程</td></tr>
<tr><td rowspan="3">了解的程序：
检查被审计单位相关控制手册和其他书面指引，询问各部门的相关人员，观察操作流程等。
例如，询问销售部门的人员，了解顾客订单的处理和开票的流程；询问仓库人员，了解发货的流程；询问会计部门的人员，了解有关账务处理流程</td><td>1. 销售交易流程</td><td>(1)接受顾客订单
(2)批准赊销信用
(3)按销售单供货
(4)按销售单装运货物
(5)开具发票
(6)记录销售</td></tr>
<tr><td>2. 收款交易流程</td><td>(1)收到款项(将收款存入银行)
(2)记录收款</td></tr>
<tr><td>3. 销售调整交易流程</td><td>(1)办理和记录销售退回与折让
(2)提取坏账准备
(3)注销坏账</td></tr>
<tr><td colspan="3">第二步　确定可能发生错报的环节</td></tr>
<tr><td rowspan="8">部分在销售与收款循环中可能发生错报的环节示例</td><td>交易流程</td><td>可能的错报</td></tr>
<tr><td>接受顾客订单</td><td>1. 可能把商品销售给了未经授权的顾客
2. 虚构销售交易</td></tr>
<tr><td>核准信用，批准赊销</td><td>承担了不适当的信用风险而蒙受损失</td></tr>
<tr><td>按销售单发货、装运货</td><td>1. 所发出、装运的货物可能与被订购的货物不符
2. 可能有未经授权的发出、装运货物</td></tr>
<tr><td>开发票给顾客</td><td>1. 可能对虚构的交易开发票或重复开发票
2. 销售发票可能计价错误</td></tr>
<tr><td>记录销售</td><td>1. 发票可能未入账
2. 可能未记入恰当的账户
3. 可能未记入恰当的会计期间</td></tr>
<tr><td>收款</td><td>坐支、挪用、贪污</td></tr>
<tr><td>记录收款</td><td>1. 收款可能未入账
2. 记录收款时可能出错</td></tr>
<tr><td colspan="3">第三步　识别和了解相关控制</td></tr>
<tr><td rowspan="3">了解的程序：
采用询问、观察和检查等方法，了解并记录了销售与收款循环的主要控制流程，尤其注意可能发生错报环节的关键控制的状况，并已与销售总监、销售部经理等确认下列所述内容</td><td>内部控制的目标</td><td>内部控制</td></tr>
<tr><td>登记入账的销售交易确系已经发货给真实的顾客(发生)</td><td>1. 销售交易是以经过审核的发运凭证及经过批准的顾客订单为依据登记入账的
2. 在发货前，顾客的赊购已经被授权批准
3. 销售发票均经预先编号，并已恰当地登记入账
4. 每月向顾客寄送对账单，对顾客提出的意见做专门追查</td></tr>
<tr><td>所有销售交易均已登记入账(完整性)</td><td>1. 发运凭证(或提货单)均经预先编号并已经登记入账
2. 销售发票均经预先编号，并已登记入账</td></tr>
</table>

（续表）

	内部控制的目标	内部控制
	登记入账的销售数量确系已发货的数量，已正确开具发票并登记入账（计价和分摊）	1.销售价格、付款条件、运费和销售折扣的确定已经适当的授权批准 2.由独立人员对销售发票的编制作独立检查
	销售交易的分类恰当（分类）	1.采用适当的会计科目表 2.独立检查
	销售交易的记录及时（截止）	1.采用能在销售发生时开具收款账单和登记入账的控制方法 2.独立检查
	销售交易已经正确地记入明细账，并经正确汇总（准确性、计价和分摊）	1.每月定期给顾客寄送对账单 2.由独立人员对应收账款明细账作独立检查 3.将应收账款明细账余额合计数与其总账余额进行比较
	收款是真实发生的，记录是准确的（发生、准确性）	复核收款记录支持性文件，在收款凭证上签字后注销相关文件
	收款均已记录并记入恰当的会计期间（完整性、截止）	定期将日记账中的收款记录与银行对账单进行核对
思考：	1.注册会计师可以采用哪些方式记录内部控制？ 2.此步骤是不是必须执行？	
第四步　穿行测试		
思考：	1.穿行测试的目的是什么？ 2.如果不执行上面的第三步，还有必要做穿行测试吗？为什么？	

穿行测试

被审计单位：平安纸业	索引号：B5-2-2
项目：穿行测试	财务报表截止日/期间：2010.12.31
编制：王江　日期：2010.12.18	复核：李鸿基　日期：2010.12.22

样本序号	业务内容	金额	凭证编号	测试内容	测试结果
1	销售书写纸货款未收	3 640 000.00	记-0006	标识1：不相容职务已分开设置并得到执行；（审批、发货、开票、记账）	执行
				标识2：记录的收入确实已发货	执行
				标识3：开具销售发票日期与出库单日期在同一期间	执行
				标识4：销售发票金额与记账凭证金额相符	执行
				标识5：做出正确的会计处理	执行

（续表）

说明：样本的确定方法为抽取新闻纸销售发票一份（12月份第一笔销售交易）追查至明细账。

发票日期	2010年12月3日	发票内容	销售书写纸
出库日期	2010年12月3日	交易数量	700吨
记账凭证日期	2010年12月3日	交易金额	3 640 000.00
凭证号	记-0006	客户验收确认单	无法核对
业务内容	销售书写纸款未收	销售通知单	无

提示：补充抽取2个样本，练习穿行测试。

第五步　初步评价	
销售与收款循环控制初步评价结论	控制设计合理，并得到执行，但在了解内控过程中发现部分环节存在缺陷。

任务二　销售与收款循环控制测试

编制相应审计工作底稿（见表10-2-2和表10-2-3）。

提示：执行顺序为C2～C1。

表10-2-2　　控制测试汇总表

被审计单位：________	索引号：　C1
项目：　销售与收款循环控制测试	财务报表截止日/期间：________
编制：________日期：________	复核：________日期：________

编制说明：

1. 本审计工作底稿记录注册会计师测试的控制活动及结论。

2. 如果注册会计师不拟对与某些控制目标相关的控制活动实施控制测试，则应直接执行实质性程序，对相关交易和账户余额的认定进行测试，以获取足够的保证程度

一、了解内部控制的初步结论

控制设计合理，并得到执行，但在了解内控过程中发现部分环节存在缺陷

二、控制测试结论

经测试未发现关键点控制存在缺陷。有关测试结果见C2

三、相关交易和账户余额的总体审计方案

1. 对未进行测试的控制目标的汇总

根据计划实施的控制测试，我们未对下述控制目标、相关的交易和账户余额及其认定进行测试。

业务循环	主要业务活动	控制目标	相关交易和账户余额及其认定	原因
无				

2. 对未达到控制目标的主要业务活动的汇总

根据控制测试的结果，我们确定下列控制运行无效，在审计过程中不予信赖，拟实施实质性程序获取充分、适当的审计证据。

业务循环	主要业务活动	控制目标	相关交易和账户余额及其认定	原因
无				

3. 对相关交易和账户余额的审计方案

根据控制测试结果，制订下列审计方案：

（**注**：控制测试结果为"是否支持实施风险评估程序获取的审计证据"。）

（续表）

受影响的交易和账户余额	控制测试结果/需从实质性程序中获取的保证程度						
	完整性	发生/存在	准确性/计价和分摊	截止	权利和义务	分类	列报
营业收入	支持/低	支持/低	支持/低	支持/低	不适用	支持/低	不适用
应收账款	支持/低	支持/低	支持/低	支持/低	不适用	支持/低	不适用

四、沟通事项

是否需要就已识别出的内部控制设计、执行以及运行方面的重大缺陷，与适当层次的管理层或治理层进行沟通？

需要与管理层沟通的事项：

平安公司的销售交易记账凭证后的原始单据只附有发票和出库单，未附客户验收确认单、销售通知单，客户确认单单独装订成册，且未加编号，难以查找对应的发票，建议在日后的凭证管理中，将销货通知单、发票、出库单及客户确认单均附于销售交易的凭证后，以更加直观地反映该笔收入确认的真实性。

需要与治理层沟通的事项：

无

表 10-2-3　　控制测试过程

被审计单位：________　　索引号：C2

项目：销售与收款循环控制测试　　财务报表截止日/期间：________

编制：________ 日期：________　　复核：________ 日期：________

抽样方法说明：

选取样本的方法：根据观察，我们拟测试的控制活动的控制频率为每日，选取样本数量为 5 笔。

测试内容：

测试 1：不相容职务已分开设置并得到执行

测试 2：记录的收入确实已发货（核对发票、出库单、销售台账 ）

测试 3：开具销售发票日期与出库单日期在同一期间

测试 4：销售发票金额与记账凭证金额相符

测试 5：做出正确的会计处理

测试过程与结果：

样本序号	交易日期	凭证编号	业务内容	交易金额	主要控制点执行情况的检查						
					〈1〉	〈2〉	〈3〉	〈4〉	〈5〉		
1	12.7	0022	销售新闻纸货款未收	3 500 000	√	√	√	√	√		
2	12.15	0054	销售新闻纸书写纸货款未收	9 180 000	√	√	√	√	√		
3	12.20	0068	销售新闻纸货款未收	9 160 000	√	√	√	√	√		
4	12.3	0008	销售书写纸货款未收	2 600 000	√	√	√	√	√		
5	12.16	0061	销售书写纸货款未收	4 160 000	√	√	√	√	√		

测试结论：经测试未发现关键点控制存在缺陷。

注册会计师应根据执行控制测试的结果，确定对相关控制的信赖程度，制订实质性程序的方案。

任务三 营业收入审计

【模拟操作】 编制相应审计工作底稿(见表 10-2-4)。

其中"第一部分 认定、审计目标和审计程序对应关系"是计划审计程序的一个指引与参考;"第二部分 计划实施的实质性程序"承上启下,是连接风险评估、控制测试工作底稿与实质性程序底稿的桥梁。

表 10-2-4　　营业收入实质性程序

被审计单位:________	索引号: SA
项目: 营业收入实质性程序	财务报表截止日/期间:________
编制:________ 日期:________	复核:________ 日期:________

第一部分 认定、审计目标和审计程序对应关系

一、审计目标与认定对应关系表

审计目标	财务报表认定					
	发生	完整性	准确性	截止	分类	列报
A 利润表中记录的营业收入已发生,且与被审计单位有关	√					
B 所有应当记录的营业收入均已记录		√				
C 与营业收入有关的金额及其他数据已恰当记录			√			
D 营业收入已记录于正确的会计期间				√		
E 营业收入已记录于恰当的账户					√	
F 营业收入已按照企业会计准则的规定在财务报表中做出恰当的列报						√

二、审计目标与审计程序对应关系表

审计目标	可供选择的审计程序	索引号
(一) 主营业务收入		
C	1. 获取或编制主营业务收入明细表: 复核加计是否正确,并与总账数和明细账合计数核对是否相符,结合其他业务收入科目与报表数核对是否相符	
ABC	2. 实质性分析程序(必要时):略	
ABCD	3. 检查主营业务收入的确认条件、方法是否符合企业会计准则,前后期是否一致	
C	4. 获取产品价格目录,抽查售价是否符合价格政策,并注意销售给关联方或关系密切的重要客户的产品价格是否合理,有无以低价或高价结算的方法,相互之间有无转移利润的现象	
ABCD	5. 抽取__张发货单,审查出库日期、品名、数量等是否与发票、销售合同、记账凭证等一致	
ACD	6. 抽取__笔销售交易,审查入账日期、品名、数量、单价、金额等是否与发票、发货单、销售合同等一致	
AC	7. 结合对应收账款的审计,选择主要客户函证本期销售额	

（续表）

审计目标	可供选择的审计程序	索引号
D	8.销售的截止测试： (1)关注三个日期：一是发票开具日期；二是记账日期；三是发货日期（或提供劳务日期）。检查三者是否归属于同一适当的会计期间是主营业务收入截止测试的关键。测试方法有以下三种：①以账簿记录为起点。抽查资产负债表日前后__天的账簿记录，追查至发票存根与装运单，以证实已入账收入是否在同一期间开具发票并发货，以确定销售是否存在跨期现象。②以销售发票为起点。抽查资产负债表日前后__天的发票存根，追查至装运单与账簿记录，以确定已开具发票的商品是否已发货并于同一会计期间确认收入。③以装运单为起点。抽查资产负债表日前后__天的装运单，追查至发票与账簿记录，以确定收入是否已记入恰当的会计期间。 (2)查阅销售合同，确定发货条款、了解运货条件（如交货地点）等，以确定转移商品所有权以及确认收入的合适时间。 (3)取得资产负债表日后所有的销售退回记录，检查是否提前确认收入。 (4)结合对资产负债表日应收账款的函证，检查有无未取得对方认可的大额销售	
A	9.存在销售退回的，检查手续是否符合规定，结合原始销售凭证检查其会计处理是否正确。结合存货项目审计关注其真实性	
C	10.销售折扣与折让：略	
（二）其他业务收入（略）		
F	11.检查营业收入是否在财务报表中做出恰当列报	

第二部分　计划实施的实质性程序

审计目标			财务报表认定					
			发生	完整性	准确性	截止	分类	列报
评估的重大错报风险水平（注 1）								
从控制测试获取的保证程度（注 2）								
需从实质性程序获取的保证程度								
计划实施的实质性程序（注 3）	索引号	执行人						
1.								
2.								
3.								
4.								
5.								
6.								
7.								
8.								

注：1.结果取自风险评估工作底稿；

2.结果取自该项目所属业务循环内部控制工作底稿；

3.在计划实施的实质性程序与财务报表认定之间的对应关系用“√”表示。

营业收入审定表

根据总账或发生额余额表填列

被审计单位：________ 索引号：________

项目：营业收入 财务报表截止日/期间：________

编制：________ 日期：________ 复核：________ 日期：________

项目类别	本期未审数	账项调整		本期审定数	上期审定数	索引号
		借方	贷方			
一、主营业务收入						
二、其他业务收入						
营业收入合计					426 125 000.00	
调整分录：						
内容	科目	金额	金额			

审计结论：

主营业务收入明细表

被审计单位：________	索引号：________
项目：主营业务收入明细表	财务报表截止日/期间：________
编制：______ 日期：______	复核：______ 日期：______

月份	主营业务收入明细项目					
	合计	新闻纸	书写纸	…		
1	略	略	略			
2	略	略	略			
3	略	略	略			
…	略	略	略			
11	略	略	略			
12						
合计						
上期数	略	略	略			
变动额	略	略	略			
变动比例	略	略	略			

审计说明：略。

主营业务收入截止测试

被审计单位：______	索引号：______
项目：主营业务收入截止测试	财务报表截止日/期间：______
编制：______日期：______	复核：______日期：______

从发货单到明细账

编号	发货单		发票内容					明细账				是否跨期√（×）
	日期	号码	日期	客户名称	货物名称	销售额	税额	日期	凭证号	主营业务收入	应交税金	
1												
2												

截止日前

截止日期:2010 年 12 月 31 日

截止日后

3												
4												

审计说明：

抽取样本数量为不少于 2 笔,检查发现跨期事项存在则扩大样本量进行审计。

主营业务收入截止测试

被审计单位：＿＿＿＿＿＿ 索引号：＿＿＿＿＿＿

项目：主营业务收入截止测试 财务报表截止日/期间：＿＿＿＿＿＿

编制：＿＿＿＿ 日期：＿＿＿＿ 复核：＿＿＿＿ 日期：＿＿＿＿

从发票到明细账

编号	发票内容					发货单		明细账				是否跨期√(×)
	日期	客户名称	货物名称	销售额	税额	日期	号码	日期	凭证号	主营业务收入	应交税金	
1												
2												

截止日前

截止日期:2010 年 12 月 31 日

截止日后

3												
4												

审计说明：

抽取样本数量为不少于 2 笔，若检查发现存在跨期事项，则扩大样本量进行审计。

提示：从销售发票备查联中选取样本。

主营业务收入截止测试

被审计单位：______________　　索引号：______________

项目：主营业务收入截止测试　　财务报表截止日/期间：______________

编制：________ 日期：________　　复核：________ 日期：________

从明细账到发货单

编号	明细账				发票内容					发货单		是否跨期√(×)
	日期	凭证号	主营业务收入	应交税金	日期	客户名称	货物名称	销售额	税额	日期	号码	
1												
2												

截止日前

截止日期:2010 年 12 月 31 日

截止日后

3											
4											

审计说明：

抽取样本数量为不少于____笔，若检查发现存在跨期事项，则扩大样本量进行审计。

任务四　应收账款审计

【模拟操作】 编制相应审计工作底稿(见表10-2-5)。

表10-2-5　　应收账款实质性程序

第一部分　认定、审计目标和审计程序对应关系

一、审计目标与认定对应关系表

审计目标	财务报表认定				
	存在	完整性	权利和义务	计价和分摊	列报
A资产负债表中记录的应收账款是存在的	√				
B所有应当记录的应收账款均已记录		√			
C记录的应收账款由被审计单位拥有或控制			√		
D应收账款以恰当的金额包括在财务报表中,与之相关的计价调整已恰当记录				√	
E应收账款已按照企业会计准则的规定在财务报表中做出恰当列报					√

二、审计目标与审计程序对应关系表

审计目标	可供选择的审计程序	索引号
D	1.获取或编制应收账款明细表: (1)复核加计是否正确,并与总账数和明细账合计数核对是否相符;结合坏账准备科目与报表数核对是否相符; (2)分析有贷方余额的项目,查明原因,必要时,作重分类调整	
ABD	2.检查涉及应收账款的相关财务指标: (1)复核应收账款借方累计发生额与主营业务收入是否配比,如存在差异应查明原因; (2)计算应收账款周转率、应收账款周转天数等指标,并与被审计单位以前年度指标、同行业同期相关指标对比分析,检查是否存在重大异常	
D	3.获取或编制应收账款账龄分析表(目的:了解应收账款的可收回性): (1)测试计算的准确性,将加总数与应收账款总分类账余额相比较; (2)检查原始凭证,如销售发票、运输记录等,测试账龄核算的准确性; (3)请被审计单位协助,在应收账款明细表上标出至审计时已收回的应收账款金额,对已收回金额较大的款项进行常规检查,如核对收款凭证、银行对账单、销货发票等,并注意凭证发生日期的合理性,分析收款时间是否与合同相关要素一致	

（续表）

审计目标	可供选择的审计程序	索引号
ACD	4. 对应收账款进行函证（目的：证实应收账款账户余额的存在等）： 注：①除非有充分证据表明应收账款对财务报表不重要或函证很可能无效（如注册会计师可能基于以前年度的审计经验，认为被询证者很可能不回函或即使回函也不可信），否则，应对应收账款进行函证。如果不对应收账款进行函证，应在工作底稿中说明理由。如果认为函证很可能无效，应当实施替代审计程序。②通常以资产负债表日为截止日，在资产负债表日后适当时间内实施函证。 （1）选取函证项目一般应选择大额或账龄较长的项目、与债务人发生纠纷的项目、关联方项目、主要客户（包括关系密切的客户）、可能产生重大错误或舞弊的非正常的项目。 （2）对函证实施过程进行控制：核对询证函是否由注册会计师直接收发；被询证者以传真、电子邮件等方式回函的，应要求被询证者寄回询证函原件；如果未能收到积极式函证回函，应当考虑与被询证者联系，要求对方做出回应或再次寄发询证函。 （3）编制“应收账款函证结果汇总表”，对函证结果进行评价。核对回函内容与被审计单位账面记录是否一致，如不一致，分析不符事项的原因，检查销售合同、发运单等相关原始单据，分析被审计单位对于回函与账面记录之间差异的解释是否合理，并检查支持性凭证	
A	5. 对未函证应收账款实施替代审计程序： 抽查有关原始凭据，如销售合同、销售订单、销售发票副本、发运凭证及回款单据等；实施期后收款测试，以验证与其相关的应收账款的真实性	
A	6. 抽查有无不属于结算业务的债权：抽查应收账款明细账，并追查至有关原始凭证，查证被审计单位有无不属于结算业务的债权。如有，应建议被审计单位作适当调整	
D	7. 评价坏账准备计提的适当性： （1）取得或编制坏账准备计算表，复核加计正确，与坏账准备总账数、明细账合计数核对相符。核对坏账准备本期计提数与资产减值损失相应明细项目的发生额是否相符。 （2）复核应收账款坏账准备是否按经股东（大）会或董事会批准的方法和比例提取，其计算和会计处理是否正确。 （3）从账龄分析表中，选取金额大于________的账户，逾期超过____天账户，测试其期后收款情况。确定其可收回性，测算坏账准备计提是否正确、充分。 （4）实际发生坏账损失的，检查转销依据是否符合有关规定，会计处理是否正确。 （5）已经确认并转销的坏账重新收回的，检查其会计处理是否正确	
D	8. 检查应收账款中是否存在债务人破产或者死亡，以其破产财产或者遗产清偿后是否仍无法收回，或者债务人是否有长期未履行偿债义务的情况。如果是，应提请被审计单位处理	
C	9. 检查银行存款和银行贷款等询证函的回函、会议纪要、借款协议和其他文件，确定应收账款是否已被质押或出售	
E	10. 检查应收账款是否在财务报表中做出恰当列报	

第二部分 计划实施的实质性程序（略）

应收账款审定表

被审计单位：________　　索引号：________

项目：应收账款________　　财务报表截止日/期间：________

编制：______日期：______　　复核：______日期：______

项目名称	期末未审数	账项调整		重分类调整		期末审定数	上期末审定数	索引号
		借方	贷方	借方	贷方			
应收账款账面余额								
坏账准备								
账面价值								
调整分录：								
内容	科目	金额	金额	金额	金额			

审计结论：

应收账款明细表

被审计单位：________　　索引号：________
项目：应收账款明细表　　财务报表截止日/期间：________
编制：________ 日期：________　　复核：________ 日期：________

项目名称	期末未审数					账项调整		重分类调整		期末审定数				
	合计	1年以内	1年至2年	2年至3年	3年以上	借方	贷方	借方	贷方	合计	1年以内	1年至2年	2年至3年	3年以上
合　计														

审计说明：

提示：若单列账龄分析表，则不将贷方余额列入。

索引号：________

应收账款询证函

编号：001

________公司：

本公司聘请的________会计师事务所正在对本公司________年度财务报表进行审计，按照中国注册会计师审计准则的要求，应当询证本公司与贵公司的往来账项等事项。下列信息出自本公司账簿记录，如与贵公司记录相符，请在本函下端"信息证明无误"处签章证明；如有不符，请在"信息不符"处列明不符项目。如存在与本公司有关的未列入本函的其他项目，也请在"信息不符"处列出这些项目的金额及详细资料。回函请直接寄至________会计师事务所。

回函地址：　　　　　　　　　　　　　　　　　　　　　　邮编：

电话：　　　　　　　　　　传真：　　　　　　　　　　联系人：

1. 本公司与贵公司的往来账项列示如下：

单位：元

截止日期	贵公司欠	欠贵公司	备　注

2. 其他事项：

本函仅为复核账目之用，并非催款结算。若款项在上述日期之后已经付清，仍请及时函复为盼。

（公司盖章）

年　月　日

结论：

1. 信息证明无误。 （公司盖章） 年　月　日 经办人：	2. 信息不符，请列明不符项目及具体内容。 （公司盖章） 年　月　日 经办人：

思考：这是哪种方式的询证函？

索引号：________

应收账款询证函

编号：002

________公司：

本公司聘请的________会计师事务所正在对本公司________年度财务报表进行审计，按照中国注册会计师审计准则的要求，应当询证本公司与贵公司的往来账项等事项。下列信息出自本公司账簿记录，如与贵公司记录相符，则无须回复；如有不符，请直接通知会计师事务所，并请在空白处列明贵公司认为是正确的信息。回函请直接寄至________会计师事务所。

回函地址： 邮编：

电话： 传真： 联系人：

1.本公司与贵公司的往来账项列示如下：

截止日期	贵公司欠	欠贵公司	备注

2.其他事项：

本函仅为复核账目之用，并非催款结算。若款项在上述日期之后已经付清，仍请及时函复为盼。

(公司盖章)

年 月 日

________会计师事务所：

上面的信息不正确，差异如下：

(公司盖章)

年 月 日

经办人：

思考：这是哪种方式的询证函？

提示：可以根据函证样本的选择情况，自行复制询证函。

应收账款函证结果汇总表

被审计单位：________　　索引号：________

项目：应收账款函证结果汇总表　　财务报表截止日/期间：________

编制：______日期：______　　复核：______日期：______

项目 单位名称	询函编号	函证方式	函证日期		回函日期	账面金额	回函金额	经调节后是否存在差异	调节表索引号
			第一次	第二次					

审计说明：

应收账款函证结果调节表

被审计单位：________________　　索引号：________________

项目：应收账款函证结果调节表　　财务报表截止日/期间：________________

编制：________日期：________　　复核：________日期：________

被询证单位：________________

回函日期：________________

金额

1.被询证单位回函余额　________________

2.减:被询证单位已记录项目

序号	日期	摘要(运输途中、存在争议的项目等)	凭证号	金　额
1				
2				
3				
合计				

3.加:被审计单位已记录项目

序号	日期	摘要(运输途中、存在争议的项目等)	凭证号	金　额
1				
合计				

4.调节后金额　________________

5.被审计单位账面金额　________________

6.调节后是否存在差异,差异金额　________________

审计说明：

提示：可以根据函证执行情况,自行复制函证结果调节表。

明细账单位名称

应收账款替代测试表

被审计单位：______	索引号：______
项目：应收账款——(　　)替代测试表	财务报表截止日/期间：______
编制：______ 日期：______	复核：______ 日期：______

一、期初余额

二、借方发生额

入账金额				检查内容(用"√"、"×"表示)			
序号	日期	凭证号	金额	①	②	③	④
小计							

全年借方发生额合计

测试金额占全年借方发生额的比例

三、贷方发生额

入账金额				检查内容(用"√"、"×"表示)			
序号	日期	凭证号	金额	①	②	③	④
小计							

全年贷方发生额合计

测试金额占全年贷方发生额的比例

四、期末余额

五、期后收款检查

检查内容说明：①原始凭证是否齐全；②记账凭证与原始凭证是否相符；③账务处理是否正确；④是否记录于恰当的会计期间；⑤……

审计说明：

提示：可以根据函证执行情况，自行复制替代测试表。

应收账款坏账准备计算表

被审计单位：________________　　索引号：________________

项目：应收账款坏账准备计算表　　财务报表截止日/期间：________________

编制：__________日期：__________　　复核：__________日期：__________

计算过程					索引号
一、坏账准备本期期末应有金额①＝②＋③				①	
1.个别认定法 坏账准备应有余额					
单位名称	应收金额	计提比例	坏账准备应有金额		
合计				②	
2.余额百分比法 坏账准备应有余额					

项目	账龄	应收账款余额※	计提比例	坏账准备应有余额		
合计					③	
二、坏账准备上期审定数					④	
三、坏账准备本期转出(核销)金额						

单位名称	金额		
合　计		⑤	
四、计算坏账准备本期全部应计提金额⑥＝①－④＋⑤		⑥	

账面计提坏账准备金额		⑦	
坏账准备计提差异⑧＝⑥－⑦		⑧	

审计说明：

实训

一、判断题

1. 无论被审计单位采用何种方式销售商品，注册会计师都不应认可其在没有收到货款的情况下确认主营业务收入。 （ ）

2. 注册会计师应当对应收账款实施函证，除非有充分证据表明应收账款对财务报表不重要，或函证很可能无效。 （ ）

3. 分析应收账款的账龄，可以了解应收账款的可收回性，但无助于确定坏账准备计提是否充分。 （ ）

4. 对主营业务收入实施截止测试，其目的主要在于确定主营业务收入的会计记录归属期是否正确。 （ ）

5. 应收账款的询证函应由被审计单位签章和寄发。 （ ）

二、单项选择题

1. 应收账款函证的时间通常为（ ）。

A. 被审计年度期初　　B. 被审计年度期中

C. 与资产负债表日接近的时间　　D. 在资产负债表日后适当时间

2. 若在主营业务收入总账、明细账中登记并未发生的销售，存在错报的管理层认定是（ ）。

A."发生"　B."完整性"　C."权利和义务"　D."分类"

3. 注册会计师执行应收账款函证程序的主要目的是（ ）。

A. 符合专业标准的要求　　B. 确定应收账款能否收回

C. 确定应收账款的存在性　　D. 判定坏账损失是否适当

4. 审查应收账款最重要的实质性程序应是（ ）。

A. 函证　B. 询问　C. 观察　D. 重新执行

5. 应收账款询证函的签章者应当是（ ）。

A. 客户　B. 会计师事务所　C. 注册会计师　D. 客户的律师

三、多项选择题

1. 如果应收账款账龄分析表是由客户提供的，注册会计师应（ ）。

A. 弃之不用，重新独立编制

B. 复核其中的计算是否有误

C. 将分析表中的合计数与应收账款总账的余额相核对

D. 从分析表所列项目中抽出样本与应收账款明细账余额相核对

2. 关于应收账款函证的询证函的回收下列不正确的是（ ）。

A. 直接寄给客户

B. 直接寄给会计师事务所

C. 寄给客户或会计师事务所均可

D. 直接寄给客户，由客户转交会计师事务所

3. 下列是注册会计师应选择的作为应收账款的函证对象的有(　　)。

A. 账龄较长的项目　　B. 重大关联方交易

C. 可能存在争议的交易　　D. 金额较大的项目

4. 实施销售截止测试的三种方法是(　　)。

A. 以账簿记录为起点,追查至发票存根与装运单

B. 以销售发票为起点,追查至装运单与账簿记录

C. 以装运单为起点,追查至发票开具情况与账簿记录

D. 以顾客订单为起点,追查至装运单

5. 注册会计师可实施应收账款函证的替代程序有(　　)。

A. 检查销售合同、顾客订单、销售发票及装运单等记录与文件

B. 检查应收账款日后收款的记录与凭证,如银行进账单

C. 检查被审计单位与客户之间的函电记录

D. 询问应收账款记账人员

四、案例分析题

1. 在对 ABC 公司 2012 年度财务报表审计中,注册会计师了解和测试了与应收账款相关的内部控制,将控制风险评估为高水平;取得了 2012 年 12 月 31 日的应收账款明细表,并于 2013 年 1 月 15 日采用积极式函证方式对所有重要客户寄发了询证函。部分函证结果见表 10-2-6。

10-2-6　　**与函证结果相关的重要异常情况汇总表**

异常情况	函证编号	客户名称	询证金额(元)	回函日期	回函内容
(1)	22	甲公司	300 000	2013 年 1 月 22 日	购买 Y 公司 300 000 元货物属实,但款项已于 2012 年 12 月 25 日用支票支付
(2)	56	乙公司	500 000	2013 年 1 月 19 日	因产品质量不符合要求,根据购货合同,于 2012 年 12 月 28 日将货物退回
(3)	64	丙公司	800 000	2013 年 1 月 17 日	大体一致
(4)	82	丁公司	550 000	2013 年 1 月 21 日	贵公司 12 月 30 日的第 585 号发票(金额为 550 000 元)系目的地交货,本公司收货日期为 2013 年 1 月 6 日,因此询证函所称 12 月 31 日欠贵公司账款之事与事实不符
(5)	134	戊公司	600 000	因地址错误,被邮局退回	—
(6)	161	己公司	580 000	2013 年 1 月 20 日	本公司会计处理系统无法复核贵公司的对账单

讨论:

注册会计师针对顾客复函中提出的意见,应当如何应对?

2. ABC 公司 2012 年 12 月 15 日向 A 企业售出一批商品,开出的增值税专用发票上注明价款 100 万元,增值税税额为 17 万元,该批商品成本 80 万元,12 月 15 日发出商品,

并于当天收到全部价税款。协议约定A企业于2013年3月15日前有权退回商品。ABC公司无法合理估计该批商品的退货率。2012年12月15日发出商品时该公司会计处理如下：

借：银行存款　　1 170 000

　贷：主营业务收入　　1 000 000

　　应交税费——应交增值税(销项税额)　　170 000

借：主营业务成本　　800 000

　贷：库存商品　　800 000

请问：

你能否同意该公司的做法，说明理由。如果不同意，请编制审计调整分录。

3. ABC公司2012年12月31日的资产负债表"应收账款"数额为1 584 000元，应收账款总账余额1 600 000元，坏账准备相应明细账余额16 000元。应收账款Z公司明细账有贷方余额180 000元，经查系Z公司的预付货款，尚未履行供货合同。该公司按应收账款余额的1%计提坏账准备。

请问：

资产负债表"应收账款"项目列报是否正确，说明理由。如果不正确，请编制审计调整分录。

项目三　采购与付款循环审计[①]

情景五

一、2010年12月份应付账款总账、部分明细账

应付账款总账

页号：1-1

本币名称：人民币

科目：应付账款(2202)

2010年		凭证号	摘要	借方	贷方	方向	余额
月	日						
			期初余额			贷	700 200.43
12			当前合计	3 055 640.43	7 714 570.00	贷	5 359 130.00
12			当前累计	4 711 152.46	9 604 321.05		
			结转下年			贷	5 359 130.00

核算单位：长春平安纸业有限责任公司　　制表：张佩瑶　　打印日期：2010.12.31

① 有关材料采购的账户信息及审计工作底稿置于项目四生产与仓储循环审计。

应付账款明细账　　页号:1-1

月份:2010.12　　本币名称:人民币

科目:应付账款/捷诺化工(220201)

2010年		凭证号	摘要	借方	贷方	方向	余额
月	日						
			期初余额			贷	177 890.87
12	01	记-0003	支付前欠材料款	170 000.00		贷	7 890.87
12	08	记-0027	采购助剂货款未付		456 300.00	贷	464 190.87
12	12	记-0048	支付前欠材料款	7 890.87		贷	456 300.00
			当前合计	177 890.87	456 300.00	贷	456 300.00
			当前累计	502 177.87	858 477.00	贷	456 300.00
			结转下年			贷	456 300.00

核算单位:长春平安纸业有限责任公司　　制表:张佩瑶　　打印日期:2010.12.31

应付账款明细账　　页号:1-1

月份:2010.12　　本币名称:人民币

科目:应付账款/美拉纸浆(220202)

2010年		凭证号	摘要	借方	贷方	方向	余额
月	日						
			期初余额			贷	48 830.94
12	05	记-0015	采购草浆木浆货款未付		4 212 000.00	贷	4 260 830.94
12	06	记-0019	预付材料款	48 830.94		贷	4 212 000.00
12	13	记-0049	采购废纸浆货款未付		380 250.00	贷	4 592 250.00
			当前合计	48 830.94	4 592 250.00	贷	4 592 250.00
			当前累计	369 430.94	4 862 850.00	贷	4 592 250.00
			结转下年			贷	4 592 250.00

核算单位:长春平安纸业有限责任公司　　制表:张佩瑶　　打印日期:2010.12.31

二、2010年12月份其余应付账款明细账信息

科目编码	明细科目	月初余额	借方发生额	贷方发生额	月末余额
220203	应付账款/诚信商贸	18 370.95	18 370.95	356 680.00	356 680.00
220204	应付账款/吉恩化工	196 696.07	2 514 936.07	318 240.00	(2 000 000.00)
220205	应付账款/汇锐胶业	55 880.00	55 880.00	912 600.00	912 600.00
220206	应付账款/辉鹏纸业	156 800.00	156 800.00	1 041 300.00	1 041 300.00
220207	应付账款/准通物流	45 731.60	82 931.60	37 200.00	0.00

注:()表示负值余额。

三、2010年12月部分相关记账凭证、原始凭证

记 账 凭 证

赵书晗

记 字 0015　　制单日期：2010.12.05　　附单据数：1

摘要	科目名称	借方金额	贷方金额
采购草浆木浆货款未付	材料采购/草浆	125000000	
采购草浆木浆货款未付	材料采购/木浆	235000000	
采购草浆木浆货款未付	应交税费/应交增值税/进项税额	61200000	
采购草浆木浆货款未付	应付账款/美拉纸浆		421200000
票号 - 日期	数量 单价	合计 421200000	421200000
备注	项目 客户	部门 业务员	个人

记账 张佩瑶　　审核 高云童　　出纳　　制单 杜思淼

青岛增值税专用发票

3700227764　　№ 01927602

发 票 联

开票日期：2010年12月5日

购货单位	名称：长春平安纸业有限责任公司 纳税人识别号：220102123456789 地址、电话：长春市高新区浦东路0001号 0431-89123888 开户行及账号：工行吉林省分行自由支行2200881208080019999	密码区	>72-78-5>11*522197235 3>6*>1068<7953>*2/*-0 228502<-26>4*40*>><31 49472547*738>547>>>8*	加密版本：01 1300051372 02995637

货物或应税劳务名称	规格型号	单位	数量	单价	金额	税率	税额
草浆		吨	500	2,500.00	1,250,000.00	17%	212,500.00
木浆		吨	500	4,700.00	2,350,000.00	17%	399,500.00
合计					￥3,600,000.00		￥612,000.00
价税合计（大写）	⊗肆佰贰拾壹万贰仟 元整				（小写）￥4,212,000.00		

销货单位	名称：青岛市美拉纸浆有限公司 纳税人识别号：3702001127986556 地址、电话：青岛市经开区飞跃路1340号0532-88653232 开户行及账号：工行青岛开发区支行0097190098620010090	备注	

收款人：　　复核：　　开票人：张新锐　　销货单位：（章）

国税函[2009]649号 北京印钞厂

第三联 发票联 购货方记账凭证

全国统一发票监制章 青岛 国家税务总局监制

记账凭证

赵书晗

记 字 0019　　制单日期：2010.12.06　　附单据数：1

摘要	科目名称	借方金额	贷方金额
预付材料款	应付账款/美拉纸浆	4883094	
预付材料款	银行存款/工商银行		4883094
票号 3 -00066441 日期 2010.12.06	数量 单价　合计	4883094	4883094

备注　项 目　　部 门　　个 人
　　　客 户　　业务员

记账 张佩瑶　　审核 高云童　　出纳 张佳宁　　制单 杜思淼

中国工商银行
转账支票存根

V Ⅱ 00066441

附加信息：

出票日期：2010年12月6日

收款人：青岛市美拉纸浆有限公司
金额：48 830.94
用途：预付材料款

单位主管：赵书晗　会计：杜思淼

记账凭证

赵书晗

记 字 0027　　制单日期: 2010.12.08　　附单据数: 1

摘要	科目名称	借方金额	贷方金额
采购助剂货款未付	材料采购/助剂	39000000	
采购助剂货款未付	应交税费/应交增值税/进项税额	6630000	
采购助剂货款未付	应付账款/捷诺化工		45630000
票号 - 日期	数量 500.00000吨 单价 780.00000	合计 45630000	45630000
备注	项目 客户	部门 业务员	个人

记账 张佩瑶　　审核 高云童　　出纳　　制单 杜思淼

上海增值税专用发票

1200101170　　全国统一发票监制章 上海 国家税务总局监制　　№ 81927902

发票联

开票日期:2010年12月8日

国税函[2009]649号 北京印钞厂

购货单位	名称: 长春平安纸业有限责任公司 纳税人识别号: 220102123456789 地址、电话: 长春市高新区浦东路0001号 0431-89123888 开户行及账号: 工行吉林省分行自由支行220088120808001999
密码区	15>2351*522197>72-78- 3>6*>1068<7953>*2/*-0 228502<-26>4*40*>><31 78*438>547>>>9472547*
加密版本: 01	1300051372 02995637

货物或应税劳务名称	规格型号	单位	数量	单价	金额	税率	税额
助剂		吨	500	780.00	390,000.00	17%	66,300.00
合计					¥390,000.00		¥66,300.00
价税合计（大写）	⊗肆拾伍万陆仟叁佰 元整				(小写) ¥456,300.00		

销货单位	名称: 上海市捷诺化工有限责任公司 纳税人识别号: 1200089708630091 地址、电话: 上海市浦东区环城路762号 021-84567346 开户行及账号: 建行上海分行浦东支行1200000008089871123
备注	

收款人:　　复核:　　开票人: 李鹏　　销货单位: (章)

第三联 发票联 购货方记账凭证

记账凭证

赵书晗

记 字 0048　　制单日期：2010.12.12　　附单据数：1

摘要	科目名称	借方金额	贷方金额
支付前欠材料款	应付账款/捷诺化工	789087	
支付前欠材料款	银行存款/工商银行		789087
票号 3 -00066452 日期 2010.12.12	数量 单价　合 计	789087	789087

备注　项 目　部 门　个 人
　　　客 户　业务员

记账 张佩瑶　审核 高云童　出纳 张佳宁　制单 杜思淼

中国工商银行
转账支票存根

V II 00066452

附加信息：

出票日期：2010年12月12日

收款人：上海市捷诺化工有限责任公司
金额：7 890.87
用途：支付前欠材料款

单位主管：赵书晗　会计：杜思淼

记账凭证

赵书晗

记 字 0049　　制单日期：2010.12.13　　附单据数：1

摘要	科目名称	借方金额	贷方金额
采购废纸浆货款未付	材料采购/废纸浆	32500000	
采购废纸浆货款未付	应交税费/应交增值税/进项税额	5525000	
采购废纸浆货款未付	应付账款/美拉纸浆		38025000
票号 - 日期　数量 500.00000吨 单价 650.00000	合计	38025000	38025000
备注 项目 客户	部门 业务员	个人	

记账 张佩瑶　　审核 高云童　　出纳　　制单 杜思淼

青岛增值税专用发票

3702101170　　№ 00527525

发 票 联

开票日期：2010年12月13日

购货单位	名称：长春平安纸业有限责任公司 纳税人识别号：220102123456789 地址、电话：长春市高新区浦东路0001号 0431－89123888 开户行及账号：工行吉林省分行自由支行2200881208080019999			密码区	>2311*522197>72-78-55 3>6*>1068<7953>*2/*-0 228502<-26>4*40*>><31 78438>547>>>9472547**	加密版本：01 1300051372 02995637	
货物或应税劳务名称	规格型号	单位	数量	单价	金额	税率	税额
废纸浆		吨	500	650.00	325,000.00	17%	55,250.00
合计					¥325,000.00		¥55,250.00
价税合计（大写）	⊗叁拾捌万零贰佰伍拾 元整				（小写）¥380,250.00		
销货单位	名称：青岛市美拉纸浆有限公司 纳税人识别号：370200112798656 地址、电话：青岛市经开区飞跃路1340号0532-88653232 开户行及账号：工行青岛开发区支行0097190098620010090			备注			

收款人：　　复核：　　开票人：王海臣　　销货单位：（章）

国税函[2009]649号 北京印钞厂

第三联 发票联 购货方记账凭证

四、2010 年 12 月材料仓库入库单(部分)

收料单

2010 年 12 月 7 日　　　　编码:12005

<table>
<tr><td rowspan="2">材料编号</td><td rowspan="2">材料名称</td><td rowspan="2">规格</td><td rowspan="2">材质</td><td rowspan="2">单位</td><td colspan="2">数量</td><td rowspan="2">实际单价</td><td rowspan="2">材料金额</td><td rowspan="2">运费</td><td rowspan="2">(合计)
材料实际成本</td></tr>
<tr><td>发票</td><td>实收</td></tr>
<tr><td>103</td><td>木浆</td><td></td><td></td><td>吨</td><td>500</td><td>500</td><td>4 700.00</td><td>2 350 000.00</td><td>9 300.00</td><td>2 359 300.00</td></tr>
<tr><td>供货单位</td><td colspan="3">美拉纸浆公司</td><td colspan="2">合同号</td><td colspan="2"></td><td>计划单价</td><td colspan="2">材料/计划成本</td></tr>
<tr><td>备注</td><td colspan="7">发票号 01927602</td><td>4 200.00</td><td colspan="2">2 100 000.00</td></tr>
</table>

①仓库存根联

主管:赵丹　　质量检验员:赵卓　　仓库验收:王洪峰　　经办人:

收料单

2010 年 12 月 7 日　　　　编码:12006

<table>
<tr><td rowspan="2">材料编号</td><td rowspan="2">材料名称</td><td rowspan="2">规格</td><td rowspan="2">材质</td><td rowspan="2">单位</td><td colspan="2">数量</td><td rowspan="2">实际单价</td><td rowspan="2">材料金额</td><td rowspan="2">运费</td><td rowspan="2">(合计)
材料实际成本</td></tr>
<tr><td>发票</td><td>实收</td></tr>
<tr><td>101</td><td>草浆</td><td></td><td></td><td>吨</td><td>500</td><td>500</td><td>2 500.00</td><td>1 250 000.00</td><td>9 300.00</td><td>1 259 300.00</td></tr>
<tr><td>供货单位</td><td colspan="3">美拉纸浆公司</td><td colspan="2">合同号</td><td colspan="2"></td><td>计划单价</td><td colspan="2">材料/计划成本</td></tr>
<tr><td>备注</td><td colspan="7">发票号 01927602</td><td>2 300.00</td><td colspan="2">1 150 000.00</td></tr>
</table>

①仓库存根联

主管:赵丹　　质量检验员:赵卓　　仓库验收:王洪峰　　经办人:

收料单

2010 年 12 月 10 日　　　　编码:12007

<table>
<tr><td rowspan="2">材料编号</td><td rowspan="2">材料名称</td><td rowspan="2">规格</td><td rowspan="2">材质</td><td rowspan="2">单位</td><td colspan="2">数量</td><td rowspan="2">实际单价</td><td rowspan="2">材料金额</td><td rowspan="2">运费</td><td rowspan="2">(合计)
材料实际成本</td></tr>
<tr><td>发票</td><td>实收</td></tr>
<tr><td>104</td><td>助剂</td><td></td><td></td><td>吨</td><td>500</td><td>500</td><td>780.00</td><td>390 000.00</td><td>0.00</td><td>390 000.00</td></tr>
<tr><td>供货单位</td><td colspan="3">捷诺化工公司</td><td colspan="2">合同号</td><td colspan="2"></td><td>计划单价</td><td colspan="2">材料/计划成本</td></tr>
<tr><td>备注</td><td colspan="7">发票号 81927902</td><td>730.00</td><td colspan="2">365 000.00</td></tr>
</table>

①仓库存根联

主管:赵丹　　质量检验员:赵卓　　仓库验收:王洪峰　　经办人:

情景六

一、2010年部分财务报表附注

……

二、会计政策与会计估计

6.固定资产

固定资产从达到预定可使用状态的次月起，采用年限平均法在使用寿命内计提折旧。

……

四、重要报表项目的说明

4.固定资产

……

注1：本期无抵押的固定资产。

注2：本期无经营租出的固定资产。

……

11.长期借款：

项目	期末数	期初数
抵押借款	无	无
保证借款	无	无
信用借款	12 000 000.00	7 000 000.00

二、总账(2010年12月)

固定资产总账

科目：固定资产(1601)

2010年		凭证号	摘要	借方	贷方	方向	余额
月	日						
12	1		期初余额			借	31 826 680.00
12			本月合计	0.00	0.00	借	31 826 680.00
12			本年累计	0.00	0.00		

累计折旧总账

科目：累计折旧(1602)

2010年		凭证号	摘要	借方	贷方	方向	余额
月	日						
12	1		期初余额			贷	7 275 363.60
12			本月合计	0.00	191 394.70	贷	7 466 758.30
12			本年累计	0.00	2 296 736.40		

三、明细账(2010年12月)

注：12月无发生额的“固定资产”明细账略。

累计折旧明细账

科目:累计折旧/房屋及建筑物(160201)

2010年		凭证号	摘要	借方	贷方	方向	余额
月	日						
12	1		期初余额			贷	1 789 281.60
12	29	记-0091	计提折旧		37 276.70	贷	1 826 558.30
12			本月合计	0.00	37 276.70	贷	1 826 558.30
12			本年累计	0.00	447 320.40		

累计折旧明细账

科目:累计折旧/机器设备(160202)

2010年		凭证号	摘要	借方	贷方	方向	余额
月	日						
12	1		期初余额			贷	4 110 912.00
12	29	记-0091	计提折旧		105 408.00	贷	4 216 320.00
12			本月合计	0.00	105 408.00	贷	4 216 320.00
12			本年累计	0.00	1 264 896.00		

累计折旧明细账

科目:累计折旧/办公设备(160203)

2010年		凭证号	摘要	借方	贷方	方向	余额
月	日						
12	1		期初余额			贷	775 170.00
12	29	记-0091	计提折旧		28 710.00	贷	803 880.00
12			本月合计	0.00	28 710.00	贷	803 880.00
12			本年累计	0.00	344 520.00		

累计折旧明细账

科目:累计折旧/交通设备(160204)

2010年		凭证号	摘要	借方	贷方	方向	余额
月	日						
12	1		期初余额			贷	600 000.00
12	29	记-0091	计提折旧		20 000.00	贷	620 000.00
12			本月合计	0.00	20 000.00	贷	620 000.00
12			本年累计	0.00	240 000.00		

制造费用——新闻纸车间明细账

月份:2010.12

2010年		凭证号	摘要	借方			
月	日			合计	略	折旧费	略
略	略	略	略	略	略	略	略
12	29	记-0091	计提固定资产折旧	74 882.00		74 882.00	
略	略	略	略	略	略	略	略
12			本月合计	11 020 752.00		74 882.00	
12			本年累计	110 917 674.14		898 584.00	

制造费用——书写纸车间明细账

月份:2010.12

2010年		凭证号	摘要	借方			
月	日			合计	略	折旧费	略
略	略	略	略	略	略	略	略
12	29	记-0091	计提固定资产折旧	77 126.00		77 126.00	
略	略	略	略	略	略	略	略
12			本月合计	10 719 331.00		77 126.00	
12			本年累计	107 625 735.27		925 512.00	

管理费用——公司经费明细账

月份:2010.12

2010年		凭证号	摘要	借方			
月	日			合计	略	折旧费	略
略	略	略	略	略	略	略	略
12	29	记-0091	计提固定资产折旧	39 386.70		39 386.70	
略	略	略	略	略	略	略	略
12			本月合计	1 066 358.43		39 386.70	
12			本年累计	12 746 284.65		472 640.40	

四、记账凭证及原始凭证(2010.12)

记账凭证

赵书晗

记 字 0091 - 0001/0002 制单日期: 2010.12.29 附单据数: 1

摘要	科目名称	借方金额	贷方金额
计提固定资产折旧	制造费用/新闻纸车间/折旧费	7488200	
计提固定资产折旧	制造费用/书写纸车间/折旧费	7712600	
计提固定资产折旧	管理费用/公司经费/折旧费	3938670	
计提固定资产折旧	累计折旧/房屋及建筑物		3727670
计提固定资产折旧	累计折旧/机器设备		10540800
票号 - 日期	数量 单价 合计	19139470	19139470

备注 项 目 部 门 个 人
客 户 业务员

记账 张佩瑶 审核 高云童 出纳 制单 杜思淼

记账凭证

赵书晗

记 字 0091 - 0002/0002 制单日期: 2010.12.29 附单据数: 1

摘要	科目名称	借方金额	贷方金额
计提固定资产折旧	累计折旧/办公设备		2871000
计提固定资产折旧	累计折旧/交通设备		2000000
…			
票号 - 日期	数量 单价 合计	19139470	19139470

备注 项 目 部 门 个 人
客 户 业务员

记账 张佩瑶 审核 高云童 出纳 制单 杜思淼

固定资产折旧提取表

2010 年 12 月

部门	类别 \ 项目	月初应提折旧固定资产原值	折旧	
			月折旧率	月折旧额
新闻纸车间	房屋及建筑物	6 100 000.00	0.2500%	15 250.00
	机器设备	6 629 000.00	0.8000%	53 032.00
	办公设备	400 000.00	1.6500%	6 600.00
	小计	13 129 000.00		74 882.00
书写纸车间	房屋及建筑物	6 600 000.00	0.2500%	16 500.00
	机器设备	6 547 000.00	0.8000%	52 376.00
	办公设备	500 000.00	1.6500%	8 250.00
	小计	13 647 000.00		77 126.00
公司综合部门	房屋及建筑物	2 210 680.00	0.2500%	5 526.70
	办公设备	840 000.00	1.6500%	13 860.00
	交通设备	2 000 000.00	1.0000%	20 000.00
	小计	5 050 680.00		39 386.70
合计	房屋及建筑物	14 910 680.00	0.2500%	37 276.70
	机器设备	13 176 000.00	0.8000%	105 408.00
	办公设备	1 740 000.00	1.6500%	28 710.00
	交通设备	2 000 000.00	1.0000%	20 000.00
合计		31 826 680.00		191 394.70

五、其他相关资料

1. **2010 年 12 月 31 日固定资产明细表**

名称	单位	数量	原值(元)	预计使用寿命(年)	预计净残值率%	已使用年限(月)	使用部门
房屋及建筑物							
办公楼	栋	1	2 010 680.00	30	10	49	综合部门
厂房一	座	1	6 100 000.00	30	10	49	新闻纸车间
厂房二	座	1	6 600 000.00	30	10	49	书写纸车间
库房(材料)	座	1	100 000.00	30	10	49	综合部门
库房(产品)	座	1	100 000.00	30	10	49	综合部门
机器设备							
高频疏散机	台	2	1 158 000.00	10	4	40	新闻纸车间
		2	1 158 000.00	10	4	40	书写纸车间

（续表）

名称	单位	数量	原值(元)	预计使用寿命(年)	预计净残值率%	已使用年限(月)	使用部门
离心筛	台	4	19 100.00	10	4	40	新闻纸车间
		4	19 100.00	10	4	40	书写纸车间
烘缸	台	5	569 000.00	10	4	40	新闻纸车间
		5	569 000.00	10	4	40	书写纸车间
抄纸网笼	台	3	55 100.00	10	4	40	新闻纸车间
		3	55 100.00	10	4	40	书写纸车间
水平圆筒卷纸机	台	3	869 200.00	10	4	40	新闻纸车间
		3	869 200.00	10	4	40	书写纸车间
双刀切纸机	台	3	15 600.00	10	4	40	新闻纸车间
		3	15 600.00	10	4	40	书写纸车间
FN-1092 造纸机	台	1	3 943 000.00	10	4	40	新闻纸车间
CNK-1575 造纸机	台	1	3 861 000.00	10	4	40	书写纸车间
办公设备							
联想扬天电脑	台	90	675 000.00	5	1	28	综合部门
		50	365 000.00	5	1	28	新闻纸车间
		61	450 000.00	5	1	28	书写纸车间
联想 TP 笔记本	台	10	87 500.00	5	1	28	综合部门
HP LaserJet 1022 打印机	台	10	25 000.00	5	1	28	综合部门
		6	15 000.00	5	1	28	新闻纸车间
		12	30 000.00	5	1	28	书写纸车间
佳能复印机	台	6	18 000.00	5	1	28	综合部门
		2	9 000.00	5	1	28	新闻纸车间
		2	9 000.00	5	1	28	书写纸车间
佳能多功能传真机	台	6	34 500.00	5	1	28	综合部门
		2	11 000.00	5	1	28	新闻纸车间
		2	11 000.00	5	1	28	书写纸车间
交通设备							
奥迪 A6 轿车	辆	2	900 000.00	8	4	31	综合部门
帕萨特轿车	辆	2	600 000.00	8	4	31	综合部门
金杯海狮面包车	辆	1	50 000.00	8	4	31	综合部门
解放平板货车	辆	2	450 000.00	8	4	31	综合部门

2.2010年1—12月份发生额及余额表(部分)

科目名称	方向	年初余额	本年借方发生额	本年贷方发生额	年末余额
固定资产 1601	借	31 826 680.00	0.00	0.00	31 826 680.00
房屋及建筑物 160101	借	14 910 680.00	0.00	0.00	14 910 680.00
机器设备 160102	借	13 176 000.00	0.00	0.00	13 176 000.00
办公设备 160103	借	1 740 000.00	0.00	0.00	1 740 000.00
交通设备 160104	借	2 000 000.00	0.00	0.00	2 000 000.00
累计折旧 1602	贷	5 170 021.90	0.00	2 296 736.40	7 466 758.30
房屋及建筑物 160201	贷	1 379 237.90	0.00	447 320.40	1 826 558.30
机器设备 160202	贷	2 951 424.00	0.00	1 264 896.00	4 216 320.00
办公设备 160203	贷	459 360.00	0.00	344 520.00	803 880.00
交通设备 160204	贷	380 000.00	0.00	240 000.00	620 000.00
固定资产减值准备 1603	贷	0.00	0.00	0.00	0.00

六、审计情形设定

1.固定资产(房屋及建筑物)的产权证书齐全、真实,其中办公楼的产权证上有贷款抵押记载。

2.固定资产无减值迹象。

3.2010年12月31日实地检查固定资产,检查结果见表10-3-1。

表10-3-1 **固定资产实际数量表**

名称	单位	数量	名称	单位	数量
房屋及建筑物			**办公设备**		
办公楼	栋	1	联想扬天电脑	台	201
厂房一	座	1	联想tp笔记本	台	10
厂房二	座	1	HP LaserJet 1022打印机	台	28
库房(材料)	座	1	佳能复印机	台	10
库房(产品)	座	1	佳能多功能传真机	台	10
机器设备			**交通设备**		
高频疏散机	台	4	奥迪A6轿车	辆	2
离心筛	台	8	帕萨特B5轿车	辆	2
烘缸	台	10	金杯海狮面包车	辆	1
抄纸网笼	台	6	解放平板货车	辆	2
水平圆筒卷纸机	台	6			
双刀切纸机	台	6			
FN-1092造纸机	台	1			
CNK-1575造纸机	台	1			

任务一 应付账款审计

【模拟操作】 编制相应审计工作底稿(见表 10-3-2)。

表 10-3-2 应付账款实质性程序

第一部分 认定、审计目标和审计程序对应关系

一、审计目标与认定对应关系表

审计目标	财务报表认定				
	存在	完整性	权利和义务	计价和分摊	列报
A 资产负债表中记录的应付账款是存在的	√				
B 所有应当记录的应付账款均已记录		√			
C 资产负债表中记录的应付账款是被审计单位应当履行的现实义务			√		
D 应付账款以恰当的金额包括在财务报表中,与之相关的计价调整已恰当记录				√	
E 应付账款已按照企业会计准则的规定在财务报表中做出恰当的列报					√

二、审计目标与审计程序对应关系表

审计目标	可供选择的审计程序	索引号
D	1. 获取或编制应付账款明细表。 (1)复核加计正确,并与报表数、总账数和明细账合计数核对是否相符; (2)分析出现借方余额的项目,查明原因,必要时,作重分类调整	
ABD	2. 根据实际情况,对应付账款实施实质性分析程序	(略)
ACD	3. 选择应付账款的重要项目(包括零账户),函证其余额,编制应付账款函证结果汇总表。 (1)函证适用情形。应付账款的函证不是必须执行的审计程序,原因有二:一是注册会计师可随时获得相关的外部凭证来证实应付账款的余额,如购货发票、每月的卖方对账单等;二是函证不能保证查出未记录的应付账款。但是,如果应付账款的重大错报风险比较高,某应付账款明细账户金额较大或被审计单位处于财务困难阶段时,则应进行应付账款的函证。 (2)函证对象。应选择大额的债权人,以及那些在资产负债表日金额不大甚至为零,但是企业重要供货人的债权人作为函证对象。 (3)函证方式。一般应采用积极的函证方式	
ACD	4. 根据回函情况分析函证结果,对未回函的可再次函证或采用替代审计程序。 (1)检查日后付款。检查日后应付账款明细账户借方发生额及库存现金和银行存款日记账,检查相关的原始凭证(如银行划款通知、支票存根及供应商收据)。 (2)检查应付账款明细账户贷方发生额,追查至相关的原始凭证(如购货发票、验收入库单、采购合同等)	
	5. 检查未入账的应付账款。	
BD	(1)获取供应商对账单,并将对账单和被审计单位财务记录之间的差异进行调节(如在途款项、在途货物、付款折扣、未记录的负债等),查找有无未入账的应付账款,确定应付账款金额的准确性	
BD	(2)检查债务形成的相关原始凭证,如供应商发票、验收报告或入库单等,查找有无未及时入账的应付账款,确定应付账款金额的准确性	
AB	(3)检查资产负债表日后应付账款明细账贷方发生额的相应凭证,关注其购货发票的日期,确认其入账时间是否合理	
AB	(4)结合存货监盘程序,检查被审计单位在资产负债日前后的存货入库资料(验收报告或入库单),检查是否有大额料到单未到的情况,确认相关负债是否计入了正确的会计期间	
B	6. 针对已偿付的应付账款,追查至银行对账单、银行付款单据和其他原始凭证,检查其是否在资产负债表日前真实偿付	
E	7. 检查应付账款是否在财务报表中恰当列报	

第二部分 计划实施的实质性程序(略)

应付账款审定表

被审计单位：__________ 索引号：__________

项目：应付账款 财务报表截止日/期间：__________

编制：__________ 日期：__________ 复核：__________ 日期：__________

项目名称	期末未审数	账项调整		重分类调整		期末审定数	上期末审定数	索引号
		借方	贷方	借方	贷方			
调整分录：								
内容	科目	金额	金额	金额	金额			
合计								

审计结论：

应付账款明细表

被审计单位：＿＿＿＿＿＿＿＿＿＿＿　　索引号：＿＿＿＿＿＿＿＿＿＿＿

项目：应付账款明细表　　财务报表截止日/期间：＿＿＿＿＿＿＿＿

编制：＿＿＿＿＿日期：＿＿＿＿＿　　复核：＿＿＿＿＿日期：＿＿＿＿＿

项目名称	期初余额	本期借方	本期贷方	期末余额	备注
合　计					

审计说明：

注：应付账款函证及替代测试相关底稿略，本书假定函证及替代程序未发现重大异常。

应付账款核对表

被审计单位：________　　索引号：________

项目：应付账款核对表　　财务报表截止日/期间：________

编制：______日期：______　　复核：______日期：______

序号	明细账凭证			摘要	入库单			购货发票			入库单与发票核对情况	明细账与发票核对情况
	编号	日期	金额		编号	日期	金额	日期	供应商名称	金额		

核对要点：

1. 入库单中的货物名称、数量、单价及金额与购货发票核对是否一致；
2. 记账凭证内容与购货发票核对是否一致。

审计说明：

注：应付账款检查情况表（略）。

任务二 固定资产审计

【模拟操作】 编制相应审计工作底稿(见表 10-3-3)。

表 10-3-3 **固定资产实质性程序**

被审计单位:__________	索引号:__________
项目:固定资产实质性程序	财务报表截止日/期间:__________
编制:________日期:________	复核:________日期:________

第一部分 认定、审计目标和审计程序对应关系

一、审计目标与认定对应关系表

审计目标	财务报表认定				
	存在	完整性	权利和义务	计价和分摊	列报
A 资产负债表中记录的固定资产是存在的	√				
B 所有应记录的固定资产均已记录		√			
C 记录的固定资产由被审计单位拥有或控制			√		
D 固定资产以恰当的金额包括在财务报表中,与之相关的计价或分摊已恰当记录				√	
E 固定资产已按照企业会计准则的规定在财务报表中做出恰当列报					√

二、审计目标与审计程序对应关系表

审计目标	可供选择的审计程序	索引号
D	1. 获取或编制固定资产明细表,复核加计是否正确,并与总账数和明细账合计数核对是否相符,结合累计折旧和固定资产减值准备与报表数核对是否相符	
ABD	2. 实质性分析程序: (1)基于对被审计单位及其环境的了解,通过进行以下比较,并考虑有关数据间关系的影响,建立有关数据的期望值:①分类计算本期计提折旧额与固定资产原值的比率,并与上期比较;②计算固定资产修理及维护费用占固定资产原值的比例,并进行本期各月、本期与以前各期的比较。 (2)确定可接受的差异额。 (3)将实际情况与期望值相比较,识别需要进一步调查的差异。 (4)如果其差额超过可接受的差异额,调查并获取充分的解释和恰当的佐证审计证据(例如:通过检查相关的凭证)。 (5)评估分析程序的测试结果	
A	3. 实地检查重要固定资产(如为首次接受审计,应适当扩大检查范围),确定其是否存在,关注是否存在已报废但仍未核销的固定资产。 (1)以固定资产明细账为起点,进行实地追查,以证明会计记录中所列固定资产确实存在,并了解其目前的使用状况。 (2)以实地为起点,追查至固定资产明细账,以证明实际存在的固定资产均已入账	

（续表）

审计目标	可供选择的审计程序	索引号
C	4. 检查固定资产的所有权或控制权： 对各类固定资产，获取、收集不同的证据以确定其是否归被审计单位所有：对外购的机器设备等固定资产，审核采购发票、采购合同等；对于房地产类固定资产，查阅有关的合同、产权证明、财产税单、抵押借款的还款凭据、保险单等书面文件；对融资租入的固定资产，检查有关融资租赁合同；对汽车等运输设备，检查有关运营证件等；对受留置权限制的固定资产，结合有关负债项目进行检查	
ABDC	5. 检查本期固定资产的增加： (1)询问管理层当年固定资产的增加情况，并与获取或编制的固定资产明细表进行核对。 (2)检查本年度增加固定资产的计价是否正确，手续是否齐备，会计处理是否正确	
ABD	6. 检查本期固定资产的减少： (1)结合固定资产清理科目，抽查固定资产账面转销额是否正确。 (2)检查出售、盘亏、转让、报废或毁损的固定资产是否经授权批准，会计处理是否正确。 (3)检查因修理、更新改造而停止使用的固定资产、投资转出固定资产、债务重组或非货币性资产交换转出固定资产的会计处理是否正确	
AB	7. 检查固定资产的后续支出： 检查固定资产有关的后续支出是否满足资产确认条件；如不满足，检查该支出是否在该后续支出发生时计入当期损益	
B	8. 检查固定资产保险情况，复核保险范围是否足够	
D	9. 获取暂时闲置固定资产的相关证明文件，并观察其实际状况，检查是否已按规定计提折旧，相关的会计处理是否正确	
D	10. 获取已提足折旧仍继续使用固定资产的相关证明文件，并作相应记录	
CE	11. 检查固定资产的抵押、担保情况。结合对银行借款等的检查，了解固定资产是否存在重大的抵押、担保情况	
D	12. 检查累计折旧： (1)获取或编制累计折旧分类汇总表，复核加计正确，并与总账数和明细账合计数核对。 (2)检查被审计单位制定的折旧政策和方法是否符合相关会计准则的规定，确定其所采用的折旧方法能否在固定资产预计使用寿命内合理分摊其成本，前后期是否一致，预计使用寿命和预计净残值是否合理。 (3)复核本期折旧费用的计提和分配：①了解被审计单位的折旧政策是否符合规定，计提折旧范围是否正确，确定的使用寿命、预计净残值和折旧方法是否合理；如采用加速折旧法，是否取得批准文件；②检查被审计单位折旧政策前后期是否一致；③复核本期折旧费用的计提是否正确，尤其关注已计提减值准备的固定资产的折旧；④检查折旧费用的分配方法是否合理，是否与上期一致；⑤注意固定资产增减变动时，有关折旧的会计处理是否符合规定。 (4)将“累计折旧”账户贷方本期计提折旧额与相应的成本费用中的折旧费用明细账户的借方相比较，检查本期所计提折旧金额是否已全部摊入本期产品成本或费用。 (5)检查累计折旧的减少是否合理、会计处理是否正确	
D	13. 检查固定资产的减值准备（略）	
E	14. 检查固定资产是否在财务报表中恰当列报	
	第二部分　计划实施的实质性程序（略）	

固定资产审定表

被审计单位：________ 索引号：________
项目：固定资产 财务报表截止日/期间：________
编制：________ 日期：________ 复核：________ 日期：________

项目名称	期末未审数	账项调整		重分类调整		期末审定数	上期末审定数	索引号
		借方	贷方	借方	贷方			
一、固定资产原值合计								
二、累计折旧合计								
三、减值准备合计	0							
四、账面价值合计								
调整分录：								
内容	科目	金额	金额	金额	金额			

审计结论：

固定资产、累计折旧及减值准备明细表

被审计单位：________ 索引号：________

项目：固定资产、累计折旧及减值准备明细表 财务报表截止日/期间：________

编制：________ 日期：________ 复核：________ 日期：________

项目名称	年初余额	本年增加	本年减少	年末余额
一、原价合计	31 826 680.00			
其中：房屋建筑物	14 910 680.00			
机器设备	13 176 000.00			
办公设备	1 740 000.00			
交通设备	2 000 000.00			
二、累计折旧合计	5 170 021.90			
其中：房屋建筑物	1 379 237.90			
机器设备	2 951 424.00			
办公设备	459 360.00			
交通设备	380 000.00			
三、固定资产减值准备合计	0			
其中：房屋建筑物	0			
机器设备	0			
办公设备	0			
交通设备	0			
四、固定资产账面价值合计				
其中：房屋建筑物				
机器设备				
办公设备				
交通设备				

审计说明：

固定资产盘点检查情况表

被审计单位：__________ 索引号：__________

项目：固定资产盘点检查情况表 财务报表截止日/期间：__________

编制：______ 日期：______ 复核：______ 日期：______

序号	名称	计量单位	账面结存		实际检查		盈亏(十、一)	
			数量	金额	数量	金额	数量	金额
	房屋建筑物							
	办公楼	栋						
	厂房一	座						
	厂房二	座						
	库房(材料)	座						
	库房(产品)	座						
	机器设备							
	高频疏散机	台						
	离心筛	台						
	烘缸	台						
	抄纸网笼	台						
	水平圆筒卷纸机	台						
	双刀切纸机	台						
	FN-1092 造纸机	台						
	CNK-1575 造纸机	台						
	办公设备							
	联想扬天电脑	台						
	联想 tp 笔记本	台						
	HP LaserJet 1022 打印机	台						
	佳能复印机	台						
	佳能多功能传真机	台						
	交通设备							
	奥迪 A6 轿车	辆						
	帕萨特 B5 轿车	辆						
	金杯海狮面包车	辆						
	解放平板货车	辆						

检查时间： 检查地点： 检查人： 盘点检查比例：100%

审计说明：

注：固定资产增加检查表、固定资产减少检查表略。

折旧计算与分配检查表

被审计单位：________ 索引号：________
项目：折旧计算与分配检查表 财务报表截止日/期间：________
编制：________ 日期：________ 复核：________ 日期：________

固定资产名称	预计使用寿命（年）	已使用年限（月）	应计折旧的固定资产原值	残值率％	累计折旧年初余额	减值准备年初余额	本年应提折旧	本年已提折旧	差异
房屋及建筑物									
生产设备									
办公设备									
交通设备									
合　计									
折旧分配检查									
制造费用	新闻纸	—	—	—	—	—			
	书写纸	—	—	—	—	—			
管理费用	—	—	—	—	—	—			
合　计	—	—	—	—	—	—			

审计说明：
1. 经测算，固定资产折旧计提________。
2. 经测算，并检查制造费用及管理费用明细账，固定资产折旧分配________。

实训

一、判断题

1. 如果某一应付账款明细账户期末余额为零，注册会计师就不需要将其列为函证对象了。（　　）

2. 内部控制良好的企业，在收到商品时应由负责验收的人员将商品同订单仔细核对后编制验收单。（　　）

3. 注册会计师在检查未入账应付账款的审计程序中，最有效的是函证应付账款。（　　）

4. 企业对已计提减值准备的固定资产不再重新计算折旧，注册会计师应认可这种做法。（　　）

5. 检查固定资产减少业务的主要目的在于检查因不同原因而减少的固定资产的会计处理是否符合有关规定，相关的数额计算是否正确。（　　）

二、单项选择题

1. 审查 ABC 公司应付账款项目，发现“应付账款”账户中包含本期估价入库的采购商品 300 万元。经审核，未附有供应商名称、商品品种、数量及金额计算等凭证。审计人员应采取的措施是（　　）。

A. 认可被审计单位的处理　　B. 取得估价入库的详细资料

C. 作为虚假事项处理　　D. 不必过问

2. 注册会计师可将下列审计应付账款的程序完全交由被审计单位办理的有（　　）。

A. 抽查应付账款明细账的贷方记录相关凭证

B. 根据卖方对账单调节未付发票

C. 编制应付账款明细表

D. 就所选定的账户余额函证

3. 注册会计师函证资产负债表日应付账款余额或许是不必要的，其原因是（　　）。

A. 函证与采购截止测试重复

B. 资产负债表日前应付账款余额在审计完成前也许没有支付

C. 可与被审计单位法律顾问联系，从而获取因未付款而造成的可能损失的证据

D. 存在其他可靠的外部证据证实应付账款的真实性，如购货发票等

4. 一般情况下，注册会计师实地检查固定资产的重点是（　　）。

A. 企业的所有固定资产

B. 本年度增加的重要固定资产

C. 以前年度增加的固定资产

D. 在用固定资产

5. 为证实会计记录中所列的固定资产是否存在，了解其目前的使用状况，注册会计师应当实施(　　)程序。

A. 对固定资产实地检查

B. 以固定资产明细账为起点，进行实地追查

C. 检查固定资产的所有权归属

D. 以实地为起点，追查固定的明细账

三、多项选择题

1. 应付账款明细表由被审计单位编制时，注册会计师应采取的行为是(　　)。

A. 审核其计算的准确性

B. 核对该明细表与应付账款总账是否相符

C. 审查明细表上应付账款分类准确性

D. 直接作为审计工作底稿

2. 注册会计师在检查 ABC 公司 2012 年度财务报表的应付账款项目时，应核实其应付账款项目是否按照(　　)科目所属明细科目的期末贷方余额的合计数填列。

A. 应付账款　　B. 应收账款　　C. 预付账款　　D. 预收账款

3. 下列属于应付账款的审计目标的有(　　)。

A. 确定资产负债表中记录的应付账款是否存在

B. 确定所有应当记录的应付账款是否均已记录

C. 确定应付账款是否以恰当的金额包括在财务报表中

D. 确定应付账款在财务报表中的列报是否恰当

4. 注册会计师应获取不同的证据以确定固定资产是否确实归被审计单位所有，对于房地产类固定资产，需要查阅(　　)。

A. 合同、产权证明　　B. 财产税单

C. 抵押借款的还款凭证　　D. 保险单

5. 检查被审计单位固定资产折旧时应注意计提折旧范围不应包括(　　)。

A. 已提足折旧继续使用的固定资产

B. 因改良停用的固定资产

C. 已全额计提减值准备的固定资产

D. 未使用的、不需用的固定资产

四、案例分析题

1. 注册会计师在对 ABC 公司主营业务收入明细账审查时，发现该公司 2012 年 11 月份主营业务收入与上年同期相比大幅度下降。注册会计师怀疑该公司隐瞒收入，于是进一步审查 2012 年 11 月份相关明细账及记账凭证，发现一笔记账凭证上作了以下会计分录：

借:银行存款　351 000

　贷:应付账款　　351 000

该记账凭证后所附原始凭证为银行进账单回单一张和该公司开出的增值税专用发票一张,发票上注明货款为300 000元,增值税税额为51 000元。

要求:

分析该公司存在的问题,提出处理意见,并编制审计调整分录。

2.注册会计师对ABC公司进行审计时,决定对其下列四个明细账户中的两个进行函证。有关资料见表10-2-4。

表10-2-4　　四家公司有关资料

单位名称	应付账款年末余额(元)	本年度供货总额(元)
A公司	42 650	66 100
B公司	—	2 880 000
C公司	85 000	95 000
D公司	289 000	3 032 000

要求:

(1)注册会计师应选择哪两家公司进行函证并分析理由。

(2)如果表10-2-4为应收账款的信息,注册会计师应选择哪两家进行函证,并说明理由。

3.注册会计师在审查ABC公司2012年度固定资产折旧时,发现2011年12月新增已投入生产使用的机床一台,原价为100 000元,预计净残值为10 000元,预计使用年限为5年,使用年数总和法对该项固定资产计提折旧,其余各类固定资产均用直线法折旧,且该公司对此事项未在报表中披露。

要求:

根据上述情况,分析这一事项对ABC公司财务报表的影响,说明应如何处理。

项目四　生产与仓储循环审计

情景七

一、2010年12月份生产与仓储循环部分总账、明细账、记账凭证及原始凭证

1.总账(略)

2.明细账

材料采购明细账

月份:2010.12

页号:1-1
本币名称:人民币
数量单位:吨

科目:材料采购/草浆(140101)

2010年		凭证号	摘要	单价	借方		贷方		方向	余额		
月	日				数量	金额	数量	金额		数量	单价	金额
			期初余额						借	1 165.00000	2 430.00000	2 830 950.00
12	05	记-0015	采购草浆木浆货款未付	2 500.00000	500.00000	1 250 000.00			借	1 665.00000		4 080 950.00
12	05	记-0016	采购运费款项未付			9 300.00			借	1 665.00000		4 090 250.00
12	12	记-0045	采购草浆货款已付	2 500.00000	500.00000	1 250 000.00			借	2 165.00000		5 340 250.00
12	22	记-0072	采购草浆货款已付	2 500.00000	200.00000	500 000.00			借	2 365.00000		5 840 250.00
12	29	记-0084	材料验收入库并结转差异	2 469.45032			2 365.00000	5 840 250.00	平			
12			当前合计		1 200.00000	3 009 300.00	2 365.00000	5 840 250.00	平			
12			当前累计		24 743.00000	60 218 790.00	27 015.00000	65 739 750.00	平			
			结转下年		24 743.00000		27 015.00000		平			

核算单位:长春平安纸业有限责任公司　　制表:张佩瑶　　打印日期:2010.12.31

材料采购明细账

月份:2010.12

页号:1-1
本币名称:人民币
数量单位:吨

科目:材料采购/废纸浆(140102)

2010年		凭证号	摘要	单价	借方		贷方		方向	余额		
月	日				数量	金额	数量	金额		数量	单价	金额
			期初余额						借	3 357.00000	715.00000	2 400 255.00
12	10	记-0032	采购废纸浆货款未付	660.00000	500.00000	330 000.00			借	3 857.00000		2 730 255.00
12	10	记-0033	采购运费款项未付			8 370.00			借	3 857.00000		2 738 625.00
12	13	记-0049	采购废纸浆货款未付	650.00000	500.00000	325 000.00			借	4 357.00000		3 063 625.00
12	13	记-0050	采购运费货款未付			4 650.00			借	4 357.00000		3 068 275.00
12	15	记-0056	采购废纸浆货款未付	680.00000	400.00000	272 000.00			借	4 757.00000		3 340 275.00
12	16	记-0059	采购废纸浆货款未付	700.00000	800.00000	560 000.00			借	5 557.00000		3 900 275.00
12	16	记-0060	采购运费尚未支付			1 860.00			借	5 557.00000		3 902 135.00
12	29	记-0085	材料验收入库并结转差异	702.20173			5 557.00000	3 902 135.00	平			
12			当前合计		2 200.00000	1 501 880.00	5 557.00000	3 902 135.00	平			
12			当前累计		45 110.00000	32 182 530.00	49 517.00000	35 333 535.00	平			
			结转下年		45 110.00000		49 517.00000		平			

核算单位:长春平安纸业有限责任公司　　制表:张佩瑶　　打印日期:2010.12.31

注:材料采购的木浆、助剂两个明细账略。

原材料明细账

月份:2010.12

页号:1-1
本币名称:人民币
数量单位:吨

科目:原材料/草浆(140301)

2010年		凭证号	摘要	单价	借方		贷方		方向	余额		
月	日				数量	金额	数量	金额		数量	单价	金额
			期初余额						借	1 870.00000	2 300.00000	4 301 000.00
12	29	记-0084	材料验收入库并结转差异	2 300.00000	2 365.00000	5 439 500.00			借	4 235.00000		9 740 500.00
12	30	记-0097	生产领用原材料	2 300.00000			2 000.00000	4 600 000.00	借	2 235.00000		5 140 500.00
12			当前合计		2 365.00000	5 439 500.00	2 000.00000	4 600 000.00	借	2 235.00000	2 300.00000	5 140 500.00
12			当前累计		27 015.00000	62 134 500.00	26 680.00000	61 364 000.00	借	2 235.00000	2 300.00000	5 140 500.00

核算单位:长春平安纸业有限责任公司　　制表:张佩瑶　　打印日期:2010.12.31

原材料明细账

月份:2010.12

页号:1-1
本币名称:人民币
数量单位:吨

科目:原材料/废纸浆(140302)

2010年		凭证号	摘要	单价	借方		贷方		方向	余额		
月	日				数量	金额	数量	金额		数量	单价	金额
			期初余额						借	4 480.00000	600.00000	2 688 000.00
12	29	记-0085	材料验收入库并结转差异	600.00000	5 557.00000	3 334 200.00			借	10 037.00000		6 022 200.00
12	30	记-0097	生产领用原材料	600.00000			6 090.00000	3 654 000.00	借	3 947.00000		2 368 200.00
12			当前合计		5 557.00000	3 334 200.00	6 090.00000	3 654 000.00	借	3 947.00000	600.00000	2 368 200.00
12			当前累计		49 517.00000	29 710 200.00	59 650.00000	35 790 000.00	借	3 947.00000	600.00000	2 368 200.00

核算单位:长春平安纸业有限责任公司　　制表:张佩瑶　　打印日期:2010.12.31

原材料明细账

月份：2010.12

页号：1-1
本币名称：人民币
数量单位：吨

科目：原材料/木浆(140303)

2010年		凭证号	摘要	单价	借方		贷方		方向	余额		
月	日				数量	金额	数量	金额		数量	单价	金额
			期初余额						借	710.00000	4 200.00000	2 982 000.00
12	29	记-0086	材料验收入库并结转差异	4 200.00000	1 500.00000	6 300 000.00			借	2 210.00000		9 282 000.00
12	30	记-0097	生产领用原材料	4 200.00000			1 560.00000	6 552 000.00	借	650.00000		2 730 000.00
12			当前合计		1 500.00000	6 300 000.00	1 560.00000	6 552 000.00	借	650.00000	4 200.00000	2 730 000.00
12			当前累计		8 950.00000	37 590 000.00	9 420.00000	39 564 000.00	借	650.00000	4 200.00000	2 730 000.00

核算单位：长春平安纸业有限责任公司　　制表：张佩瑶　　打印日期：2010.12.31

原材料明细账

月份：2010.12

页号：1-1
本币名称：人民币
数量单位：吨

科目：原材料/助剂(140304)

2010年		凭证号	摘要	单价	借方		贷方		方向	余额		
月	日				数量	金额	数量	金额		数量	单价	金额
			期初余额						借	40.00000	730.00000	29 200.00
12	29	记-0087	材料验收入库并结转差异	730.00000	1 946.00000	1 420 580.00			借	1 986.00000		1 449 780.00
12	30	记-0097	生产领用原材料	730.00000			1 290.00000	941 700.00	借	696.00000		508 080.00
12			当前合计		1 946.00000	1 420 580.00	1 290.00000	941 700.00	借	696.00000	730.00000	508 080.00
12			当前累计		8 394.00000	6 127 620.00	7 822.00000	5 710 060.00	借	696.00000	730.00000	508 080.00

核算单位：长春平安纸业有限责任公司　　制表：张佩瑶　　打印日期：2010.12.31

库存商品明细账

月份:2010.12

页号:1-1
本币名称:人民币
数量单位:吨

科目:库存商品/新闻纸(140501)

2010年		凭证号	摘要	单价	借方		贷方		方向	余额		
月	日				数量	金额	数量	金额		数量	单价	金额
			期初余额						借	1 630.00000	4 103.00000	6 687 890.00
12	31	记-0111	新闻纸完工入库	4 120.21056	5 300.00000	21 837 115.97			借	6 930.00000		28 525 005.97
12	31	记-0116	结转新闻纸销售成本	4 120.21056			5 500.00000	22 661 158.08	借	1 430.00000		5 863 847.89
12			当前合计		5 300.00000	21 837 115.97	5 500.00000	22 661 158.08	借	1 430.00000	4 100.59293	5 863 847.89
12			当前累计		46 400.00000	190 625 195.97	47 500.00000	194 987 158.08	借	1 430.00000	4 100.59293	5 863 847.89

核算单位:长春平安纸业有限责任公司　　制表:张佩瑶　　打印日期:2010.12.31

库存商品明细账

月份:2010.12

页号:1-1
本币名称:人民币
数量单位:吨

科目:库存商品/书写纸(140502)

2010年		凭证号	摘要	单价	借方		贷方		方向	余额		
月	日				数量	金额	数量	金额		数量	单价	金额
			期初余额						借	1 250.00000	4 586.00000	5 732 500.00
12	31	记-0112	书写纸完工入库	4 573.50733	5 200.00000	23 782 238.12			借	6 450.00000		29 514 738.12
12	31	记-0116	结转书写纸销售成本	4 573.50733			5 500.00000	22 867 536.65	借	1 450.00000		6 647 201.47
12			当前合计		5 200.00000	23 782 238.12	5 500.00000	22 867 536.65	借	1 450.00000	4 584.27688	6 647 201.47
12			当前累计		48 760.00000	223 638 398.12	49 980.00000	229 145 816.65	借	1 450.00000	4 584.27688	6 647 201.47

核算单位:长春平安纸业有限责任公司　　制表:张佩瑶　　打印日期:2010.12.31

生产成本新闻纸多栏账

月份:2010.12

页号:1-1

本币名称:人民币

科目:新闻纸(500101)

2010年		凭证号	摘要	借方	贷方	方向	余额	余额		
月	日							材料费	薪酬费	制造费用
			期初余额			借	5 019 099.08			
12	30	记-0092	计提职工薪酬	1 534 000.00		借	6 553 099.08		1 534 000.00	
12	30	记-0093	计提五险一金	615 134.00		借	7 168 233.08		615 134.00	
12	30	记-0094	计提工会经费	30 680.00		借	7 198 913.08		30 680.00	
12	30	记-0095	计提职工教育经费	23 010.00		借	7 221 923.08		23 010.00	
12	30	记-0097	生产领用原材料	6 358 500.00		借	13 580 423.08	6 358 500.00		
12	30	记-0098	结转材料成本差异	623 562.82		借	14 203 985.90	623 562.82		
12	30	记-0109	结转制造费用——新闻纸车间	11 020 752.00		借	25 224 737.90			11 020 752.00
12	30	记-0111	新闻纸完工入库		21 837 115.97	借	3 387 621.93			
12			当前合计	20 205 638.82	21 837 115.97	借	3 387 621.93	6 982 062.82	2 202 824.00	11 020 752.00
12			当前累计	189 259 585.24	190 625 195.97	借	3 387 621.93	73 627 496.77	4 714 414.33	110 917 674.14

核算单位:长春平安纸业有限责任公司　　制表:张佩瑶　　打印日期:2010.12.31

生产成本书写纸多栏账

月份:2010.12

页号:1-1

本币名称:人民币

科目:书写纸(500102)

2010年		凭证号	摘要	借方	贷方	方向	余额	余额		
月	日							材料费	薪酬费	制造费用
			期初余额			借	6 358 649.40			
12	30	记-0092	计提职工薪酬	1 556 500.00		借	7 915 149.40		1 556 500.00	
12	30	记-0093	计提五险一金	624 156.50		借	8 539 305.90		624 156.50	
12	30	记-0094	计提工会经费	31 130.00		借	8 570 435.90		31 130.00	
12	30	记-0095	计提职工教育经费	23 347.50		借	8 593 783.40		23 347.50	
12	30	记-0097	生产领用原材料	7 669 200.00		借	16 262 983.40	7 669 200.00		
12	30	记-0098	结转材料成本差异	908 065.04		借	17 171 048.44	908 065.04		
12	30	记-0110	结转制造费用——书写纸车间	10 719 331.00		借	27 890 379.44			10 719 331.00
12	30	记-0112	书写纸完工入库		23 782 238.12	借	4 108 141.32			
12			当前合计	21 531 730.04	23 782 238.12	借	4 108 141.32	8 577 265.04	2 235 134.00	10 719 331.00
12			当前累计	221 393 433.88	223 638 398.12	借	4 108 141.32	87 622 504.36	26 145 194.25	107 625 735.27

核算单位:长春平安纸业有限责任公司　　制表:张佩瑶　　打印日期:2010.12.31

主营业务成本明细账

页号：1-1

月份：2010.12

本币名称：人民币

科目：主营业务成本/新闻纸(640101)

2010 年		凭证号	摘要	借方	贷方	方向	余额
月	日						
12	31	记-0116	结转新闻纸销售成本	22 661 158.08		借	22 661 158.08
12	31	记-0123	期间损益结转		22 661 158.08	平	
12			当前合计	22 661 158.08	22 661 158.08	平	
21			当前累计	194 987 158.08	194 987 158.08	平	
			结转下年			平	

核算单位：长春平安纸业有限责任公司　　制表：张佩瑶　　打印日期：2010.12.31

主营业务成本明细账

页号：1-1

月份：2010.12

本币名称：人民币

科目：主营业务成本/书写纸(640102)

2010 年		凭证号	摘要	借方	贷方	方向	余额
月	日						
12	31	记-0117	结转书写纸销售成本	22 867 536.65		借	22 867 536.65
12	31	记-0123	期间损益结转		22 867 536.65	平	
12			当前合计	22 867 536.65	22 867 536.65	平	
21			当前累计	229 145 816.65	229 145 816.65	平	
			结转下年			平	

核算单位：长春平安纸业有限责任公司　　制表：张佩瑶　　打印日期：2010.12.31

注：材料成本差异、低值易耗品、制造费用、应付职工薪酬、其他业务成本明细账略。相关信息见本情景中“2010 年 1—12 月份发生额及余额表”。

3.记账凭证及原始凭证

记 账 凭 证 赵书晗

记 字 0059　　制单日期：2010.12.16　　附单据数：1

摘要	科目名称	借方金额	贷方金额
采购废纸浆货款未付	材料采购/废纸浆	56000000	
采购废纸浆货款未付	应交税费/应交增值税/进项税额	9520000	
采购废纸浆货款未付	应付账款/辉鹏纸业		65520000
票号 - 日期　数量 800.00000吨 单价 700.00000	合 计	65520000	65520000
备注	项 目　部 门　个 人 客 户　业务员		

记账 张佩瑶　　审核 高云童　　出纳　　制单 杜思淼

辽宁增值税专用发票

全国统一发票监制章 辽宁 国家税务总局监制

2100227700　　　　　　　　　　№ 01975461

发票联

开票日期:2010年12月16日

购货单位	名　　称：长春平安纸业有限责任公司 纳税人识别号：220102123456789 地 址、电 话：长春市高新区浦东路0001号 0431－89123888 开户行及账号：工行吉林省分行自由支行2200881208080019999	密码区	1*522197>721-78-5>235 3>6*>1068<7953>*2/*-0 228502<-26>4*40*>><31 438>547>>7*78*>947254 加密版本：01 1300051372 02995637

货物或应税劳务名称	规格型号	单位	数量	单价	金额	税率	税额
废纸浆		吨	800	700.00	560,000.00	17%	95,200.00
合计					￥560,000.00		￥95,200.00
价税合计（大写）	⊗陆拾伍万伍仟贰佰元整				（小写）￥655,200.00		

销货单位	名　　称：沈阳市辉鹏纸业有限责任公司 纳税人识别号：210102009806189 地 址、电 话：沈阳市铁东区绥化大街1680号 024-83423451 开户行及账号：农行沈阳市分行西广支行2100001209100078110	备注	

收款人：　　　　复核：　　　　开票人：张金生　　　　销货单位：（章）

国税函[2009]649号 北京印钞厂

第三联 发票联 购货方记账凭证

记账凭证

赵书晗

记 字 0072　　　　制单日期：2010.12.22　　　　附单据数：2

摘要	科目名称	借方金额	贷方金额
采购草浆货款已付	材料采购/草浆	50000000	
采购草浆货款已付	应交税费/应交增值税/进项税额	8500000	
采购草浆货款已付	银行存款/工商银行		58500000
票号 3 -00066456 日期 2010.12.22	数量 单价　　合计	58500000	58500000
备注	项 目　　部 门　　个 人 客 户　　业务员		

记账 张佩瑶　　审核 高云童　　出纳 张佳宁　　制单 杜思淼

青岛增值税专用发票

3702102290　　　　（全国统一发票监制章 青岛 国家税务总局监制）　　　　№ 00727627

发票联

开票日期：2010年12月22日

购货单位	名　　称：长春平安纸业有限责任公司 纳税人识别号：220102123456789 地址、电话：长春市高新区浦东路0001号 0431-89123888 开户行及账号：工行吉林省分行自由支行2200881208080019999	密码区	11*522197>72-78-5>235　加密版本：01 3>8>547>>>94725477-0　1300051372 228502<-26>4*40*>><31 436*>1068<7953>*2/*8**　02995637

货物或应税劳务名称	规格型号	单位	数量	单价	金额	税率	税额
草浆		吨	200	2,500.00	500,000.00	17%	85,000.00
合计					￥500,000.00		￥85,000.00
价税合计（大写）	⊗伍拾捌万伍仟 元整				（小写）￥585,000.00		

销货单位	名　　称：青岛市美拉纸浆有限公司 纳税人识别号：3702001127986556 地址、电话：青岛市经开区飞跃路1340号0532-88653232 开户行及账号：工行青岛开发区支行0097190098620010090	备注	

收款人：　　　　复核：　　　　开票人：梁宇　　　　销货单位：（章）

国税函[2009]649号 北京印钞厂

第三联 发票联 购货方记账凭证

中国工商银行
转账支票存根

V II 00066456

附加信息：

出票日期：2010年12月22日

收款人：	青岛市美拉纸浆有限公司
金额：	585 000.00
用途：	采购原材料

单位主管：　赵书晗　　会计：杜思淼

记 0084—0087 记账凭证后附的原始凭证：

收料凭证汇总表

2010 年 12 月 29 日

材料编号	材料名称	本月购入			
		数量	实际成本	计划成本	成本差异
101	草浆	2 365	5 840 250.00	5 439 500.00	400 750.00
102	废纸浆	5 557	3 902 135.00	3 334 200.00	567 935.00
103	木浆	1 500	7 168 600.00	6 300 000.00	868 600.00
104	助剂	1 946	1 511 270.00	1 420 580.00	90 690.00
合计			18 422 255.00	16 494 280.00	1 927 975.00

制单人：王飞

注：第 12000—12004 号、第 12008—12010 号收料单略，第 12005—12007 号收料单见情景五“采购与付款循环”。

收料单

2010 年 12 月 15 日　　　　编码：12011

材料编号	材料名称	规格	材质	单位	数量		实际单价	材料金额	运费	（合计）材料实际成本
					发票	实收				
101	草浆			吨	500	500	2 500.00	1 250 000.00	0.00	1 250 000.00
供货单位	吉恩化工公司			合同号				计划单价	材料/计划成本	
备注	发票号 38902633							600.00	300 000.00	

②财务记账联

主管：赵丹　　质量检验员：赵卓　　仓库验收：李伟　　经办人：

收料单

2010 年 12 月 15 日　　　　编码：12012

材料编号	材料名称	规格	材质	单位	数量		实际单价	材料金额	运费	（合计）材料实际成本
					发票	实收				
102	废纸浆			吨	500	500	650.00	325 000.00	4 650.00	329 650.00
供货单位	美拉纸浆公司			合同号				计划单价	材料/计划成本	
备注	发票号 00527525							600.00	300 000.00	

②财务记账联

主管：赵丹　　质量检验员：赵卓　　仓库验收：李伟　　经办人：

收料单

2010 年 12 月 17 日　　　　编码：12013

材料编号	材料名称	规格	材质	单位	数量		实际单价	材料金额	运费	（合计）材料实际成本
					发票	实收				
102	废纸浆			吨	400	400	680.00	272 000.00		272 000.00
供货单位	吉恩化工公司			合同号				计划单价	材料/计划成本	
备注	发票号 20727222							600.00	240 000.00	

②财务记账联

主管：赵丹　　质量检验员：赵卓　　仓库验收：张江　　经办人：

收料单

2010 年 12 月 17 日　　　　　　　　编码:12014

材料编号	材料名称	规格	材质	单位	数量		实际单价	材料金额	运费	(合计)材料实际成本
					发票	实收				
104	助剂			吨	500	500	790.00	395 000.00	0.00	395 000.00
供货单位	汇锐胶业公司			合同号				计划单价	材料/计划成本	
备注	发票号 80527528							730.00	365 000.00	

②财务记账联

主管:赵丹　　质量检验员:赵卓　　仓库验收:荆文前　　经办人:

收料单

2010 年 12 月 18 日　　　　　　　　编码:12015

材料编号	材料名称	规格	材质	单位	数量		实际单价	材料金额	运费	(合计)材料实际成本
					发票	实收				
102	废纸浆			吨	800	800	700.00	560 000.00	1 860.00	561 860.00
供货单位	辉鹏纸业公司			合同号				计划单价	材料/计划成本	
备注	发票号 01975461							600.00	480 000.00	

②财务记账联

主管:赵丹　　质量检验员:赵卓　　仓库验收:张江　　经办人:

收料单

2010 年 12 月 23 日　　　　　　　　编码:12016

材料编号	材料名称	规格	材质	单位	数量		实际单价	材料金额	运费	(合计)材料实际成本
					发票	实收				
101	草浆			吨	200	200	2 500.00	500 000.00	0.00	500 000.00
供货单位	美拉纸浆公司			合同号				计划单价	材料/计划成本	
备注	发票号 00727627							2 300.00	460 000.00	

②财务记账联

主管:赵丹　　质量检验员:赵卓　　仓库验收:张江　　经办人:

记 账 凭 证

赵书晗

记 字 0092 - 0002/0002 制单日期：2010.12.30 附单据数：2

摘要	科目名称	借方金额	贷方金额
计提职工薪酬	应付职工薪酬/工资		411229500
票号 日期	数量 单价 合计	411229500	411229500
备注	项目 客户 部门 业务员	个人	

记账 张佩瑶 审核 高云童 出纳 制单 杜思淼

记 账 凭 证

赵书晗

记 字 0097 - 0001/0002 制单日期：2010.12.30 附单据数：16

摘要	科目名称	借方金额	贷方金额
生产领用原材料	生产成本/新闻纸/材料费	635850000	
生产领用原材料	生产成本/书写纸/材料费	766920000	
销售原材料	其他业务成本/草浆	46000000	
销售原材料	其他业务成本/木浆	126000000	
票号 日期	数量 单价 合计	1574770000	1574770000
备注	项目 客户 部门 业务员	个人	

记账 张佩瑶 审核 高云童 出纳 制单 杜思淼

记 账 凭 证

赵书晗

记 字 0097 - 0002/0002 制单日期：2010.12.30 附单据数：16

摘要	科目名称	借方金额	贷方金额
生产领用与销售	原材料/废纸浆		365400000
生产领用原材料	原材料/木浆		655200000
生产领用原材料	原材料/助剂		94170000
生产领用原材料	原材料/草浆		460000000
票号 日期	数量 单价 合计	1574770000	1574770000
备注	项目 客户 部门 业务员	个人	

记账 张佩瑶 审核 高云童 出纳 制单 杜思淼

发出材料汇总表

2010年12月30日

领用部 \ 材料费		草浆			废纸浆			木浆			助剂			合计
		数量	计划单价	金额小计	数量	计划单价	金额小计	数量	计划单价	金额小计	数量	计划单价	金额小计	
新闻纸车间	新闻纸	1 800	2 300	4 140 000	3 150	600	1 890 000				450	730	328 500	6 358 500
书写纸车间	书写纸				2 940	600	1 764 000	1 260	4 200	5 292 000	840	730	613 200	7 669 200
对外出售	木浆							300	4 200	1 260 000				1 260 000
	草浆	200	2 300	460 000										460 000
合计		2 000	2 300	4 600 000	6 090	600	3 654 000	1 560	4 200	6 552 000	1 290	730	941 700	15 747 700

制表:林 敏

注:领料单略。

记 账 凭 证 赵书晗

记 字 0098－0001/0002 制单日期：2010.12.30 附单据数： 2

摘要	科目名称	借方金额	贷方金额
结转材料成本差异	生产成本/新闻纸/材料费	62356282	
结转材料成本差异	生产成本/书写纸/材料费	90806504	
结转材料成本差异	其他业务成本/草浆	3476874	
结转材料成本差异	其他业务成本/木浆	14219728	
票号 日期	数量 单价 合计	170859388	170859388
备注	项目 客户 部门 业务员 个人		

记账 张佩瑶 审核 高云童 出纳 制单 杜思淼

记 账 凭 证 赵书晗

记 字 0098－0002/0002 制单日期：2010.12.30 附单据数： 2

摘要	科目名称	借方金额	贷方金额
结转材料成本差异	材料成本差异/废纸浆		55728202
结转材料成本差异	材料成本差异/木浆		73942588
结转材料成本差异	材料成本差异/助剂		6419861
结转材料成本差异	材料成本差异/草浆		34768737
票号 日期	数量 单价 合计	170859388	170859388
备注	项目 客户 部门 业务员 个人		

记账 张佩瑶 审核 高云童 出纳 制单 杜思淼

记 账 凭 证 赵书晗

记 字 0116 制单日期：2010.12.31 附单据数： 1

摘要	科目名称	借方金额	贷方金额
结转新闻纸销售成本	主营业务成本/新闻纸	2266115808	
结转新闻纸销售成本	库存商品/新闻纸		2266115808
结转书写纸销售成本	主营业务成本/书写纸	2286753665	
结转书写纸销售成本	库存商品/书写纸		2286753665
票号 － 日期	数量 单价 合计	4552869473	4552869473
备注	项目 客户 部门 业务员 个人		

记账 张佩瑶 审核 高云童 出纳 制单 杜思淼

材料计划成本、实际成本与材料成本差异计算表

2010 年 12 月 30 日

名称	月初数			本月购入				合计			
	数量	计划成本	成本差异	数量	实际成本	计划成本	成本差异	数量	计划成本	成本差异	成本差异率
草浆	1 870	4 301 000.00	335 478.00	2 365	5 840 250.00	5 439 500.00	400 750.00	4 235	9 74C 500.00	736 228.00	0.07558421
废纸浆	4 480	2 688 000.00	350 528.00	5 557	3 902 135.00	3 334 200.00	567 935.00	10 037	6 022 200.00	918 463.00	0.152512869
木浆	710	2 982 000.00	178 920.00	1 500	7 168 600.00	6 300 000.00	868 600.00	2 210	9 282 000.00	1 047 520.00	0.112854988
助剂	40	29 200.00	8 146.00	1 946	1 511 270.00	1 420 580.00	90 690.00	1 986	1 449 780.00	98 836.00	0.068173102
合计	—	10 000 200.00	873 072.00	—	18 422 255.00	16 494 280.00	1 927 975.00	—	26 494 480.00	2 801 047.00	0.105721909

制表:林敏

发出原材料差异汇总表

2010 年 12 月

材料费 / 领用部		草浆			废纸浆			木浆			助剂			差异合计
		金额	差异率（%）	差异额	金额	差异率（%）	差异额	金额	差异率（%）	差异额	金额	差异率（%）	差异额	
新闻纸车间	新闻纸	4 140 000.00	0.07558421	312 918.63	1 890 000.00	0.152512869	288 249.32				328 500.00	0.068173102	22 394.86	623 562.82
书写纸车间	书写纸			—	1 764 000.00	0.152512869	269 032.70	5 292 000.00	0.112854988	597 228.60	613 200.00	0.068173102	41 803.75	908 065.04
对外出售	木浆			—				1 260 000.00	0.112854988	142,197.28				142 197.28
	草浆	460 000.00	0.07558421	34 768.74										34 768.74
合计		4 600 000.00	0.07558421	347 687.37	3 654 000.00	0.152512869	557 282.02	6 552 000.00	0.112854988	739 425.88	941 700.00	0.068173102	64 198.61	1 708 593.88

制表：林敏

已售产品成本计算表

2010 年 12 月

产品种类	月初存货成本			本月单位生产成本			已售产品成本			月末产品成本		
	数量	单位成本	成本总额	数量	单位成本	成本总额	数量	单位成本	成本总额	数量	单位成本	成本总额
新闻纸	1 630	4 103.00	6 687 890.00	5 300	4120.21056	21 837 115.97	5 500	4120.21056	22 661 158.08	1 430	4 100.59	5 863 847.89
书写纸	1 250	4 586.00	5 732 500.00	5 200	4573.50733	23 782 238.12	5 000	4573.50733	22 867 536.65	1 450	4 584.28	6 647 201.47
合计			12 420 390.00			45 619 354.08			45 528 694.73			12 511 049.35

制表:许右

注:产品出库单可参见“项目二 销售与收款循环审计”中的出库单。

二、2010年12月未入账原始凭证

收料单

2010年12月26日　　　　编码:12017

<table>
<tr><td rowspan="2">材料编号</td><td rowspan="2">材料名称</td><td rowspan="2">规格</td><td rowspan="2">材质</td><td rowspan="2">单位</td><td colspan="2">数量</td><td rowspan="2">实际单价</td><td rowspan="2">材料金额</td><td rowspan="2">运费</td><td rowspan="2">(合计)材料实际成本</td></tr>
<tr><td>发票</td><td>实收</td></tr>
<tr><td>101</td><td>草浆</td><td></td><td></td><td>吨</td><td></td><td>200</td><td></td><td></td><td></td><td></td></tr>
<tr><td>供货单位</td><td colspan="2">美拉纸浆公司</td><td>结算方法</td><td></td><td>合同号</td><td colspan="2"></td><td>计划单价</td><td colspan="2">材料/计划成本</td></tr>
<tr><td>备注</td><td colspan="7"></td><td>2 300.00</td><td colspan="2">460 000.00</td></tr>
</table>

②财务记账联

主管:赵丹　　质量检验员:赵卓　　仓库验收:李伟　　经办人:

收料单

2010年12月26日　　　　编码:12018

<table>
<tr><td rowspan="2">材料编号</td><td rowspan="2">材料名称</td><td rowspan="2">规格</td><td rowspan="2">材质</td><td rowspan="2">单位</td><td colspan="2">数量</td><td rowspan="2">实际单价</td><td rowspan="2">材料金额</td><td rowspan="2">运费</td><td rowspan="2">(合计)材料实际成本</td></tr>
<tr><td>发票</td><td>实收</td></tr>
<tr><td>102</td><td>废纸浆</td><td></td><td></td><td>吨</td><td></td><td>200</td><td></td><td></td><td></td><td></td></tr>
<tr><td>供货单位</td><td colspan="2">美拉纸浆公司</td><td>结算方法</td><td></td><td>合同号</td><td colspan="2"></td><td>计划单价</td><td colspan="2">材料/计划成本</td></tr>
<tr><td>备注</td><td colspan="7"></td><td>600.00</td><td colspan="2">120 000.00</td></tr>
</table>

②财务记账联

主管:赵丹　　质量检验员:赵卓　　仓库验收:李伟　　经办人:

注:因发票未到,收料未入账。

三、其他相关资料

1.存货计价方法:库存商品采用全月一次加权平均法确定实际成本,原材料采用计划成本核算。

2.2010年原材料计划价格

编号	种类名称	计量单位	计划单价(元)
101	草浆	吨	2 300
102	废纸浆	吨	600
103	木浆	吨	4 200
104	助剂	吨	730

3.2010年1—12月份发生额及余额表(部分)

科目编码	科目名称	年初余额	1—12月借方发生额	1—12月贷方发生额	年末余额
1401	材料采购	11 630 715.00	145 127 427.83	156 758 142.83	0.00
140101	草浆	5 520 960.00	69 275 357.83	74 796 317.83	0.00
140102	废纸浆	3 151 005.00	32 182 530.00	35 333 535.00	0.00
140103	木浆	2 773 890.00	37 249 210.00	40 023 100.00	0.00
140104	助剂	184 860.00	6 420 330.00	6 605 190.00	0.00
1403	原材料	17 612 520.00	135 562 320.00	142 428 060.00	10 746 780.00
140301	草浆	4 370 000.00	62 134 500.00	61 364 000.00	5 140 500.00
140302	废纸浆	8 448 000.00	29 710 200.00	35 790 000.00	2 368 200.00
140303	木浆	4 704 000.00	37 590 000.00	39 564 000.00	2 730 000.00
140304	助剂	90 520.00	6 127 620.00	5 710 060.00	508 080.00
1404	材料成本差异	615 537.44	21 195 822.83	20 718 907.15	1 092 453.12
140401	草浆	536 818.00	12 661 817.83	12 810 095.20	388 540.63
140402	废纸浆	76 976.00	5 623 335.00	5 339 130.02	361 180.98
140403	木浆	924.00	2 433 100.00	2 125 929.88	308 094.12
140404	助剂	819.44	477 570.00	443 752.05	34 637.39
1405	库存商品	22 380 430.00	414 263 594.09	424 132 974.73	12 511 049.36
140501	新闻纸	10 225 810.00	190 625 195.97	194 987 158.08	5 863 847.89
140502	书写纸	12 154 620.00	223 638 398.12	229 145 816.65	6 647 201.47
1411	低值易耗品	91 050.00	0.00	0.00	91 050.00
141101	文件柜	16 500.00	0.00	0.00	16 500.00
141102	办公桌	17 000.00	0.00	0.00	17 000.00
141103	办公椅	8 500.00	0.00	0.00	8 500.00
141104	工作服	49 050.00	0.00	0.00	49 050.00
5001	生产成本	11 106 338.22	410 653 019.12	414 263 594.09	7 495 763.25
500101	新闻纸	4 753 232.66	189 259 585.24	190 625 195.97	3 387 621.93
500102	书写纸	6 353 105.56	221 393 433.88	223 638 398.12	4 108 141.32
6401	主营业务成本	0.00	424 132 974.73	424 132 974.73	0.00
640101	新闻纸	0.00	194 987 158.08	194 987 158.08	0.00
640102	书写纸	0.00	229 145 816.65	229 145 816.65	0.00
6402	其他业务成本	0.00	1 896 966.02	1 896 966.02	0.00
640201	草浆	0.00	494 768.74	494 768.74	0.00
640203	木浆	0.00	1 402 197.28	1 402 197.28	0.00

四、审计情形设定

1.假定2010年末存货未发生跌价。

2.假定2010年12月31日监盘存货。存货盘点表记载的实际盘点结果如表10-4-1所示。

表10-4-1　　存货盘点结果

①库存商品仓库			②原材料仓库		
名称	单位	数量	名称	单位	数量
新闻纸	吨	1 430	草浆	吨	2 435
书写纸	吨	1 450	废纸浆	吨	4 147
			木浆	吨	650
			助剂	吨	696

注:学生可以在教师的指导下设计存货盘点的情形,如无法盘点、盘盈或盘亏。

任务一　存货审计

【模拟操作】 编制相应审计工作底稿(见表10-4-2)。

表10-4-2　　存货实质性程序

第一部分　认定、审计目标和审计程序对应关系

一、审计目标与认定对应关系表

审计目标	财务报表认定				
	存在	完整性	权利和义务	计价和分摊	列报
A资产负债表中记录的存货是存在的	√				
B所有应当记录的存货均已记录		√			
C记录的存货由被审计单位拥有或控制			√		
D存货以恰当的金额包括在财务报表中,与之相关的计价调整已恰当记录				√	
E存货已按照企业会计准则的规定在财务报表中做出恰当列报					√

二、审计目标与审计程序对应关系表

审计目标	可供选择的审计程序	索引号
D	1.获取或编制存货分类明细表,复核加计是否正确,并与总账数、明细账合计数、报表数核对是否相符	
ABD	2.实质性分析程序(必要时):(略)	略
AB	3.执行存货监盘程序,编制存货监盘报告(目的:确定存货的数量和状况)。 (1)从明细账中选取具有代表性的样本,与盘点报告(记录)的数量核对。 (2)从盘点报告(记录)中抽取有代表性的样本,与明细账的数量核对	

（续表）

审计目标	可供选择的审计程序	索引号
AB	4.对存货进行截止测试： (1)入库截止测试：①在明细账的借方发生额中选取资产负债表日前后________张、________金额以上的凭证，并与入库记录（如入库单或购货发票或运输单据）核对，以确定入库被记录在正确的会计期间；②在入库记录（如入库单或购货发票或运输单据）中选取资产负债表日前后________张、________金额以上的凭据，与明细账的借方发生额进行核对，以确定入库被记录在正确的会计期间。 (2)出库截止测试：①在明细账的贷方发生额中选取资产负债表日前后________张、________金额以上的凭证，并与出库记录（如出库单或销货发票或运输单据）核对，以确定出库被记录在正确的会计期间；②在出库记录（如出库单或销货发票或运输单据）中选取资产负债表日前后________张、________金额以上的凭据，与明细账的贷方发生额进行核对，以确定出库被记录在正确的会计期间	
D	5.存货计价测试： (1)检查各项存货的入账基础和计价方法是否正确，前后期是否一致，自明细表中选取样本。①以实际成本计价时，将其单位成本与购货发票（外购）或成本计算单（自制）核对，并确认成本中不包含增值税。②以计划成本计价时，将其单位成本与被审计单位制定的计划成本、相关成本差异明细账及购货发票（外购）或成本计算单（自制）核对，同时关注被审计单位计划成本制定的合理性。③抽查库存商品入库单，核对库存商品的品种、数量与入账记录是否一致；并将入库库存商品的实际成本与相关科目（如生产成本）的结转额核对并作交叉索引。 (2)检查发出存货的计价是否正确：①了解被审计单位原材料、库存商品（产成品）发出的计价方法，前后期是否一致，并抽取主要品种项目复核其计算是否正确。②编制本期发出原材料、库存商品（产成品）汇总表，与相关科目勾稽核对，并复核________月发出汇总表的正确性。 (3)检查材料成本差异：①复核计算材料成本差异率，检查计算方法前后期是否一致。②结合以计划成本计价的原材料、周转材料（低值易耗品、包装物）等的入账基础测试，比较计划成本与供货商发票或其他实际成本资料，检查材料成本差异的发生额是否正确。③抽查________月发出材料（商品）汇总表，检查材料成本差异的分配是否正确，并注意分配方法前后期是否一致。 (4)检查存货跌价准备的计提、转销及会计处理是否正确	略
E	6.检查存货是否在财务报表中恰当列报	

第二部分　计划实施的实质性程序（略）

存货审定表

被审计单位：______	索引号：______
项目：存货	财务报表截止日/期间：______
编制：______ 日期：______	复核：______ 日期：______

存货项目	期末未审数	账项调整		重分类调整		期末审定数	上期末审定数	索引号
		借方	贷方	借方	贷方			
一、存货账面余额								
原材料								
材料成本差异								
材料采购								
低值易耗品								
库存商品								
发出商品								
在产品								
合计								
二、存货跌价准备								
略	0					0	0	
合计	0					0	0	

（续表）

三、存货账面价值							
原材料							
材料成本差异							
材料采购							
低值易耗品							
库存商品							
发出商品							
在产品							
合计							
调整分录：							
内容	科目	金额	金额	金额	金额		

审计结论：

存货类别明细表

被审计单位：＿＿＿＿＿＿　　索引号：＿＿＿＿＿＿

项目：存货类别明细表　　财务报表截止日/期间：＿＿＿＿＿＿

编制：＿＿＿＿ 日期：＿＿＿＿　　复核：＿＿＿＿ 日期：＿＿＿＿

存货类别	名称及规格	期初余额	本期增加	本期减少	期末余额
原材料					
	草浆				
	废纸浆				
	木浆				
	助剂				
材料成本差异					
	草浆				
	废纸浆				
	木浆				
	助剂				
材料采购					
	草浆				
	废纸浆				
	木浆				
	助剂				
低值易耗品		91 050.00	0.00	0.00	91 050.00
	文件柜	16 500.00	0.00	0.00	16 500.00
	办公桌	17 000.00	0.00	0.00	17 000.00
	办公椅	8 500.00	0.00	0.00	8 500.00
	工作服	49 050.00	0.00	0.00	49 050.00
库存商品					
	新闻纸				
	书写纸				
在产品					
	新闻纸				
	书写纸				
合计					

审计说明：

已与明细账、总账余额、报表数核对＿＿＿＿＿＿＿＿。

存货入库截止测试

被审计单位：______	索引号：______
项目：存货入库截止测试	财务报表截止日/期间：______
编制：______日期：______	复核：______日期：______

一、从存货明细账的借方发生额中抽取样本与入库记录核对，以确定存货入库被记录在正确的会计期间

序号	摘要	明细账凭证			入库单(或购货发票)			是否跨期
		编号	日期	金额	编号	日期	金额	
1								
2								
3								

截止日前

截止日期：______年______月______日

截止日后

二、从存货入库记录抽取样本与明细账的借方发生额核对，以确定存货入库被记录在正确的会计期间

序号	摘要	入库单(或购货发票)			明细账凭证			是否跨期
		编号	日期	金额	编号	日期	金额	
1								
2								
3								

截止日前

截止日期：______年______月______日

截止日后

编制说明：

本表适用于材料采购/在途物资、原材料、在产品、库存商品等。

审计说明：

1. 抽取样本数量为不少于______笔，检查发现存在跨期事项，则扩大样本量进行审计。

2. ______________________________。

3. ______________________________。

存货出库截止测试

被审计单位：________________　　索引号：________________
项目：存货出库截止测试　　财务报表截止日/期间：________________
编制：________ 日期：________　　复核：________ 日期：________

一、从存货明细账的贷方发生额中抽取样本与出库记录核对，以确定存货出库被记录在正确的会计期间

序号	摘要	明细账凭证			出库单(或销售发票)			是否跨期
		编号	日期	金额	编号	日期	金额	
1								
2								
3								

截止日前

截止日期：________年________月________日

截止日后

二、从存货出库记录抽取样本与明细账的贷方发生额核对，以确定存货出库被记录在正确的会计期间

序号	摘要	出库单(或销售发票)			明细账凭证			是否跨期
		编号	日期	金额	编号	日期	金额	
1								
2								
3								

截止日前

截止日期：________年________月________日

截止日后

编制说明：

本表适用于材料采购/在途物资、原材料、在产品、库存商品等。

审计说明：

注：存货监盘程序、存货盘点计划问卷（略）。

存货监盘报告

被审计单位：________	索引号：________
项目：存货监盘报告	财务报表截止日/期间：________
编制：________ 日期：________	复核：________ 日期：________

一、盘点日期：________年________月________日

二、盘点仓库名称：________

仓库负责人：________

仓库记账员：________仓库保管员：________

仓库概况：(仓库共____间，描述各仓库的特点)

三、监盘参加人员

监盘人员(________事务所)注册会计师：________、________

监盘人员(________公司财务处)：________

公司盘点负责人：________

公司盘点人员：________

上述人员在监盘过程中，除________外，自始至终未离开现场。

四、监盘开始前的工作

项　目	是或否	工作底稿编号
1.索取《期末存货盘点计划》		
2.索取该仓库《存货收发存月报表》		
3.索取存货的《盘点清单》		
4.索取盘点前该仓库收料、发料的最后一张单证		
5.存货是否已停止流动		
6.废品、毁损物品是否已分开堆放		
7.货到单未到的存货是否已暂估入账		
8.发票未开，客户已提去的存货是否已单独记录		
9.发票已开，客户未提去的存货是否已单独记录(或单独堆放)		
10.存货是否已按存货的型号、规格排放整齐		
11.外单位寄存的货物是否已分开堆放		
12.代外单位保管的货物是否已分开堆放		
13.外单位代销的货物是否已分开堆放		
14.其他非本公司的货物是否已分开堆放		
15.委托外单位加工的存货、存放外单位的存货，是否收到外单位的书面确认书		
16.最近一次盘点存货的日期		
17.最近一次对计量用具(地秤、称量器和其他计量器)的校对		
18.是否有存货的记录位置或存放图		

五、监盘进行中的工作

1.监盘从____点开始，共分______个监盘小组，每个小组______人。

a.一人点数并报出型号、规格；

b.一人记录《盘点表》；

c.一人________________________________。

2.核对仓库报表结存数量与仓库存货账结存数量是否相符；仓库存货账结存数量与仓库存货卡数量是否相符；填制《存货表、账、卡核对记录表》。

3.盘点结束，索取《盘点表》及《存货盘盈、盘亏汇总表》。

六、复盘

盘点结束后，选择数额较大、收发频繁的存货项目进行复盘。

复盘人员：____________复盘记录详见《存货监盘结果汇总表》(附后)。

复盘统计：

品种、型号共________种，复盘________种，占________%；金额共________元，复盘达________元，占________%。

计算复盘正确率：

复盘共________种，其中复盘正确的有________种，占________%；

复盘金额共________元，其中复盘正确的有________元，占________%。

确定存货中属于残次、毁损、滞销积压的存货及其对当年损益的影响：

存货中属于残次、毁损、滞销积压的存货的金额：

其中：原材料：____________元；

在产品：____________元；

产成品：____________元；

库存商品：__________元；

________：__________元；

合　计：____________元。

七、盘点结束后的工作

1.再次观察现场并检查盘点表单；

2.复核盘点结果汇总记录；

3.关注盘点日与资产负债表日之间存货的变动情况；

4.关注存货盘点结果与永续盘存记录之间出现重大差异的处理；

5.关注被审计单位盘点方式及其结果无效时的处理，如果认为被审计单位的盘点方式及其结果无效，注册会计师应当提请被审计单位重新盘点；

6.请参加复盘人员在《存货监盘结果汇总表》上签字；

7.索取由仓库人员填写的《复盘差异说明》(请用文字说明，并加盖单位公章)。

八、对盘点及复盘的评价

1.仓库管理人员对存货很(一般、不)熟悉；

2.盘点工作及复盘工作很(一般、不)认真；

3.对会计师需要的资料很(一般、不)配合；

4.监盘结果总体评价：(略)。

监盘人员签名：________________、________________、________________

存货监盘结果汇总表

被审计单位：＿＿＿＿＿＿＿＿　　索引号：＿＿＿＿＿＿＿＿
项目：存货监盘结果汇总表　　财务报表截止日/期间：＿＿＿＿＿＿
编制：＿＿＿＿日期：＿＿＿＿　　复核：＿＿＿＿日期：＿＿＿＿

存货类别	存货名称	单位	监盘数量	未经确认盘点表数量	差异数量	差异原因	索引号	审计确认盘点表数量

监盘人员签名＿＿＿＿＿＿
＿＿＿＿＿＿
＿＿＿＿＿＿

编制说明：

本表适用于监盘日(盘点日)为财务报表截止日的情况。

审计说明：

存货明细账与盘点报告(记录)核对表

被审计单位：________	索引号：________
项目：存货明细账与盘点报告(记录)核对表	财务报表截止日/期间：________
编制：________ 日期：________	复核：________ 日期：________

一、从明细账中选取具有代表性的样本，将明细账上的存货数量与经确认盘点报告的数量核对

序号	地点	样本描述		期末存货明细账记录			索引号	经确认的期末存货盘点表	数量差异	差异分析及处理
		存货类别	存货型号	单价	数量①	金额		数量②	③=①-②	
1		草浆								
2		废纸浆								
3		木浆								
4		助剂								
5		新闻纸								
6		书写纸								

二、从经确认的盘点报告中抽取有代表性的样本，将盘点报告的数量与存货明细账核对

序号	地点	样本描述		索引号	经确认的期末存货盘点表	期末存货明细账记录			数量差异	差异分析及处理
		存货类别	存货型号		数量①	单价	数量②	金额	③=①-②	
1		草浆								
2		废纸浆								
3		木浆								
4		助剂								
5		新闻纸								
6		书写纸								

编制说明：本表适用于监盘日(盘点日)为财务报表截止日的情况。

监盘人员签名________、________、________

审计说明：

存货计价测试表

被审计单位：______________ 索引号：______________

项目：存货计价测试表 财务报表截止日/期间：______________

编制：________ 日期：________ 复核：________ 日期：________

	收入			发出					结存				测试（计价方法：月末一次加权平均法）			
				销售		发出商品							应结转金额			
	数量	金额	单价	数量	金额	数量	金额	单价	数量	单价	金额	加权单价	营业成本	发出商品	应结存金额	差异
选择要测试的科目：新闻纸																
期初																
12月																
选择要测试的科目：书写纸																
期初																
12月																
合计																

审计说明：

抽取两种库存商品进行计价测试。

任务二 营业成本审计

【模拟操作】 编制相应审计工作底稿(见表10-4-3)。

表10-4-3 营业成本实质性程序

被审计单位：______	索引号：______
项目：营业成本实质性程序	财务报表截止日/期间：______
编制：______日期：______	复核：______日期：______

第一部分 认定、审计目标和审计程序对应关系

一、审计目标与认定对应关系表

审计目标	财务报表认定					
	发生	完整性	准确性	截止	分类	列报
A 利润表中记录的营业成本已发生，且与被审计单位有关	√					
B 所有应当记录的营业成本均已记录		√				
C 与营业成本有关的金额及其他数据已恰当记录			√			
D 营业成本已记录于正确的会计期间				√		
E 营业成本已记录于恰当的账户					√	
F 营业成本已按照企业会计准则的规定在财务报表中做出恰当的列报						√

二、审计目标与审计程序对应关系表

审计目标	可供选择的审计程序	索引号
(一)主营业务成本		
C	1. 获取或编制主营业务成本明细表，复核加计是否正确，并与总账数和明细账合计数核对是否相符，将其他业务成本科目与营业成本报表数核对是否相符	
ABC	2. 实质性分析程序(略)	
ABC	3. 检查主营业务成本的内容和计算方法是否符合会计准则规定，前后期是否一致	
ABC	4. 复核主营业务成本明细表的正确性，编制生产成本与主营业务成本倒轧表，并与相关科目交叉索引	
AB	5. 抽查__月主营业务成本结转明细清单，比较计入主营业务成本的品种、规格、数量和主营业务收入的口径是否一致，是否符合配比原则	
ABCDE	6. 针对主营业务成本中重大调整事项(如销售退回)、非常规项目，检查相关原始凭证，评价真实性和合理性，检查其会计处理是否正确	
C	7. 在采用计划成本、定额成本、标准成本或售价核算存货的条件下，应检查产品成本差异或商品进销差价的计算、分配和会计处理是否正确	
AB	8. 结合期间费用的审计，判断被审计单位是否通过将应计入生产成本的支出计入期间费用，或将应计入期间费用的支出计入生产成本等手段调节生产成本，从而调节主营业务成本	
(二)其他业务成本(略)		
F	9. 检查营业成本是否在财务报表中做出恰当列报	

第二部分 计划实施的实质性程序(略)

营业成本审定表

被审计单位：________ 索引号：________

项目：营业成本审定表 财务报表截止日/期间：________

编制：______ 日期：______ 复核：______ 日期：______

项目类别	本期未审数	账项调整		本期审定数	上期审定数	索引号
		借方	贷方			
一、主营业务成本						
二、其他业务成本						
营业成本合计					356 012 830.00	
调整分录：						
内容	科目	金额	金额			

审计结论：

主营业务成本明细表

被审计单位：________　索引号：________

项目：主营业务成本明细表　财务报表截止日/期间：________

编制：________　日期：________　复核：________　日期：________

月份	主营业务成本明细项目					
	合计	新闻纸	书写纸			
1						
2						
3						
4						
5						
6						
7						
8						
9						
10						
11						
12						
合计						
上期数						
变动额						
变动比例						

审计说明：

1. 已与明细账、总账余额、报表数核对________。

主营业务成本倒轧表

被审计单位：________	索引号：________
项目：　主营业务成本倒轧表	财务报表截止日/期间：________
编制：________日期：________	复核：________日期：________

存货种类	未审数	调整或重分类		审定数	索引号
		借或贷	金额		
期初原材料余额					
加：期初材料成本差异余额					
加：本期购货净额					
减：期末原材料余额					
减：期末材料成本差异余额					
减：其他原材料发出额					
减：其他发出原材料分摊的材料成本差异					
直接材料成本					
加：直接人工成本					
加：制造费用					
产品生产成本					
加：在产品期初余额					
减：在产品期末余额					
减：其他在产品发出额					
库存商品成本					
加：库存商品期初余额					
减：库存商品期末余额					
减：其他库存商品发出额					
主营业务成本					

审计说明：

注：其他业务成本明细表（略）。

实训

一、判断题

1. 如果由于被审计单位存货的性质或位置等原因导致无法实施存货监盘，注册会计师应当直接发表保留意见或无法表示意见。（ ）

2. 在实行计划成本核算的情况下，期末不论材料成本差异账户的余额在哪方，一律从存货的合计数中扣除来确定存货报表数。（ ）

3. 被审计单位财务负责人认为由于本公司存货采用永续盘存制，因此可不必对存货进行实地盘点。注册会计师应接受这种意见。（ ）

4. 进行营业成本审计时，首先获取或编制主营业务成本明细表，复核加计是否正确，并与总账数和明细账合计数核对是否相符，将其他业务成本科目与营业成本报表数核对是否相符。（ ）

5. 被审计单位有责任确定适当程序，进行准确的盘点并正确记录盘点数。（ ）

二、单项选择题

1. 对存货实施定期盘点属于（ ）。

A. 注册会计师的审计责任　　B. 被审计单位的会计责任

C. 会计师事务所质量控制要求　　D. 被审计单位财务部门的责任

2. 注册会计师监盘客户存货的主要目的是（ ）。

A. 查明是否漏盘某些主要的存货项目　　B. 查明存货的计价是否正确

C. 了解盘点指示是否贯彻执行　　D. 获得存货是否实际存在的证据

3. 注册会计师在企业存货的盘点工作中，应当（ ）。

A. 亲自进行独立的存货盘点

B. 参与企业盘点，并对盘点工作进行适当地观察和检查

C. 观察企业盘点，完全不必亲自盘点

D. 制订盘点计划，由企业进行盘点，将盘点结果汇入工作底稿

4. 生产与仓储循环和销售与收款循环的直接联系发生于（ ）。

A. 借记原材料、贷记应付账款之时

B. 借记货币资金、贷记应收账款之时

C. 借记主营业务成本、贷记库存商品之时

D. 借记应付账款、贷记货币资金之时

5. 生产与仓储循环有关交易的实质性程序不包括（ ）。

A. 成本会计制度的测试　　B. 分析程序的运用

C. 存货的监盘　　D. 存货计价的测试

三、多项选择题

1. 直接材料成本实质性程序的主要内容包括（ ）。

A. 审查直接材料耗用量的真实性

B. 审查直接材料的计价

C. 审查直接材料费用的分配

D. 分析同一产品前后年度的直接材料成本，看有无重大变动

2. 下列属于生产与仓储循环涉及的主要凭证与会计记录的是（　　）。

A. 生产指令　　B. 工时记录　　C. 成本计算单　　D. 销售发票

3. 生产与仓储循环的内部控制包括（　　）。

A. 成本会计制度　　B. 存货存储控制　　C. 存货的监盘　　D. 薪酬的内部控制

4. 如果无法对被审计单位存货实施监盘，注册会计师应当考虑能否实施替代审计程序，这些替代审计程序主要包括（　　）。

A. 检查进货交易凭证或生产记录以及其他相关资料

B. 检查资产负债表日后发生的销货交易凭证

C. 检查资产负债表日后付款凭证

D. 向顾客或供应商函证

5. 存货截止测试的方法有（　　）。

A. 抽查存货截止日前后的购货发票，并与验收单核对

B. 检查验收部门验收单，查明其相对应的购货发票是否在同期入账

C. 检查成本计算单

D. 检查材料费用分配表

四、案例分析题

1. 某企业材料采用计划成本核算。注册会计师在检查基本生产车间“生产成本”、“原材料”和“材料成本差异”等明细账时，发现甲材料12月初“材料成本差异”账户为借方余额8 340元，库存原材料计划成本为320 000元。12月份购入甲材料的实际成本为2 455 000元，计划成本为2 500 000元，12月份发出甲材料的计划成本为960 000元，其中生产车间生产产品领用920 000元，生产车间一般耗用领用12 000元，行政管理部门领用8 000元，销售部门领用20 000元；结转耗用材料的实际成本为931 960元。12月份产品全部完工并售出。

要求：

(1)说明运用的审计程序。

(2)指出企业存在的问题。

(3)提出审计调整建议。

2. 注册会计师在对ABC公司2012年年报进行审计时，发现该公司在2012年初与Z公司签订了一项经营租赁合同。ABC公司租用Z公司两台设备，租期为3年，每月租金15 000元，第一年免交租金。ABC公司认为因第一年免交租金，所以2012年度ABC公司无相关的租赁费用。

讨论：

(1)注册会计师能否同意ABC公司的会计处理？说明理由。

(2)如何编制审计调整分录？

项目五　筹资与投资循环审计

情景八

一、2010 年部分财务报表附注

……

四、重要报表项目的说明

……

11. 长期借款：

项目	期末数	期初数
抵押借款	无	无
保证借款	无	无
信用借款	12 000 000.00	7 000 000.00

……

二、2010 年 12 月份长期借款、财务费用部分总账、明细账、记账凭证及原始凭证

长期借款总账

科目：长期借款(2501)

2010 年		凭证号	摘要	借方	贷方	方向	余额
月	日						
12	1		期初余额			贷	12 000 000.00
12			本月合计	0.00	0.00	贷	12 000 000.00
12			本年累计	15 000 000.00	10 000 000.00		

注：长期借款 12 月份没有增减变动，明细账略。

财务费用明细账

科目：财务费用(6603)

2010 年		凭证号	摘要	借方	贷方	方向	余额
月	日						
12	31	记-0102	收到活期存款利息	−5 803.55		贷	5 803.55
12	31	记-0108	计提借款利息	108 875.00		借	103 071.45
12	31	记-0123	期间损益结转		103 071.45	平	0.00
12			本月合计	103 071.45	103 071.45	平	
12			本年累计	824 053.79	824 053.79		

记 账 凭 证

赵书晗

记 字 0108　　制单日期：2010.12.31　　附单据数：2

摘要	科目名称	借方金额	贷方金额
计提借款利息	财务费用	10887500	
计提借款利息	应付利息/短期借款利息		1887500
计提借款利息	应付利息/长期借款利息		9000000
票号 日期	数量 单价　合计	10887500	10887500
备注	项目 客户　部门 业务员　个人		

记账 张佩瑶　审核 高云童　出纳　制单 杜思淼

借款应付利息计算表

2010 年 12 月 31 日

计息起讫期	借款种类	借款本金	年利率	日利率	应付利息	借方科目
12.1－12.31	短期借款	1 650 000.00	3%	0.008333%	1 375.00	财务费用
12.10－12.31	短期借款	10 000 000.00	3%	0.008333%	17 500.00	财务费用
合计		11650 000.00			18 875.00	

制单：赵明明

借款应付利息计算表

2010 年 12 月 31 日

计息起讫期	借款种类	借款本金	年利率	应付利息	借方科目
12.1－12.31	长期借款(4 年)	2 000 000.00	9%	15 000.00	财务费用
12.1－12.31	长期借款(5 年)	10 000 000.00	9%	75 000.00	财务费用
合计		12 000 000.00		90 000.00	

制单：赵明明

三、其他相关资料

1. 长期借款的实际利率与合同利率相同

2. 2010 年 1—12 月份发生额及余额表（部分）

科目编码	科目名称	年初余额	本年借方发生额	本年贷方发生额	年末余额
2231	应付利息	0.00	821 125.00	930 000.00	108 875.00
223101	短期借款利息	0.00	118 625.00	137 500.00	18 875.00
223102	长期借款利息	0.00	702 500.00	792 500.00	90 000.00
2501	长期借款	17 000 000.00	15 000 000.00	10 000 000.00	12 000 000.00
6603	财务费用		824 053.79	824 053.79	
660301	短期借款利息		137 500.00	137 500.00	

（续表）

科目编码	科目名称	年初余额	本年借方发生额	本年贷方发生额	年末余额
660302	长期借款利息		792 500.00	792 500.00	
660303	利息收入		−105 946.21	−105 946.21	
660304	手续费		0	0	

3. 抵押贷款合同

中国建设银行抵押借款合同

合同编号：长建动抵字 20092108

贷款抵押人：长春平安纸业有限责任公司，以下简称甲方

贷款抵押权人：中国建设银行长春银海支行，以下简称乙方

甲方因扩大生产经营需要，向乙方申请贷款作为流动资金。……为此，特订立本合同。

第一条 贷款内容

1. 贷款总金额：人民币贰佰万元整。

2. 贷款用途：本贷款只能用于生产的需要，不得挪作他用，更不得使用贷款进行违法活动。

3. 贷款期限：4 年，自 2009 年 5 月 26 日起，至 2013 年 5 月 25 日止。

4. 贷款利率：年利率 9%，每月付息一次。

5. 贷款的偿还：甲方保证在合同规定的贷款期限内按照约定主动还本付息。……贷款最后还款日为 2013 年 5 月 25 日。

第二条 抵押物事项

1. 抵押物名称：新闻纸生产线。

2. 制造厂家：江南重型机械设备制造有限责任公司。

3. 置放地点：长春平安纸业有限责任公司新闻纸生产车间。

4. 抵押物发票总金额：3 600 000 元。

5. 抵押期限：自本贷款合同生效之日起至甲方还清乙方与本合同有关的全部贷款本息止。

第三条 甲乙双方的义务（略）

第四条 违约责任（略）

第五条 争议的解决（略）

本合同一式三份，甲、乙双方各执一份，公证处留存一份，自公证书签发之日起生效。

甲方：长春平安纸业有限责任公司
代表人：黄河（签字）
地址：长春市高新区浦东路 0001 号
银行及账号：中国建设银行长春银海支行
2201 0222 2220 6777 777

乙方：中国建设银行长春银海支行
代表人：马航天（签字）
地址：长春市西安大路 88 号

订立时间：2009 年 5 月 26 日　　订立地点：中国建设银行长春银海支行营业部

（注：其他销售合同略。）

4. 银行借款明细表（见表 10-5-1）

表 10-5-1

银行借款明细表

2010 年 1 月 1 日～12 月 31 日

贷款银行	借款期限		利率	年初余额	本年增加		本年归还		年末余额	本年实计利息	借款条件	借款用途
	借款日	到期日	(年)	本金	日期	本金	日期	本金	本金			
建行银海支行	2009.11.1	2010.3.31	3%	3 650 000.00			2010.4.1	3 650 000.00	—	27 375.00	信用借款按月付息	临时借款
建行银海支行	2010.3.9	2010.10.8	3%		2010.3.9	4 350 000.00	2010.10.9	4 350 000.00	—	76 125.00	信用借款按月付息	生产周转
建行银海支行	2010.9.1	2011.4.30	3%			1 650 000.00			1 650 000.00	16 500.00	信用借款按月付息	生产周转
建行银海支行	2010.12.8	2011.8.7	3%		2010.12.8	10 000 000.00			10 000 000.00	17 500.00	信用借款按月付息	生产周转
短期借款小计				3 650 000.00		16 000 000.00		8 000 000.00	11 650 000.00	137 500.00		
建行银海支行	2008.3.31	2010.3.30	9%	15 000 000.00			2010.3.30	15 000 000.00	—	337 500.00	保证借款按月付息	扩大经营
建行银海支行	2009.5.26	2013.5.25	9%	2 000 000.00					2 000 000.00	180 000.00	抵押借款(生产线)按月付息	扩大经营
建行银海支行	2010.9.10	2015.9.9	9%		2010.9.10	10 000 000.00			10 000 000.00	275 000.00	抵押借款(办公楼)按月付息	扩大经营
长期借款小计				17 000 000.00		10 000 000.00		15 000 000.00	12 000 000.00	792 500.00		

提示：

1. 同时参考其他项目中的有关信息。

2. 结合项目六中的银行存款函证，对长期借款进行函证。

情景九

一、2010 年 12 月份所得税有关的总账、明细账、记账凭证及原始凭证

所得税费用明细账

科目:所得税费用(6801)

2010 年		凭证号	摘要	借方	贷方	方向	余额
月	日						
12	31	记-0124	计提所得税	1 961 467.74		借	1 961 467.74
12	31	记-0125	结转所得税		1 961 467.74	平	0.00
12			本月合计	1 961 467.74	1 961 467.74	平	
12			本年累计	6 476 963.92	6 476 963.92	平	

记 账 凭 证 赵书晗

记 字 0124　　制单日期: 2010.12.31　　附单据数: 1

摘要	科目名称	借方金额	贷方金额
计提所得税	所得税费用	196146774	
计提所得税	应交税费/应交所得税		196146774
票号 - 日期	数量 单价 合计	196146774	196146774
备注	项 目 客 户	部 门 业务员	个 人

记账 张佩瑶　　审核 高云童　　出纳　　制单 杜思淼

所得税费用计算表

2010 年 12 月 31 日

项目	行次	金额
1.税前会计利润	1	10 880 616.61
2.纳税调整		
(1)纳税调整增加额	2	2 195 835.00

（续表）

项目	行次	金额
（2）纳税调整减少额	3	0.00
3.应纳税所得额	4=1+2−3	13 076 451.61
4.适用税率	5	15%
5.当期所得税费用	6=4×5	1 961 467.74
6.递延所得税费用		
（1）递延所得税负债增加额	7	0.00
（2）递延所得税资产减少额	8	0.00
（3）递延所得税资产增加额	9	0.00
（4）递延所得税负债减少额	10	0.00
7.所得税费用	12=6+7+8−9−10	1 961 467.74

制表：王晶晶

二、其他相关资料

1.2010 年纳税申报表（略）

2.所得税会计政策

采用资产负债表债务法，以会计利润为基础，针对发生的交易或事项所作的会计处理与税务处理的差异进行调整后，确定应纳所得税。

3.2010 年 1—12 月份发生额及余额表（部分）

科目名称	方向	年初余额	本年借方发生额	本年贷方发生额	年末余额
资产减值损失 6701			2 195 835.00	2 195 835.00	
坏账准备 670101			2 200 481.00	2 200 481.00	
所得税费用 6801			6 476 963.92	6 476 963.92	
应交税费 2221	贷	5 120 104.10	271 851 344.93	27 2045 003.47	5 313 762.64
应交所得税 222104	贷	0.00	6476963.92	6476963.92	0.00
固定资产减值准备 1603	贷	0.00	0.00	0.00	0.00

提示：

同时参考其他项目中有关的信息。

任务一　长期借款审计

【模拟操作】　编制相应审计工作底稿（见表 10-5-2）。

表 10-5-2 **长期借款实质性程序**

被审计单位：________	索引号：________
项目：长期借款实质性程序	财务报表截止日/期间：________
编制：______ 日期：______	复核：______ 日期：______

第一部分　认定、审计目标和审计程序对应关系

一、审计目标与认定对应关系表

审计目标	财务报表认定				
	存在	完整性	权利和义务	计价和分摊	列报
A 资产负债表中记录的长期借款是存在的	√				
B 所有应当记录的长期借款均已记录		√			
D 记录的长期借款是被审计单位应当履行的现时义务			√		
C 长期借款以恰当的金额包括在财务报表中，与之相关的计价调整已恰当记录				√	
E 长期借款已在财务报表中做出恰当列报					√

二、审计目标与审计程序对应关系表

审计目标	可供选择的审计程序	索引号
D	1. 获取或编制长期借款明细表：复核加计是否正确，并与总账数和明细账合计数及报表数核对是否相符	
ACD	2. 对长期借款进行函证	
ABCD	3. 检查长期借款的增加。对年度内增加的长期借款，检查借款合同和授权批准，了解借款数额、借款条件、借款用途、借款日期、还款期限、借款利率，并与相关会计记录核对	
ABD	4. 检查长期借款的减少。对年度内减少的长期借款，检查相关记录和原始凭证，核实还款数额，并与相关会计记录核对	
D	5. 根据长期借款的利率和期限，复核长期借款的利息计算是否正确	
AD	6. 检查借款费用的会计处理是否正确	
E	7. 检查长期借款是否已在财务报表中做出恰当的列报	

第二部分　计划实施的实质性程序(略)

长期借款审定表

被审计单位：＿＿＿＿＿＿　索引号：＿＿＿＿＿＿

项目：长期借款审定表　财务报表截止日/期间：＿＿＿＿＿＿

编制：＿＿＿＿日期：＿＿＿＿　复核：＿＿＿＿日期：＿＿＿＿

项目名称	期末未审数	账项调整		重分类调整		期末审定数	上期末审定数	索引号
		借方	贷方	借方	贷方			
信用借款								
抵押借款								
质押借款								
保证借款								
合　计								
调整分录：								
内容	科目	金额	金额	金额	金额			

审计结论：

长期借款明细表

被审计单位：__________　　索引号：__________

项目：长期借款明细表　　财务报表截止日/期间：__________

编制：______ 日期：______　　复核：______ 日期：______

贷款银行	借款期限		利率（年）	年初余额	本年增加		本年归还		期末余额	本期实计利息	本期应计利息	差异	借款条件	借款用途	备注
	借款日	到期日		本金	日期	本金	日期	本金	本金	全年	全年				
建行银海支行															
建行银海支行															
建行银海支行															
小计															

编制说明：

外币长期借款应列明原币金额及折算汇率。

审计说明：

长期借款利息测算表

被审计单位：＿＿＿＿＿＿ 索引号：＿＿＿＿＿＿

项目：长期借款利息测算表 财务报表截止日/期间：＿＿＿＿＿＿

编制：＿＿＿＿ 日期：＿＿＿＿ 复核：＿＿＿＿ 日期：＿＿＿＿

贷款银行	本金	本期计息期	年利率	本期应计利息	利息（实际利息）分配数					核对是否正确	差异原因
					财务费用	在建工程	制造费用	研发支出	合计		
合计											

编制说明：

1. 项目名称按长期借款的明细项目列示；

2. 实际利息按照摊余成本与实际利率（实际利率与合同利率差异不大的除外）计算。

审计说明：

任务二 财务费用审计

【模拟操作】 编制相应审计工作底稿(见表 10-5-3)。

表 10-5-3 财务费用实质性程序

被审计单位:____________	索引号:____________
项目:财务费用实质性程序	财务报表截止日/期间:____________
编制:______ 日期:______	复核:______ 日期:______

第一部分 认定、审计目标和审计程序对应关系

一、审计目标与认定对应关系表

审计目标	财务报表认定					
	发生	完整性	准确性	截止	分类	列报
A 利润表中记录的财务费用已发生,且与被审计单位有关	√					
B 所有应当记录的财务费用均已记录		√				
C 与财务费用有关的金额及其他数据已恰当记录			√			
D 财务费用已记录于正确的会计期间				√		
E 财务费用已记录于恰当的账户					√	
F 财务费用已在财务报表中做出恰当的列报						√

二、审计目标与审计程序对应关系表

审计目标	可供选择的审计程序	索引号
C	1. 获取或编制财务费用明细表,复核其加计数是否正确,并与报表数、总账数和明细账合计数核对是否相符	
ABC	2. 实质性分析程序(略)	
ABC	3. 检查利息支出明细账: (1)审查各项借款期末应计利息有无预计入账。 (2)审查现金折扣的会计处理是否正确。 (3)结合对长短期借款、应付债券等的审计,检查财务费用中是否包括为购建或生产满足资本化条件的资产发生的应予资本化的借款费用。 (4)检查融资租入的固定资产,购入有关资产超过正常信用条件延期支付价款、实质上具有融资性质的固定资产,采用实际利率法分期摊销未确认融资费用时计入财务费用数是否正确	
ABC	4. 检查利息收入明细账: (1)确认利息收入的真实性及正确性。 (2)检查从其他企业或非银行金融机构取得的利息收入是否按规定计缴营业税。 (3)检查采用递延方式分期收款、实质上具有融资性质的销售商品或提供劳务,采用实际利率法按期计算确定的利息收入是否正确	
ABC	5. 检查"财务费用——其他"明细账,注意检查大额金融机构手续费的真实性与正确性	
D	6. 抽取资产负债表日前后( )天的( )张凭证,实施截止测试	
F	7. 检查财务费用是否已在财务报表中做出恰当的列报	

第二部分 计划实施的实质性程序(略)

财务费用审定表

被审计单位：______ 索引号：______

项目：财务费用 财务报表截止日/期间：______

编制：______ 日期：______ 复核：______ 日期：______

项目名称	本期未审数	账项调整		本期审定数	上期审定数	索引号
		借方	贷方			
利息支出						
减:利息收入						
利息净支出						
银行手续费						
合计						
调整分录：						
项目	科目	金额		金额		

审计结论：

注：财务费用明细表（略）。

财务费用检查情况表

被审计单位：________________　　索引号：________________

项目：财务费用检查情况表　　财务报表截止日/期间：________________

编制：________ 日期：________　　复核：________ 日期：________

记账日期	凭证编号	业务内容	对应科目	金额	核对内容（用"√"、"×"表示）					备注
					1	2	3	4	5	

核对内容说明：

1.原始凭证是否齐全；2.记账凭证与原始凭证是否相符；3.账务处理是否正确；4.是否记录于恰当的会计期间；5.……

审计说明：

财务费用截止测试

被审计单位：______	索引号：______
项目：财务费用截止测试	财务报表截止日/期间：______
编制：______ 日期：______	复核：______ 日期：______

日期	凭证号	内容	对应科目	金额	是否跨期 是(√)否(×)

截止日前

截止日期：____年____月____日

截止日后

审计说明：

任务三 所得税费用审计

【模拟操作】 编制相应审计工作底稿(见表 10-5-4)。

表 10-5-4 **所得税费用实质性程序**

被审计单位:________	索引号:________
项目:所得税费用实质性程序	财务报表截止日/期间:________
编制:________ 日期:________	复核:________ 日期:________

第一部分 认定、审计目标和审计程序对应关系

一、审计目标与认定对应关系表

审计目标	财务报表认定					
	发生	完整性	准确性	截止	分类	列报
A 确定利润表中记录的所得税费用已发生,且与被审计单位有关	√					
B 确定所有应当记录的所得税费用均已记录		√				
C 确定与所得税费用有关的金额及其他数据已恰当记录			√			
D 确定所得税费用记录于正确的会计期间				√		
E 确定被审计单位记录的所得税费用记录于恰当的账户					√	
F 所得税费用已在财务报表中做出恰当列报						√

二、审计目标与审计程序对应关系表

审计目标	可供选择的审计程序	索引号
C	1. 获取或编制所得税费用明细表,复核加计是否正确,并与报表数、总账数和明细账合计数核对是否相符	
CAB	2. 根据审计结果和税法规定,核实当期的纳税调整事项,确定应纳税所得额,结合对"应交税费——应交所得税"的审计,计算当期所得税费用,检查会计处理是否正确;应纳税所得额为负数的,应检查形成负数的年份与金额,必要时,取得经税务机关审核的前 5 年应纳税所得额,以确定可以以当期利润弥补的亏损额	
CAB	3. 根据资产及负债的账面价值与其计税基础之间的差异,以及未作为资产和负债确认的项目的账面价值与按照税法的规定确定的计税基础的差异,结合递延所得税资产和递延所得税负债的审计,计算递延所得税资产、递延所得税负债期末应有余额,并根据递延所得税资产、递延所得税负债期初余额,倒轧出递延所得税费用(收益),并检查会计处理是否正确	
C	4. 将当期所得税费用与递延所得税费用之和与利润表"所得税"项目金额相核对	
F	5. 检查所得税费用是否在财务报表中做出恰当列报	

第二部分 计划实施的实质性程序(略)

所得税费用审定表

被审计单位：________ 索引号：________

项目：所得税费用 财务报表截止日/期间：________

编制：________ 日期：________ 复核：________ 日期：________

项目名称	本期未审数	账项调整		本期审定数	上期审定数	索引号
		借方	贷方			
当期所得税费用						
递延所得税费用						
调整分录：						
项目	科目	金额	金额			

审计结论：

所得税费用明细表

被审计单位：________ 索引号：________

项目：所得税费用明细表 财务报表截止日/期间：________

编制：________日期：________ 复核：________日期：________

项目	本期数	上期数	备注
一、当期所得税费用			
二、递延所得税费用(收益)			
合计			

审计说明：

递延所得税费用计算表

被审计单位：______________________	索引号：__________________________
项目：<u>递延所得税费用计算表</u>	财务报表截止日/期间：______________
编制：__________日期：__________	复核：__________日期：____________

项目		上期审定数①	本期审定数②	本期增加③	本期减少④	递延所得税费用（减：收益）⑤	索引号	备注
递延所得税资产								
递延所得税负债								
合计								
减：不影响递延所得税费用的特殊交易或事项中涉及的递延所得税资产	1.							
	2.							
	3.							
	…							
	合计							
减：不影响递延所得税费用的特殊交易或事项中涉及的递延所得税负债	1.							
	2.							
	3.							
	…							
	合计							
递延所得税费用								

编制说明：

1. 通过对本期审定数②与上期审定数①的比较计算得出本期增加③或本期减少④；
2. 递延所得税资产的增加表示递延所得税收益，递延所得税资产的减少表示递延所得税费用；
3. 递延所得税负债的增加表示递延所得税费用，递延所得税负债的减少表示递延所得税收益；
4. 抵减部分填列递延所得税资产/负债的变化不影响当期损益的变化的特殊交易或事项。

审计说明：

实 训

一、判断题

1. 如果了解到被审计单位的筹资与投资循环内部控制不存在或不值得信赖，注册会计师仍然要进行控制测试，以确定实质性程序的性质、时间和范围。 （ ）

2. 借款余额较大，或认为必要时应向银行或其他债权人发函询证借款额、借款利率、已偿还金额及利息支付情况。 （ ）

3. 某注册会计师在对被审计单位借款费用进行审计时，发现被审计单位将不符合资本化条件的借款费用予以资本化，则被审计单位存在少计费用、虚增资产和利润的情况。 （ ）

4. 如果被审计单位在资产负债表日要将“一年内到期的长期借款”从“长期借款”中扣除，并在流动负债类下的“一年内到期的非流动负债”项目反映，注册会计师应同意这种做法。 （ ）

5. 进行所得税费用审计时，注册会计师应将当期所得税费用与递延所得税费用之和与利润表上的“所得税”项目金额相核对。 （ ）

二、单项选择题

1. 注册会计师将被审计单位本期、上期财务费用各明细项目作比较，将本期各月份财务费用作比较，看有无重大波动和异常情况，则其执行的是（ ）。

A. 检查记录或文件　　B. 观察　　C. 分析程序　　D. 截止测试

2. 注册会计师拟对ABC公司借款活动相关内部控制进行测试，下列程序中不属于控制测试的是（ ）。

A. 取得借款的授权批准文件，检查批准的权限是否恰当、手续是否齐全

B. 观察借款业务的职责分工

C. 计算短期借款、长期借款利息支出总额，并与财务费用等项目的相关记录核对

D. 检查有关会计处理过程，以判断其是否合规

3. 被审计单位为了达到其对投资业务的完整性控制目标，最好的控制措施是（ ）。

A. 将记录投资明细账与记录总账的职务实施严格的分离

B. 与被投资单位签订合同、协议，并获取其出具的投资证明

C. 明确投资业务的授权、执行、记录、保管等职责分离

D. 由内部审计人员或其他独立人员定期盘点证券投资资产

4. 如果被审计单位的投资证券是委托专门机构代为保管的，为证实这些投资证券的存在，注册会计师应（ ）。

A. 实地盘点投资证券　　B. 向代保管机构发函询证

C. 获取被审计单位管理层声明　　D. 逐笔检查被审计单位相关会计记录

5. 确定持有至到期投资的列报是否恰当时，要注意一年内到期的持有至到期投资是否列入（ ）。

A. 持有至到期投资　　　　　　　B. 一年内到期的流动负债

C. 一年内到期的流动资产　　　　D. 财务报表附注

三、多项选择题

1. 注册会计师可以通过下列方法了解筹资与投资循环的重要交易流程(　　)。

A. 函证　　　　　　　　　　　B. 检查被审计单位的交易流程手册

C. 询问被审计单位的适当人员　　D. 观察所运用的处理方法和程序

2. 为确定"应付债券"的存在或完整性,可直接向(　　)进行函证。

A. 债权人　　B. 债务人　　C. 承销人　　D. 证监会

3. 注册会计师应在期末短期借款余额较大或认为必要时,向(　　)函证短期借款。

A. 银行　　B. 其他债权人　　C. 其他债务人　　D. 企业主管部门

4. 注册会计师对所得税费用进行审计,需要编制或获取的明细表包括(　　)。

A. 所得税费用明细表　　　　　B. 纳税申报表

C. 递延所得税资产明细表　　　D. 递延所得税负债明细表

5. 筹资合同或协议的签订可能发生的错报有(　　)。

A. 借款或发行债券、股票未签订有关合同协议等文件

B. 筹资合同或协议的订立不符合合同法及其他规定

C. 有关合同或协议未妥善保管

D. 借款利息与本金不匹配

四、案例分析题

注册会计师对ABC公司2012年度财务报表进行审计。2012年资产负债表长期借款年初数为1 000万元,年末数也是1 000万元。注册会计师进一步检查长期借款明细账与相关凭证,查明该项借款1 000万元于2011年1月1日借入,期限3年,合同借款利率为10%,用于建造固定资产,借款利息于项目投产后逐年偿还,到期还本。该工程于2011年1月1日开工,2011年12月31日达到预定可使用状态。2012年12月31日偿还借款利息100万元,有关计提利息及偿还利息的会计分录如下:

2011年12月31日计提利息:

借:在建工程　　　1 000 000

　贷:长期借款　　　　10000 000

2012年12月31日计提利息:

借:在建工程　　　1 000 000

　贷:长期借款　　　　1 000 000

2012年12月31日归还利息:

借:长期借款　1 000 000

　贷:银行存款　　1 000 000

要求:

注册会计师能否同意上述会计处理,并说明理由。如不同意,编制审计调整分录。

项目六 货币资金审计

情景十

一、银行开户资料

开户银行	账 号	账户性质	库存限额
工商银行长春自由支行	2200 8812 0808 0019 999	基本账户	10 000 元
建设银行长春银海支行	2201 0222 2220 6777 777	一般账户	
工商银行长春自由支行	4200 2005 0200 9272 769	定期存款	

二、2010 年 12 月份货币资金部分总账、日记账、记账凭证及原始凭证总账

库存现金总账

科目:库存现金(1001) 本币:人民币

2010 年		凭证号	摘要	借方	贷方	方向	余额
月	日						
12	01		期初余额			借	8 800.80
12			本月合计	35 000.00	34 189.60	借	9 611.20
12			本年累计	213 528.00	213 296.60		

银行存款总账

科目:银行存款(1002) 本币:人民币

2010 年		凭证号	摘要	借方	贷方	方向	余额
月	日						
12	01		期初余额			借	33 115 930.70
12			本月合计	49 474 703.55	58 611 928.66	借	23 978 705.59
12			本年累计	86 306 570.85	69 939 662.99		

库存现金日记账

科目:库存现金(1001) 月份:2010.12 本币:人民币

2010 年		凭证号	摘要	借方	贷方	方向	余额
月	日						
12	01		月初余额			借	8 800.80
略	略	略	略	略	略	略	略
12	19	记-0067	支付停车费用		600.00	借	3 557.00
12	21	记-0069	提现	5 000.00		借	8 557.00
12	31	记-0099	提现	9 000.00		借	17 557.00
12	31	记-0100	报销办公用品费用		7 945.80	借	9 611.20
12			本月合计	35 000.00	34 189.60	借	9 611.20
12			本年累计	213 528.00	213 296.60	借	9 611.20

银行存款日记账

科目:银行存款/工商银行 999(100201)　　月份:2010.12　　　　本币:人民币

2010年 月	日	凭证号	摘要	借方	贷方	方向	余额
12	1		月初余额			借	32 815 930.70
略	略	略	略	略	略	略	略
12	29	记-0089	支付汽油费 _2_00124589		2 016.00	借	22 237 728.36
12	29	记-0090	支付保险费用 _3_00066464		10 000.00	借	22 227 728.36
12	30	记-0096	发放职工薪酬 _2_00124590		3 106 243.79	借	19 121 484.57
12	31	记-0099	提现 _2_00124591		9 000.00	借	19 112 484.57
12	31	记-0101	支付运费 _3_00066465		82 931.60	借	19 029 552.97
12	31	记-0102	收到活期存款利息	5 803.55			19 035 356.52
12	31	记-0103	缴纳五险一金 _3_00066466		1 772 399.15	借	17 262 957.37
12	31	记-0104	收到销售新闻纸预订款 _3_56597946	3 000 000.00		借	20 262 957.37
12	31	记-0107	收回前欠货款 _3_90910021	4 000 000.00		借	24 262 957.37
12	31	记-0113	收回前欠货款 _3_53002810	1 400 000.00		借	25 662 957.37
12	31	记-0114	收回前欠货款 _3_00219010	3 888 900.00		借	29 551 857.37
12	31	记-0121	预付采购材料款 _3_00066467		2 000 000.00	借	27 551 857.37
12	31	记-0126	缴纳所得税 _3_00066468		3 873 151.78	借	23 678 705.59
12			本月合计	39 474 703.55	48 611 928.66	借	23 678 705.59
12			本年累计	75 406 570.85	59 139 662.99	借	23 678 705.59

银行存款日记账

科目:银行存款/建设银行 777(100202)　　月份:2010.12　　本币:人民币

2010 年 月	日	凭证号	摘要	借方	贷方	方向	余额
12	01		月初余额			借	100 000.00
12	08	记-0025	取得短期借款	10 000 000.00		借	10 100 000.00
12	08	记-0026	建行存款转存工行 12000651		10 000 000.00	借	100 000.00
12			本月合计	10 000 000.00	10 000 000.00	借	100 000.00
12			本年累计	10 700 000.00	10 800 000.00	借	100 000.00

银行存款日记账

科目:银行存款/工商银行 769 定期　　月份:2010.12　　本币:人民币

2010 年 月	日	凭证号	摘要	借方	贷方	方向	余额
12	01		月初余额			借	200 000.00
12			本月合计	0	0	借	200 000.00
12			本年累计	200 000.00	0	借	

注:记 0025、记 0026 略。

记 账 凭 证　赵书晗

记　字　0067　　制单日期: 2010.12.19　　附单据数: 60

摘要	科目名称	借方金额	贷方金额
支付停车费用	管理费用/其他费用	60000	
支付停车费用	库存现金		60000
票号 - 日期	数量 单价	合计 60000	60000
备注 项目 客户	部门 业务员	个人	

记账　张佩瑶　　审核　高云童　　出纳　张佳宁　　制单　杜思淼

吉林省长春市机动车停车收费统一发票

发　票　联

客户名称：

代码：221040776231

No.40335901

人民币拾元整　￥10.00

收款人：

收款单位（盖章有效）　　年　月　日

发票共计60张，其余59张略。

记 账 凭 证

赵书晗

记　字　0069　　制单日期：2010.12.21　　附单据数：1

摘要	科目名称	借方金额	贷方金额
提现	库存现金	500000	
提现	银行存款/工商银行		500000
票号 2　-00124588 日期 2010.12.21	数量 单价　合计	500000	500000
备注	项目 客户	部门 业务员	个人

记账　张佩瑶　　审核　高云童　　出纳　张佳宁　　制单　杜思淼

中国工商银行
现金支票存根

II IV 00124588

附加信息：

出票日期：2010年12月21日

收款人：长春平安纸业有限责任公司	
金额：5000.00	
用途：备用	

单位主管：　赵书晗　　会计：杜思淼

记 账 凭 证

赵书晗

记 字 0089　　制单日期：2010.12.29　　附单据数：2

摘要	科目名称	借方金额	贷方金额
支付汽油费	管理费用/公司经费/差旅交通费	201600	
支付汽油费	银行存款/工商银行		201600
票号 2 -00124589 日期 2010.12.29　数量 单价	合计	201600	201600

备注　项目　　部门　　个人
客户　　业务员

记账 张佩瑶　审核 高云童　出纳 张佳宁　制单 杜思淼

吉林增值税普通发票

2200100991　　№ 00522524

发票联

开票日期：2010年12月29日

购货单位	名称：长春平安纸业有限责任公司 纳税人识别号：220102123456789 地址、电话：长春市高新区浦东路0001号 0431-89123888 开户行及账号：工行吉林省分行自由支行2200881208080019999	密码区	522-78-5>11*235197>72 68<7953>*23>6*>10/*-0 26>4*40*>><228502<-31 8>52547*7843*47>>>947	加密版本：01 1300051372 02995637

货物或应税劳务名称	规格型号	单位	数量	单价	金额	税率	税额
汽油		升	260	6.6272	1,723.08	17%	292.92
合计					¥1,723.08		¥292.92
价税合计（大写）	⊗ 贰仟零壹拾陆 元整				（小写）¥2,016.00		

销货单位	名称：长春市纵横石油公司 纳税人识别号：220000112719203391 地址、电话：长春市朝阳区东民主大街1242号 0431-85263910 开户行及账号：工行长春朝阳支行2297190098620817327	备注	

收款人：　复核：　开票人：石磊　销货单位：（章）

国税函[2009]649号 北京印钞厂

第二联 发票联 购货方记账凭证

中国工商银行
现金支票存根

Ⅱ Ⅳ 00124589

附加信息：

出票日期：2010年12月29日

收款人：长春纵横石油公司
金额：2 016.00
用途：支付汽油费

单位主管： 赵书晗 会计：杜思淼

记账凭证

赵书晗

记 字 0090　　制单日期：2010.12.29　　附单据数：2

摘要	科目名称	借方金额	贷方金额
支付保险费用	管理费用/财产保险费	1000000	
支付保险费用	银行存款/工商银行		1000000
票号 3 -00066464 日期 2010.12.29	数量 单价 合计	1000000	1000000
备注	项目 客户	部门 业务员	个人

记账 张佩瑶　审核 高云童　出纳 张佳宁　制单 杜思淼

财产保险费累计摊销表

2010年12月29日

摊销项目	本月摊销金额	尚未摊销金额
财产保险费	10 000.00	0.00
合计	10 000.00	0.00

制表：许右

中国工商银行
转账支票存根

V II 00066464

附加信息：

出票日期：2010年12月29日

收款人：中国平安保险公司长春分公司	
金额：10 000.00	
用途：支付保险费	

单位主管：　赵书晗　会计：杜思淼

注：证0096略。

记 账 凭 证

赵书晗

记 字 0099　　制单日期：2010.12.31　　附单据数：1

摘要	科目名称	借方金额	贷方金额
提现	库存现金	900000	
提现	银行存款/工商银行		900000
票号 2 -00124591 日期 2010.12.30	数量 单价　合计	900000	900000
备注	项目　客户	部门　业务员	个人

记账 张佩瑶　审核 高云童　出纳 张佳宁　制单 杜思淼

中国工商银行
现金支票存根

II IV 00124591

附加信息：

出票日期：2010年12月31日

收款人：长春平安纸业有限责任公司	
金额：9000.00	
用途：备用	

单位主管：　赵书晗　会计：杜思淼

记账凭证

赵书晗

记　字 0100　　　制单日期：2010.12.31　　　附单据数：12

摘要	科目名称	借方金额	贷方金额
报销办公用品费用	制造费用/新闻纸车间/其他费用	86560	
报销办公用品费用	制造费用/书写纸车间/其他费用	91020	
报销办公用品费用	管理费用/公司经费/办公费	559000	
报销办公用品费用	销售费用	58000	
报销办公用品费用	库存现金		794580
票号 - 日期	数量 单价 合计	794580	794580
备注	项　目 客　户	部　门 业务员	个　人

记账　张佩瑶　　审核　高云童　　出纳　张佳宁　　制单　杜思淼

办公用品分配表

使用单位	新闻纸车间	书写纸车间	销售部门	综合部门	合　计
分配金额	865.60	910.20	580.00	5 590.00	7 945.80

吉林省国家税务局通用手工发票

发　票　联

付款单位：长春平安纸业有限责任公司　　　　2010 年 12 月 31 日

项目内容	金额 百	十	元	角	分	备注
办公用品　125.00 ×5　套	6	2	5	0	0	
合计人民币陆佰贰拾伍元零角零分 (大写)	6	2	5	0	0	

第二联　发票联

收款单位(章)　　　　开票人：刘永明

注：其余 10 张发票略，金额总计 7 945.80 元。

记账凭证 赵书晗

记 字 0101　　制单日期：2010.12.31　　附单据数：1

摘要	科目名称	借方金额	贷方金额
支付运费	应付账款/准通物流	8293160	
支付运费	银行存款/工商银行		8293160
票号 日期	数量 单价 合计	8293160	8293160
备注	项目 客户	部门 业务员	个人

记账 张佩瑶　审核 高云童　出纳 张佳宁　制单 杜思淼

中国工商银行
转账支票存根

V Ⅱ 00066465

附加信息：

出票日期：2010年12月31日

收款人：长春准通物流有限公司
金额：82 931.60
用途：支付运费

单位主管：赵书晗　会计：杜思淼

记账凭证

赵书晗

记　字 0102　　制单日期：2010.12.31　　附单据数：1

摘要	科目名称	借方金额	贷方金额
收到活期存款利息	银行存款/工商银行	580355	
收到活期存款利息	财务费用		580355
票号 日期 2010.12.31　数量 单价	合计		
备注　项目 客户	部门 业务员	个人	

记账 张佩瑶　　审核 高云童　　出纳 张佳宁　　制单 杜思淼

中国工商银行吉林省分行　存（贷）款利息回单①

币种：人民币（本位币）　　单位：元　　2010年12月31日　　No.08912

付款单位	户名	中国工商银行吉林省分行自由支行	收款单位	户名	长春平安纸业有限责任公司
	账号	2200381208010010001		账号	2200 8812 0808 0019 999
实收（付）金额		¥5,803.55	计息户账号		2200 8812 0808 0019 999
借据编号			借据序号		

备注	起息日期	止息日期	积数息余	利率	利息
	2010年10月1日	2010年12月31日			5,803.55
	调整利息：0.00			冲正利息：0.00	
	应收（付）利息合计人民币：伍仟捌佰零叁元伍角伍分				

银行章　　经办人：

注：记 0103 略。

记账凭证

赵书晗

记 字 0104　　制单日期：2010.12.31　　附单据数：2

摘要	科目名称	借方金额	贷方金额
收到销售新闻纸预订款	银行存款/工商银行	300000000	
收到销售新闻纸预订款	应收账款/新华商贸	51000000	
收到销售新闻纸预订款	主营业务收入/新闻纸		300000000
收到销售新闻纸预订款	应交税费/应交增值税/销项税额		51000000
票号 3 -56597946 日期 2010.12.31	数量 单价　　合计	351000000	351000000

备注　项目　　部门　　个人
　　　客户　　业务员

记账 张佩瑶　　审核 高云童　　出纳 张佳宁　　制单 杜思淼

中国工商银行　进账单（收账通知）　3

2010年12月31日

出票人	全称	北京市新华商贸公司	收款人	全称	长春平安纸业有限责任公司
	账号	1100000098638916135		账号	2200 8812 0808 0019 999
	开户银行	工行北京王府井支行		开户银行	工行吉林省分行自由支行
金额	人民币（大写）	叁佰万元整		千百十万千百十元角分	￥3 0 0 0 0 0 0 0 0
票据种类	支票	票据张数	壹		
票据号码	VII II 56597946				
复核： 记账：				收款人开户银行签章	

此联是开户银行交给收款人的收账通知

吉林增值税专用发票

2200101170　　　　　　全国统一发票监制章 吉林 国家税务总局监制　　　　　　№ 00727341

此联不作报销、扣税凭证使用　　　　　　开票日期：2010年12月31日

购货单位	名　　称：北京市新华商贸有限公司 纳税人识别号：110003230936389 1 地址、电话：北京朝阳区王府井大街1558号 010-89955123 开户行及账号：工行北京分行王府井支行110000009863891 6135	密码区	<7953>*2/*7>727>2350 3>6*>8-510611*522198-- 2285-26>478**40>><314 02<7254*7*438>547>>>9
			加密版本：01 1300051372 02995637

货物或应税劳务名称	规格型号	单位	数量	单价	金额	税率	税额
新闻纸		吨	600	5,000.00	3,000,000.00	17%	510,000.00
合计					¥3,000,000.00		¥510,000.00
价税合计（大写）	⊗叁佰伍拾壹万 元整				（小写）¥3,510,000.00		

销货单位	名　　称：长春平安纸业有限责任公司 纳税人识别号：220102123456789 地址、电话：长春市高新区浦东路0001号 0431－89123888 开户行及账号：工行吉林省分行自由支行220088120808001 9999	备注	

收款人：　　　　复核：　　　　开票人：李大光　　　　销货单位：（章）

国税函［2009］649号 北京印钞厂

第一联 记账联 销货方记账凭证

记 账 凭 证

赵书晗

记 字 0107　　　　制单日期：2010.12.31　　　　附单据数：1

摘要	科目名称	借方金额	贷方金额
收回前欠货款	银行存款/工商银行	400000000	
收回前欠货款	应收账款/吉利印刷		400000000
票号 3 －90910021 日期 2010.12.31	数量 单价	合计 400000000	400000000

备注	项　目	部　门	个　人
	客　户	业务员	

记账 张佩瑶　　审核 高云童　　出纳 张佳宁　　制单 杜思淼

中国工商银行 进账单（收账通知） 3

2010年12月31日

出票人	全称	长春市吉利印刷有限公司	收款人	全称	长春平安纸业有限责任公司
	账号	2200001109888992120		账号	2200881208080019999
	开户银行	工行长春分行南广场支行		开户银行	工行吉林省分行自由支行
金额	人民币（大写）	肆佰万元整		千百十万千百十元角分	¥400000000
票据种类	支票	票据张数	壹		
票据号码	ⅡⅦ 90910021				
复核： 记账：				收款人开户银行签章	

此联是开户银行交给收款人的收账通知

记账凭证 赵书晗

记 字 0113　　制单日期：2010.12.31　　附单据数：1

摘要	科目名称	借方金额	贷方金额
收回前欠货款	银行存款/工商银行	140000000	
收回前欠货款	应收账款/同文出版		140000000
票号 3 -53002810 日期 2010.12.31	数量 单价	合计 140000000	140000000
备注 项目 客户	部门 业务员	个人	

记账 张佩瑶　　审核 高云童　　出纳 张佳宁　　制单 杜思淼

中国工商银行 进账单（收账通知） 3

2010年12月31日

出票人	全称	沈阳市同文出版集团	收款人	全称	长春平安纸业有限责任公司
	账号	0307910911238900012		账号	22008812080800l9999
	开户银行	建行沈阳分行中山广场支行		开户银行	工行吉林省分行自由支行
金额	人民币（大写）	壹佰肆拾万元整		千百十万千百十元角分	¥1 4 0 0 0 0 0 0 0
票据种类	支票	票据张数	壹		
票据号码	III IV 53002810				
复核： 记账：				收款人开户银行签章	

此联是开户银行交给收款人的收账通知

记账凭证 赵书晗

记 字 0114　　制单日期：2010.12.31　　附单据数：1

摘要	科目名称	借方金额	贷方金额
收回前欠货款	银行存款/工商银行	388890000	
收回前欠货款	应收账款/麦派实业		388890000
票号 3 -00219010 日期 2010.12.31　数量 单价	合计	388890000	388890000
备注 项目 客户	部门 业务员	个人	

记账 张佩瑶　　审核 高云童　　出纳 张佳宁　　制单 杜思淼

中国工商银行 进账单（收账通知） 3

2010年12月31日

出票人	全称	吉林市麦派实业有限公司	收款人	全称	长春平安纸业有限责任公司
	账号	0973000000986009912		账号	2200881208080019999
	开户银行	农行吉林市支行		开户银行	工行吉林省分行自由支行
金额	人民币（大写）	叁佰捌拾捌万捌仟玖佰元整		千百十万千百十元角分	¥3888900000
票据种类	支票	票据张数	壹		
票据号码	Ⅱ Ⅶ 00219010				
复核： 记账：				收款人开户银行签章	

此联是开户银行交给收款人的收账通知

记账凭证 赵书晗

记 字 0121　　制单日期：2010.12.31　　附单据数：1

摘要	科目名称	借方金额	贷方金额
预付采购材料款	应付账款/吉恩化工	200000000	
预付采购材料款	银行存款/工商银行		200000000
票号 3 -00066467 日期 2010.12.31 数量 单价	合计	200000000	200000000
备注 项目 客户	部门 业务员	个人	

记账 张佩瑶　审核 高云童　出纳 张佳宁　制单 杜思淼

中国工商银行
转账支票存根

V II 00066467

附加信息：

出票日期：2010 年 12 月 31 日

收款人：	长春市吉恩化工有限责任公司
金额：	2 000 000.00
用途：	预付材料款

单位主管：赵书晗　会计：杜思淼

记账凭证　赵书晗

记　字 0126　制单日期：2010. 12. 31　附单据数：1

摘要	科目名称	借方金额	贷方金额
缴纳所得税	应交税费/应交所得税	387315178	
缴纳所得税	银行存款/工商银行		387315178
票号 日期　数量 单价	合计	387315178	387315178
备注	项目 客户　部门 业务员　个人		

记账　张佩瑶　审核　高云童　出纳　张佳宁　制单　杜思淼

中国工商银行
转账支票存根

V II 00066468

附加信息：

出票日期： 2010 年 12 月 31 日

收款人： 长春市高新区国税局

金额： 3 873 151.78

用途： 缴纳所得税

单位主管： 赵书晗　**会计：** 杜思淼

国

电子缴款凭证

打印日期:2010 年 12 月 31 日　　凭证编号:2010123158971590000

纳税人识别号	220102123456789		税务征收机关	长春市国税局高新分局	
纳税人全称	长春平安纸业有限责任公司		银 行 账 号	2200881208080019999	
系统税票号	税种	税目	所属时期	缴款日期	实缴金额
2201025895698990	所得税		20101001-20101231	20101231	3 873 151.78
金额合计	(大写)叁佰捌拾柒万叁仟壹佰伍拾壹元柒角捌分				￥3 873 151.78
本缴款凭证仅作为纳税人记账核算记账凭证使用。	长春市高新区国家税务局 专用章 电子征款 税务机关(电子章)			备注:第 1 次打印 第 1 页共 1 页	

三、其他相关资料

1. 2010 年 1—12 月份发生额及余额表(部分)

科目名称	方向	年初余额	本年借方发生额	本年贷方发生额	年末余额
库存现金(1001)	借	9 379.80	213 528.00	213 296.60	9 611.20
银行存款(1002)	借	7 611 797.73	86 306 570.85	69 939 662.99	23 978 705.59
工商银行 100201	借	7 411 797.73	75 406 570.85	59 139 662.99	23 678 705.59
建设银行 100202	借	200 000.00	10 700 000.00	10 800 000.00	100 000.00
工商银行 100203	借	0	200 000.00	0	200 000.00

2. 银行对账单(部分)

中国工商银行对账单

编号: 2010 年 12 月 31 日

邮编:130002 地址:长春市高新区浦东路 0001 号 页数:1/1

户名:长春平安纸业有限责任公司 账号:2200 8812 0808 0019 999 货币:CNY

序号	日期		摘要	结算号	借方(支出)	贷方(存入)	余额
	月	日					
略	略	略	略	略	略	略	略
50	12	30		现金支票-00124589	2 016.00		22 239 728.36
51	12	30		转账支票-00066464	10 000.00		22 229 728.36
52	12	31		现金支票-00124590	3 106 243.79		19 123 484.57
53	12	31		现金支票-00124591	9 000.00		19 114 484.57
54	12	31		转账支票-00066465	82 931.60		19 031 552.97
55	12	31	活期存款利息 2010.12.31			5 803.55	19 037 356.52
56	12	31		转账支票-00066466	1 772 399.15		17 264 957.37
57	12	31		转账支票-56597946		3 000 000.00	20 264 957.37
58	12	31		转账支票-90910021		4 000 000.00	24 264 957.37
59	12	31		转账支票-53002810		1 400 000.00	25 664 957.37
60	12	31		转账支票-00219010		3 888 900.00	29 553 857.37

注:1. 账号 999 其余的 1—11 月份 11 份工行对账单略。

2. 账号 777 建行对账单略。12 月 31 日对账单余额为 100 000 元。

3. 账号 769 工行对账单略。12 月 31 日对账单余额为 200 000 元。

3. 银行存款余额调节表

银行存款余额调节表

单位名称：长春平安纸业有限责任公司　　2010 年 12 月 31 日　　截止日期：2010 年 12 月 31 日

账号：220088120808001999(工行)　　编制人：高云童　日期 2011-1-8　　复核人：张佳宁　日期 2011-1-15

(1)企业银行日记账 12 月余额							23 678 705.59	(4)银行对账单 12 月余额							29 553 857.37
(2)加：银行已列账，列账单位未列账的收入凭证				(3)减：银行已列账，列账单位未列账的付出凭证				(5)加：单位已列账，银行尚未列账的收入凭证				(6)减：单位已列账，银行尚未列账的付出凭证			
月	日	摘要	金额	月	日	摘要	金额	月	日	摘要	金额	月	日	摘要	金额
												12	31	预付购料款	2 000 000.00
												12	31	缴纳所得税	3 873 151.78
		合计				合计				合计				合计	5 873 151.78
调整后余额：(1)＋(2)－(3)							23 678 705.59	调整后余额：(4)＋(5)－(6)							23 678 705.59

四、审计情形设定

1.2010 年 12 月 31 日金库实有现金

面值	一百元	五十元	二十元	十元	五元	一元	五角	一角	合计
张(枚)数	60	40	50	60	0	10	2	2	—
金额	6000	2000	1000	600	0	10	1	0.2	9 611.20

2.金库有一张定期存单

中国工商银行　　　　**储蓄存单(整存整取)**

INDUSTRIAL AND COMMERCIAL BANK OFCHINA				吉 A10350499	
存入日	起息日	存期	到期日	利率	到期利息
2009-02-01	2009-02-01	036	2012-02-01	4.500000	27 000.00
			印密	通兑	操作
			密	通	02227

账号　4200200502009272769　　　户名　长春平安纸业有限责任公司

存入金额　RBM 贰拾万元整　　　¥200 000.00

银行签章

3.假定 2010 年 12 月 31 日监盘库存现金。监盘结果可设计为账实相符、长款、短款等情形(相应设计金库实有现金数)。

4.2011 年 1 月 6 日函证银行存款,根据被审计单位的报表等有关数据信息设计询证函及开户行回函结果。例如:

(1)工行发函信息:涉及两个账号 999 与 769;2011 年 1 月 10 日回函:函证结果相符。

(2)建行发函信息:

情形 a:涉及账号 777 与长期借款(含抵押贷款,信息见项目五长期借款明细表及抵押贷款合同);2011 年 1 月 9 日回函:函证结果相符。

情形 b:只涉及账号 777;2011 年 1 月 9 日回函:长期借款中有两项抵押贷款:

起止期 2009.5.26—2013.5.25,本金 2 000 000.00(生产线抵押);

起止期 2010.9.10—2015.9.9,本金 10 000 000.00(办公楼抵押)。

任务　货币资金审计

【模拟操作】　执行相应审计程序,编制相应审计工作底稿(见表 10-6-1)。

表 10-6-1　　　　货币资金实质性程序

被审计单位：________	索引号：________
项目：货币资金实质性程序	财务报表截止日/期间：________
编制：______ 日期：______	复核：______ 日期：______

第一部分　认定、审计目标和审计程序对应关系

一、审计目标与认定对应关系表

审计目标	财务报表认定				
	存在	完整性	权利和义务	计价和分摊	列报
A 资产负债表中记录的货币资金是存在的	√				
B 应当记录的货币资金均已记录		√			
D 记录的货币资金由被审计单位拥有或控制			√		
C 货币资金以恰当的金额包括在财务报表中，与之相关的计价调整已恰当记录				√	
E 货币资金已按照企业会计准则的规定在财务报表中做出恰当列报					√

二、审计目标与审计程序对应关系表

审计目标	可供选择的审计程序	索引号
(一)库存现金		
D	1. 核对库存现金日记账与总账的金额是否相符	
ABDC	2. 监盘库存现金： (1)制定监盘计划，确定监盘时间； (2)将盘点金额与现金日记账余额进行核对，如有差异，应要求被审计单位查明原因并作适当调整，如无法查明原因，应要求被审计单位按管理权限批准后做出调整； (3)在非资产负债表日进行盘点时，应调整至资产负债表日的金额； (4)若有充抵库存现金的借条、未提现支票、未作报销的原始凭证，需在盘点表中注明，如有必要应作调整	
ABD	3. 抽查大额库存现金收支。检查原始凭证是否齐全、记账凭证与原始凭证是否相符、账务处理是否正确、是否记录于恰当的会计期间等内容	
(二)银行存款		
D	4. 获取或编制银行存款余额明细表：复核加计是否正确，并与总账数和日记账合计数核对是否相符	
AC	5. 检查银行存单： 编制银行存单检查表，检查是否与账面记录金额一致，是否被质押或限制使用，存单是否为被审计单位所拥有	

（续表）

审计目标	可供选择的审计程序	索引号
ABD	6.取得并检查银行存款余额调节表： (1)取得被审计单位的银行存款余额对账单，并与银行询证函回函核对，确认是否一致，抽样核对账面记录的已付票据金额及存款金额是否与对账单记录一致。 (2)获取资产负债表日的银行存款余额调节表，检查调节表中加计数是否正确，调节后银行存款日记账余额与银行对账单余额是否一致。 (3)检查调节事项是否合理： ①检查是否存在跨期收支和跨行转账的调节事项。编制跨行转账业务明细表，检查跨行转账业务是否同时对应转入和转出，未在同一期间完成的转账业务是否反映在银行存款余额调节表的调整事项中。 ②检查大额在途存款和未付票据：(a)检查在途存款的日期，查明发生在途存款的具体原因，追查期后银行对账单存款记录日期，确定被审计单位与银行记账时间差异是否合理，确定在资产负债表日是否需审计调整。(b)检查被审计单位的未付票据明细清单，查明被审计单位未及时入账的原因，确定账簿记录时间晚于银行对账单的日期是否合理。(c)检查被审计单位未付票据明细清单中有记录，但截止资产负债表日银行对账单无记录且金额较大的未付票据，获取票据领取人的书面说明。确认资产负债表日是否需要进行调整。(d)检查资产负债表日后银行对账单是否完整地记录了调节事项中银行未付票据金额。 (4)检查是否存在未入账的利息收入和利息支出。 (5)检查是否存在其他跨期收支事项。 (6)(当未经授权或授权不清支付货币资金的现象比较突出时)检查银行存款余额调节表中支付异常的领款(包括没有载明收款人)、签字不全、收款地址不清、金额较大的票据的调整事项，确认是否存在舞弊	
AC	7.函证银行存款余额，编制银行函证结果汇总表： (1)向被审计单位在本期存过款的银行发函，包括零账户和账户已结清的银行； (2)确定被审计单位账面余额与银行函证结果的差异，对不符事项做出处理	
CE	8.关注是否存在质押、冻结等对变现有限制或存在境外的款项，是否已做必要的调整和披露	
ABD	9.抽查大额银行存款收支的原始凭证，检查原始凭证是否齐全、记账凭证与原始凭证是否相符、账务处理是否正确、是否记录于恰当的会计期间等内容。检查是否存在非营业目的的大额货币资金转移，并核对相关账户的进账情况；如有与被审计单位生产经营无关的收支事项，应查明原因并作相应的记录	
BA	10.检查银行存款收支的截止是否正确。选取资产负债表日前后________张、________金额以上的凭证实施截止测试	
E	11.检查货币资金是否已在财务报表中做出恰当列报	
第二部分　计划实施的实质性程序(略)		

货币资金审定表

被审计单位：________ 索引号：________

项目：货币资金 财务报表截止日/期间：________

编制：______ 日期：______ 复核：______ 日期：______

项目名称	年末未审数	账项调整		重分类调整		年末审定数	索引号
		借方	贷方	借方	贷方		
库存现金							
银行存款							
其他货币资金	0					0	
合计							
调整分录：							
内容	科目	金额	金额	金额	金额		

审计结论：

库存现金监盘表

被审计单位：________________	索引号：________________
项目：库存现金监盘表	财务报表截止日/期间：________________
编制：________ 日期：________	复核：________ 日期：________

检查盘点记录					实有库存现金盘点记录	
项目		项次	人民币	面额	人民币	
					张	金额
盘点日账面库存余额		①				
加:盘点日未记账凭证收入金额		②		100 元		
减:盘点日未记账凭证支出金额		③		50 元		
盘点日账面应有金额		④=①+②-③		20 元		
盘点实有库存现金数额		⑤		10 元		
盘点日应有与实有差异		⑥=④-⑤		5 元		
差异原因分析	白条抵库(张)			1 元		
				0.5 元		
				0.1 元		
				合计		
追溯调整	加:报表日至审计日库存现金付出总额		—			
	减:报表日至审计日库存现金收入总额		—			
	报表日库存现金应有余额		—			
	报表日账面汇率		—			
	报表日余额折合本位币金额		—			

出纳员：　　　　会计主管人员：　　　　监盘人：　　　　检查日期：

审计说明：

经监盘确定库存现金账实________________。

银行存款明细表

被审计单位：____________	索引号：____________
项目：银行存款明细表	财务报表截止日/期间：____________
编制：________ 日期：________	复核：________ 日期：________

开户行	账号	是否系质押、冻结等对变现有限制或存在境外款项	年初余额①	本年增加②	本年减少③	年末余额④=①+②-③	银行对账单余额⑤	差异⑥=④-⑤	银行存款余额调节表索引号	调整后是否相符
工行长春自由支行	999									
建行长春银海支行	777						100 000.00		—	
工行长春自由支行	769						200 000.00		—	
合计	—	—					—		—	—

编制说明：

1. 若账面余额(原币数)与银行对账单金额不一致，应另行检查银行存款余额调节表；
2. 银行存款、其他货币资金审计时均可使用该表，当其他货币资金使用时应修改索引号。

审计说明：

已与相关日记账、总账、报表数核对 ____________ 。

对银行存款余额调节表的检查

被审计单位：＿＿＿＿＿＿	索引号：＿＿＿＿＿＿
项目：对银行存款余额调节表的检查	财务报表截止日/期间：＿＿＿＿＿＿
编制：＿＿＿＿＿ 日期：＿＿＿＿＿	复核：＿＿＿＿＿ 日期：＿＿＿＿＿

开户银行：工行长春自由支行　　　银行账号：999　　　币种：人民币

项目	金额	调节项目说明（注明结算票证）	是否需要审计调整
银行对账单余额			
加：企业已收，银行尚未入账合计金额			
其中：1.			
2.			
减：企业已付，银行尚未入账合计金额			
其中：1.			
2.			
调整后银行对账单余额			
企业银行存款日记账余额			
加：银行已收，企业尚未入账合计金额			
其中：1.			
2.			
减：银行已付，企业尚未入账合计金额			
其中：1.			
调整后企业银行存款日记账余额			

经办会计人员（签字）：　　　　　　　　会计主管（签字）：

审计说明：

经检查凭证，＿＿＿＿＿＿。

银行存款函证结果汇总表

被审计单位：__________ 索引号：__________

项目：银行存款函证结果汇总表 财务报表截止日/期间：__________

编制：__________ 日期：__________ 复核：__________ 日期：__________

开户银行	账号	币种	函证情况					冻结、质押等事项说明	备注
			对账单余额	函证日期	回函日期	回函金额	金额差异		
工行长春自由支行	999	人民币							
	769	人民币							
建行长春银海支行	777	人民币							

审计说明：

经函证，__________。

银行询证函

索引号________

编号 01

工行________：

本公司聘请的________会计师事务所正在对本公司________年财务报表进行审计，按照中国注册会计师审计准则的要求，应当询证本公司与贵行相关的信息。下列信息出自本公司记录，如与贵行记录相符，请在本函下端“信息证明无误”处签章证明；如有不符，请在“信息不符”处列明不符项目及具体内容；如存在与本公司有关的未列入本函的其他重要信息，也请在“信息不符”处列出其详细资料。回函请直接寄至________会计师事务所。

回函地址： 邮编：

电话： 联系人：

截至______年______月______日，本公司与贵行相关的信息列示如下：

1.银行存款

银行账号	币种	利率	余额	起止日期	是否被质押、担保或存在其他使用限制
999	人民币	—			否
769	人民币				否

除上述列示的银行存款外，本公司并无在贵行的其他存款。

注：“起止日期”一栏仅适用于定期存款，如为活期存款，可填写“活期”字样。

2.银行借款

币种	本息余额	借款日期	到期日期	利率	借款条件	抵(质)押品/担保人
无						

除上述列示的银行借款外，本公司并无自贵行的其他借款。

注：此项仅函证截至资产负债表日本公司尚未归还的借款。

3.其他重大事项

不适用。

注：此项应填列注册会计师认为重大且应予函证的其他事项，如无则填写“不适用”。

(公司盖章)________

年 月 日

________以下仅供被询证银行使用________

结论：

1.信息证明无误。 (银行盖章) 年 月 日 经办人：	2.信息不符，请列明不符项目及具体内容。 (银行盖章) 年 月 日 经办人：

银行询证函

索引号________

编号 02

建行__________：

本公司聘请的__________会计师事务所正在对本公司__________年财务报表进行审计，按照中国注册会计师审计准则的要求，应当询证本公司与贵行相关的信息。下列信息出自本公司记录，如与贵行记录相符，请在本函下端"信息证明无误"处签章证明；如有不符，请在"信息不符"处列明不符项目及具体内容；如存在与本公司有关的未列入本函的其他重要信息，也请在"信息不符"处列出其详细资料。回函请直接寄至__________会计师事务所。

回函地址： 邮编：

电话： 联系人：

截至______年______月______日，本公司与贵行相关的信息列示如下：

1. 银行存款

银行账号	币种	利率	余额	起止日期	是否被质押、担保或存在其他使用限制
777	人民币				否

除上述列示的银行存款外，本公司并无在贵行的其他存款。

注："起止日期"一栏仅适用于定期存款，如为活期存款，可填写"活期"字样。

2. 银行借款

币种	本金余额	借款日期	到期日期	利率	借款条件	抵(质)押品/担保人
人民币						
人民币						
人民币						

除上述列示的银行借款外，本公司并无自贵行的其他借款。

注：此项仅函证截至资产负债表日本公司尚未归还的借款。

3. 其他重大事项

不适用。

注：此项应填列注册会计师认为重大且应予函证的其他事项，如无则填写"不适用"。

（公司盖章）__________

年 月 日

__________以下仅供被询证银行使用__________

结论：

1. 信息证明无误。	2. 信息不符，请列明不符项目及具体内容。
（银行盖章） 年 月 日 经办人：	（银行盖章） 年 月 日 经办人：

货币资金收支情况检查表

被审计单位：________　　索引号：________

项目：货币资金收支情况检查表　　财务报表截止日/期间：________

编制：______ 日期：______　　复核：______ 日期：______

记账日期	凭证编号	业务内容	对应科目	金额	核对内容(用"√"、"×"表示)					备注
					1	2	3	4	5	

核对内容说明：

1.原始凭证是否齐全；2.记账凭证与原始凭证是否相符；3.账务处理是否正确；4.是否记录于恰当的会计期间；5.……

审计说明：

1.抽取____笔交易进行检查。抽查标准：重点抽查大额及异常的发生额。

2.经检查凭证，____________。

实训

一、判断题

1. 监盘库存现金通常采用突击的方式进行,库存现金保管人员不必始终在场。( )

2. 监盘库存现金必须有出纳员和被审计单位会计机构负责人参加,并由注册会计师亲自进行盘点。( )

3. 银行存款函证的目的不包括查找未入账的银行借款。( )

4. 若被审计单位某一银行账户已结清,注册会计师可不再向此银行进行函证。( )

5. 资产负债表日后进行库存现金盘点时,应倒推计算调整至资产负债表日的金额。( )

二、单项选择题

1. 对库存现金实有数额的审计应通过对库存现金实施( )来进行的。

A. 函证　B. 重新计算　C. 分析程序　D. 监盘

2. 核实银行存款的实有数额,采用( )或派人到开户银行取得资产负债表日银行存款数额的证明。

A. 询问　B. 函证　C. 重新计算　D. 监盘

3. 货币资金审计不涉及的凭证与记录是( )。

A. 库存现金盘点表　B. 银行对账单

C. 银行存款余额调节表　D. 库存现金对账单

4. 如果被审计单位的某开户银行账户余额为零,注册会计师( )。

A. 不需再向该银行函证

B. 仍需向该银行函证

C. 可根据需要确定是否函证

D. 可根据审计业务约定书的要求确定是否函证

5. 向开户银行函证,可以证实若干项目标,其中最基本的目标是( )。

A. 银行存款的存在　B. 是否有欠银行的债务

C. 是否有漏列的负债　D. 是否有充作抵押担保的存货

三、多项选择题

1. 注册会计师实施的下列各项审计程序中能够证实银行存款是否存在的有( )。

A. 分析定期存款占银行存款的比例　B. 检查银行存款余额调节表

C. 函证银行存款余额　D. 分析银行存款占货币资金的比例

2. 影响银行存款的循环包括( )。

A. 销售与收款循环　B. 采购与付款循环

C. 筹资与投资循环　D. 生产与仓储循环

3. 注册会计师寄发的银行询证函( )。

A. 是以被审计单位的名义发往开户银行的

B. 是以会计师事务所的名义发往开户银行的

C. 要求银行直接回函至会计师事务所

D. 包括银行存款和借款余额

4. 资产负债表日后盘点库存现金时，注册会计师应(　　)调整至资产负债表日的金额。

A. 扣减资产负债表日至盘点日库存现金增加额

B. 扣减资产负债表日至盘点日库存现金减少额

C. 加计资产负债表日至盘点日库存现金增加额

D. 加计资产负债表日至盘点日库存现金减少额

5. 下列对监盘库存现金，表述正确的是(　　)。

A. 监盘库存现金是证实资产负债表所列库存现金是否存在的一项重要程序

B. 实施突击性检查，时间最好是上午上班之前或下午下班时进行

C. 在盘点之前，应由注册会计师将库存现金集中起来

D. 对库存现金存放部门有两处或两处以上的，应同时进行盘点

四、案例分析题

1. 2013 年 1 月 8 日下午 4 时，注册会计师对 ABC 公司的库存现金进行突击盘点。相关记录如下：

(1)人民币：100 元币 11 张，50 元币 9 张，20 元币 5 张，10 元币 16 张，5 元币 19 张，2 元币 22 张，1 元币 25 张，5 角币 30 张，2 角币 20 张，1 角币 4 张，硬币 5 角 8 分。

(2)已收款尚未入账的收款凭证 2 张，计 130 元。

(3)已付款尚未入账的付款凭证 3 张，计 820 元，其中有 500 元白条。

(4)2013 年 1 月 8 日库存现金日记账余额为 1 890.20 元，2013 年 1 月 1 日至 2013 年 1 月 8 日收入现金 4 560.16 元，付出现金 3 730 元，2012 年 12 月 31 日库存现金账面余额为1 060.04元。

开户银行核定的库存限额为 1 000 元。

要求：

根据上述资料编制库存现金盘点表，指出该公司管理存在的问题。

2. 注册会计师在对 ABC 公司的银行存款进行审计时，经查该公司 2012 年 12 月 31 日银行存款日记账的余额为 84 000 元，银行对账单的余额为 111 000 元，经过逐笔核对发现如下未达账项。

(1)企业收到销货款 3 000 元已登账，银行尚未入账。

(2)企业支付购料款 27 000 元已登账，银行尚未入账。

(3)银行收到购货方汇来货款 15 000 元已登账，企业尚未入账。

(4)银行代企业支付购料款 12 000 元已登账，企业尚未入账。

要求：

编制银行存款余额调节表。

第十一章

完成审计工作

引导案例

出具审计报告前的复核

被审计单位ABC公司是一家大型设备制造商，注册会计师C(项目经理)分派助理人员E审计应付账款。对于大型设备制造业来说，应付账款是重要的审计领域，对应付账款应执行检查期后付款等程序以验证负债记录是否恰当。C注意到E常在工作时间办理私事。尽管这样E在预定时间完成分内工作，在本审计项目即将完成前E辞职了。

C复核了每张工作底稿，尤其认真地复核了E编制的底稿。看到的是E在底稿上对每笔应付账款都用"√"作了标记并加以解释，表明E对有关账证、数据已详细检查，并认为客户应付账款记录是正确的。

会计师事务所的合伙人A作为项目负责人复核了底稿。A对设备制造业及ABC公司都非常熟悉，复核底稿后，感觉应付账款不太合理。A要求C进一步测试应付账款。C检查了复核过的底稿中E提到的所有账簿与凭证，吃惊地发现E没有认真检查或者根本没有检查账证。ABC公司漏记负债120万元。

合伙人A的复核使会计师事务所避免了一次审计失败。

分析：

注册会计师在按照业务循环完成各财务报表项目的审计后，并不能立即得出审计结论并出具审计报告，还应进行复核审计结果等综合性的审计工作，以确保发表恰当的审计意见。

情景十一

1.2010年2月18日，注册会计师完成了审计工作，获取了充分适当的审计证据，足以对已审的财务报表发表审计意见。

2.重要性与审计风险最终评价结果与当初的计划水平相当。

3.关于错报调整的情形设定：

(1)对于发现的所有应予调整和披露的事项，被审计单位均同意调整或披露。

(2)对于发现的应予调整和披露的事项，被审计单位部分或全部未接受调整建议。

注意：

结合教学情况，教师指导学生分组设计具体情形，做好业务完成阶段审计工作。

业务完成阶段审计工作

被审计单位：________	索引号：________
项目：________	财务报表截止日/期间：________
编制：________ 日期：________	复核：________ 日期：________

审计工作	索引号	执行人
1.召开项目组会议，汇总审计过程中发现的审计差异，确定建议被审计单位调整的事项，编制账项调整分录汇总表、重分类调整分录汇总表、列报调整汇总表、未更正错报汇总表以及试算平衡表草表		
2.与被审计单位召开总结会，就下列事项进行沟通，形成总结会会议纪要并经双方签字认可： (1)审计意见的类型及审计报告的措辞； (2)账项调整分录汇总表、重分类调整分录汇总表、列报调整汇总表、未更正错报汇总表以及试算平衡表草表； (3)对被审计单位持续经营能力具有重大影响的事项； (4)含有已审计财务报表的文件中的其他信息对财务报表的影响； (5)对完善内部控制的建议； (6)执行该项审计业务的注册会计师的独立性。 获得被审计单位同意账项调整、重分类调整和列报调整事项的书面确认；如果被审计单位不同意调整，要求其说明原因。 根据未更正错报的重要性，确定是否在审计报告中予以反映，以及如何反映。 在就上述有关问题与治理层沟通时，提交书面沟通函，并获得治理层的确认		
3.编制正式的试算平衡表		
4.对财务报表进行总体复核，评价财务报表总体合理性。如果识别出以前未识别的重大错报风险，应重新考虑对全部或部分交易、账户余额、列报评估的风险是否恰当，并在此基础上重新评价之前实施的审计程序是否充分，是否有必要追加审计程序		
5.将项目组成员间意见分歧的解决过程，记录于专业意见分歧解决表中。汇总重大事项，编制重大事项概要		

（续表）

审计工作	索引号	执行人
6.评价审计结果，形成审计意见，并草拟审计报告： (1)对重要性进行最终评价，确定财务报表项目可能错报金额的汇总数(包括未更正的已识别错报、推断错报及上期未更正错报对本期报表的影响)。①如果可能错报总额低于重要性水平，对财务报表的影响不重大，注册会计师可以发表无保留意见。②如果可能错报总额超过了重要性水平，对财务报表的影响可能是重大的，注册会计师应当考虑通过扩大审计程序的范围或建议管理层调整财务报表来降低审计风险。③如果可能错报总额接近重要性水平，注册会计师应当考虑其连同尚未发现的错报是否可能超过重要性水平，并考虑通过实施追加的审计程序，或建议管理层调整财务报表来降低审计风险。 (2)对审计风险进行最终评价，将实际审计风险与可接受审计风险进行对比。①如果实际审计风险低于可接受审计风险水平，那么注册会计师可发表审计结果所支持的意见。②如果实际审计风险高于可接受审计风险水平，那就要重新考虑所实施的审计程序是否充分有效；或者说服被审计单位作必要的调整，以便使审计风险降低到可接受的水平。否则，注册会计师应审慎考虑审计风险对审计报告的影响。 (3)对被审计单位已审计财务报表形成审计意见并草拟审计报告		
7.由项目负责经理复核工作底稿		
8.由项目负责合伙人复核工作底稿		
9.必要时，实施项目质量控制复核。 对特定业务(如涉及公众利益的上市公司财务报表审计、高风险业务)，在出具审计报告前应实施独立的项目质量控制复核。由没有直接参加这个项目审计的人员，客观地评价项目组做出的重大判断和在准备报告时形成的结论，以及拟出具的审计报告的适当性		
10.获取经签署的管理层声明书，并确定其日期与审计报告的日期一致		
11.撰写审计总结		
12.完成审计工作完成情况核对表		
13.完成业务复核核对表		
14.正式签发审计报告		

任务一　编制审计差异调整表

将前面各业务循环审计时形成的各报表项目底稿中的调整分录过入“调整分录汇总表”中。

一、编制账项调整分录汇总表

会计核算错报通过账项调整分录汇总表(见表 11-1)来汇总。

表 11-1　　　　**账项调整分录汇总表**

被审计单位：________________　　索引号：________________

项目：账项调整分录汇总表　　财务报表截止日/期间：________

编制：________日期：________　　复核：________日期：________

序号	内容及说明	索引号	调整内容				备注
			借方项目	借方金额	贷方项目	贷方金额	

与被审计单位的沟通：

参加人员：

被审计单位：________________________

审计项目组：________________________

被审计单位的意见：________________________

结论：

是否同意上述审计调整：________________________

被审计单位授权代表签字：____________日期：____________

二、编制重分类调整分录汇总表

重分类错报通过重分类调整分录汇总表(见表 11-2)来汇总。

表 11-2　　重分类调整分录汇总表

被审计单位：________　　索引号：________

项目：重分类调整分录汇总表　　财务报表截止日/期间：________

编制：________日期：________　　复核：________日期：________

序号	内容及说明	索引号	调整项目和金额				备注
			借方项目	借方金额	贷方项目	贷方金额	

与被审计单位的沟通：

参加人员：

被审计单位：________

审计项目组：________

被审计单位的意见：________

结论：

是否同意上述审计调整：________

被审计单位授权代表签字：________日期：________

三、编制附注披露调整汇总表

附注披露错报通过附注披露调整汇总表(见表 11-3)来汇总。

表 11-3　　附注披露调整汇总表

被审计单位：________　　索引号：________

项目：附注披露调整汇总表　　财务报表截止日/期间：________

编制：________日期：________　　复核：________日期：________

一、被审计单位财务报表附注中的漏报项目包括：

二、被审计单位财务报表附注中的错报调整项目包括：

与被审计单位的沟通：

参加人员：

被审计单位：________

审计项目组：________

被审计单位的意见：________

结论：

是否同意上述审计调整：________

被审计单位授权代表签字：________日期：________

四、编制未更正错报汇总表

对被审计单位未更正的已识别错报通过编制未更正错报汇总表(见表 11-4)来汇总。

表 11-4　　未更正错报汇总表

序号	内容及说明	索引号	未调整内容				备注
			借方项目	借方金额	贷方项目	贷方金额	

未更正错报的影响：

项目	金额	百分比
1. 总资产	______	______
2. 净资产	______	______
3. 销售收入	______	______
4. 费用总额	______	______
5. 毛利	______	______
6. 净利润	______	______

结论：______________________________

____

被审计单位授权代表签字：______________ 日期：______________

任务二　编制试算平衡表

试算平衡表是在被审计单位提供未审财务报表的基础上，考虑调整分录等内容，确定已审数的表格。

试算平衡表编制说明：

1. 过入试算平衡表中的调整分录是被审计单位已接受调整建议的部分。

2. 试算平衡表中的“未审数”栏，应根据被审计单位提供的未审计财务报表填列。

3. 有些项目会在调整分录中多次出现，可先通过“T”形账户汇总后再填入汇总数。

4. 在编制完成试算平衡表后，应注意核对项目之间的勾稽关系。

(1)资产负债表试算平衡表左边的“未审数”、“审定数”各栏合计数应分别等于其右边相应各栏合计数。

(2)资产负债表试算平衡表左边的“账项调整金额”栏中的借方合计数与贷方合计数之差应等于右边的“账项调整金额”栏中的贷方合计数与借方合计数之差。

(3)资产负债表试算平衡表左边的“重分类金额”栏的借方合计数与贷方合计数之差应等于右边的“重分类金额”栏中的贷方合计数与借方合计数之差。

资产负债表的试算平衡表的参考格式见表 11-5。

表 11-5

资产负债表试算平衡表

项目	期末未审数	账项调整		重分类调整		期末审定数	项目	期末未审数	账项调整		重分类调整		期末审定数
		借方	贷方	借方	贷方				借方	贷方	借方	贷方	
货币资金							短期借款						
应收账款							应付账款						
预付款项							预收款项						
应收利息							应付职工薪酬						
其他应收款							应交税费						
存货							其他应付款						
一年内到期的非流动资产							一年内到期的非流动负债						
其他流动资产							其他流动负债						
持有至到期投资							长期借款						
长期应收款							递延所得税负债						
长期股权投资							其他非流动负债						
固定资产							实收资本						
无形资产							资本公积						
递延所得税资产							盈余公积						
其他非流动资产							未分配利润						
合　计							合　计						

利润表的试算平衡表的参考格式见表 11-6。

表 11-6　　利润表试算平衡表

项　目	未审数	调整金额		审定数
		借方	贷方	
一、营业收入				
减:营业成本				
营业税金及附加				
销售费用				
管理费用				
财务费用				
资产减值损失				
加:公允价值变动损益				
投资收益				
二、营业利润				
加:营业外收入				
减:营业外支出				
三、利润总额				
减:所得税费用				
四、净利润				

任务三　获取管理层声明

管理层声明是指被审计单位管理层向注册会计师提供的关于财务报表的各项陈述。注册会计师在出具审计报告前应向被审计单位索取管理层声明。

索引号：

管理层声明书

(　　)会计师事务所并(　　　)注册会计师：

本公司已委托贵事务所对本公司 20　　年　　月　　日的资产负债表，20　　年度的利润表、现金流量表和股东权益变动表以及财务报表附注进行审计，并出具审计报告。

为配合贵事务所的审计工作，本公司就已知的全部事项做出如下声明：

1. 本公司承诺，按照(　　　　　　　　)的规定编制财务报表是我们的责任。

2. 本公司已按照(　　　　　　　　)的规定编制 20　　年度财务报表，财务报表的编制基础与上年度保持一致，本公司管理层对上述财务报表的真实性、合法性和完整性承担责任。

3. 设计、实施和维护内部控制，保证本公司资产安全和完整，防止或发现并纠正错报，是本公司管理层的责任。

4. 本公司承诺财务报表符合适用的会计准则和相关会计制度的规定，公允反映本公司的财务状况、经营成果和现金流量情况，不存在重大错报，包括漏报。贵事务所在审计过程中发现的未更正错报，无论是单独还是汇总起来，对财务报表整体均不具有重大影响。未更正错报汇总表附后。

5.本公司已向贵事务所提供了：

(1)全部财务信息和其他数据；

(2)全部重要的决议、合同、章程、纳税申报表等相关资料；

(3)全部股东会和董事会的会议记录。

6.本公司所有经济业务均已按规定入账，不存在账外资产或未计负债。

7.本公司认为所有与公允价值计量相关的重大假设都是合理的，恰当地反映了本公司的意图和采取特定措施的能力；用于确定公允价值的计量方法符合企业会计准则的规定，并在使用上保持了一贯性；本公司已在财务报表中对上述事项做出恰当披露。

8.本公司不存在导致重述比较数据的任何事项。

9.本公司已提供所有与关联方和关联方交易相关的资料，并已根据(　　)的规定识别和披露了所有重大关联方交易。

10.本公司已提供全部或有事项的相关资料。除财务报表附注中披露的或有事项外，本公司不存在其他应披露而未披露的诉讼、赔偿、承兑、担保等或有事项。

11.除财务报表附注披露的承诺事项外，本公司不存在其他应披露而未披露的承诺事项。

12.本公司不存在未披露的影响财务报表公允性的重大不确定事项。

13.本公司已采取必要措施防止或发现舞弊及其他违反法规行为，未发现：

(1)涉及管理层的任何舞弊行为或舞弊嫌疑的信息；

(2)涉及对内部控制产生重大影响的员工的任何舞弊行为或舞弊嫌疑的信息；

(3)涉及对财务报表的编制具有重大影响的其他人员的任何舞弊行为或舞弊嫌疑的信息。

14.本公司严格遵守了合同规定的条款，不存在因未履行合同而对财务报表产生重大影响的事项。

15.本公司对资产负债表上列示的所有资产均拥有合法权利，除已披露事项外，无其他被抵押、质押资产。

16.本公司编制财务报表所依据的持续经营假设是合理的，没有计划终止经营或破产清算。

17.本公司已提供全部资产负债表日后事项的相关资料，除财务报表附注中披露的资产负债表日后事项外，本公司不存在其他应披露而未披露的重大资产负债表日后事项。

18.本公司管理层确信：

(1)未收到监管机构有关调整或修改财务报表的通知；

(2)无税务纠纷。

19.其他事项

注册会计师认为重要而需声明的事项，或者管理层认为必要而需声明的事项。例如：

(1)本公司在银行存款或现金运用方面未受到任何限制。

(2)本公司对存货均已按照企业会计准则的规定予以确认和计量；受托代销商品或不属于本公司的存货均未包括在会计记录内；在途物资或由代理商保管的货物均已确认为本公司存货。

(3)本公司不存在未披露的大股东及关联方占用资金和担保事项。

公司(盖章)：

法定代表人:(签名)　　　　财务负责人:(签名)

二〇　　年　　月　　日

附件(如有)：

未更正错报汇总表

序号	内容及说明	索引号	未调整内容				备注
			借方项目	借方金额	贷方项目	贷方金额	

本公司经考虑认为，上述未更正错报对公司财务报表整体不会产生重大影响，未予调整。

任务四　进行审计工作完成情况的检查核对

审计工作完成情况核对表

被审计单位：________________　　索引号：________________

项目：________________　　财务报表截止日/期间：________________

编制：________ 日期：________　　复核：________ 日期：________

审计工作	是/否/不适用	备注	索引号
1.是否执行业务承接或保持的相关程序？			
2.是否签订审计业务约定书？			
3.是否制定总体审计策略？			
4.审计计划制定过程中，是否了解被审计单位及其环境并评估重大错报风险，包括舞弊风险？			
5.是否召开项目组会议？			
6.审计计划是否经适当人员批准？			
7.是否与被审计单位就审计计划进行沟通？			
8.计划的审计程序是否得到较好执行，对计划的修改是否得到记录？			
9.是否已获取所有必要的来自银行、律师、债权人、债务人、持有存货的第三方等外部机构的询证函回函或确认函？			
10.所有重要实物资产是否均已实施监盘？			
11.当涉及利用其他注册会计师的工作时，对其他注册会计师的工作结果是否满意？			

（续表）

审计工作	是/否/不适用	备注	索引号
12. 计划执行的各项审计程序是否全部执行完毕，未能执行的审计程序是否实施了替代审计程序？			
13. 审计范围是否受到限制？			
14. 计划确定的重大错报风险，包括舞弊导致的重大错报风险是否仍旧恰当，是否需要追加审计程序？			
15. 是否恰当应对在审计过程中识别的舞弊导致的重大错报风险？			
16. 是否审查期后事项，并考虑对财务报表的影响？			
17. 是否审查或有事项，并考虑对财务报表的影响？			
18. 是否审查关联方及关联方交易，并考虑对财务报表的影响？			
19. 是否审查对被审计单位持续经营能力具有重大影响的事项？			
20. 是否及时查阅了与已审财务报表相关的其他信息，并充分考虑了其他信息对已审计财务报表的影响？			
21. 是否已就审计中发现的重大错报及其他对财务报表产生重大影响的重大事项与适当层次的管理层或治理层沟通？			
22. 是否在审计结束时或临近结束时对财务报表进行总体复核？			
23. 是否召开项目组会议，并确定建议调整事项和试算平衡表草表？			
24. 是否编制重大事项概要，是否所有重大事项均已得到满意解决？			
25. 是否与被审计单位召开总结会，就建议调整事项进行沟通，形成总结会会议纪要，并经被审计单位确认？			
26. 是否获取被审计单位对所有调整事项的确认？			
27. 是否累计所有未更正错报，包括错误和推断差异，并评估未更正错报对财务报表的影响？			
28. 未更正错报汇总表是否经被审计单位确认？			
29. 董事会或管理层是否接受已审计财务报表？			
30. 项目负责经理是否已复核工作底稿？			
31. 项目负责合伙人是否已复核工作底稿？			
32. 是否已完成项目质量控制复核（必要时）？			
33. 是否已取得经签署的管理层声明书原件，并确定其签署日期与审计报告日期一致？			
34. 是否完成审计总结？			

任务五 进行业务复核工作的检查核对

业务复核核对表

被审计单位：__________ 索引号：__________

项目：__________ 财务报表截止日/期间：__________

编制：______ 日期：______ 复核：______ 日期：______

一、项目负责经理复核

复核事项	是/否/不适用	备注
1.是否已复核已完成的审计计划，以及导致对审计计划做出重大修改的事项？		
2.是否已复核重要的财务报表项目？		
3.是否已复核特殊交易或事项，包括债务重组、关联方交易、非货币性交易、或有事项、期后事项、持续经营能力等？		
4.是否已复核重要会计政策、会计估计的变更？		
5.是否已复核重大事项概要？		
6.是否已复核建议调整事项？		
7.是否已复核管理层声明书，股东大会、董事会相关会议纪要，与客户的沟通记录及重要会谈记录，律师询证函复函？		
8.是否已复核审计小结？		
9.是否已复核已审计财务报表和拟出具的审计报告？		
10.实施上述复核后，是否可以确定下列事项：		
(1)审计工作底稿提供了充分、适当的记录，作为审计报告的基础？		
(2)已按照中国注册会计师审计准则的规定执行了审计工作？		
(3)对重大错报风险的评估及采取的应对措施是恰当的，针对存在特别风险的审计领域，设计并实施了针对性的审计程序，且得出了恰当的审计结论？		
(4)做出的重大判断恰当合理？		
(5)提出的建议调整事项恰当，相关调整分录正确？		
(6)未更正错报无论是单独还是汇总起来对财务报表整体均不具有重大影响？		
(7)已审计财务报表的编制符合企业会计准则的规定，在所有重大方面公允反映了被审计单位的财务状况、经营成果和现金流量？		
(8)拟出具的审计报告措辞恰当，已按照中国注册会计师审计准则的规定发表了恰当的审计意见？		

签字：__________ 日期：__________

二、项目负责合伙人复核

复核事项	是/否/不适用	备注
1.是否已复核已完成的审计计划,以及导致对审计计划做出重大修改的事项? 2.是否已复核重大事项概要? 3.是否已复核存在特别风险的审计领域,以及项目组采取的应对措施? 4.是否已复核项目组做出的重大判断? 5.是否已复核建议调整事项? 6.是否已复核管理层声明书,股东大会、董事会相关会议纪要,与客户的沟通记录及重要会谈记录,律师询证函复函? 7.是否已复核审计小结? 8.是否已复核已审计财务报表和拟出具的审计报告? 9.实施上述复核后,是否可以确定: (1)对项目负责经理实施的复核结果满意? (2)对重大错报风险的评估及采取的应对措施是恰当的,针对存在特别风险的审计领域,设计并实施了针对性的审计程序,且得出了恰当的审计结论? (3)项目组做出的重大判断恰当合理? (4)提出的建议调整事项恰当合理,未更正错报无论是单独还是汇总起来对财务报表整体均不具有重大影响? (5)已审计财务报表的编制符合企业会计准则的规定,在所有重大方面公允反映了被审计单位的财务状况、经营成果和现金流量? (6)拟出具的审计报告措辞恰当,已按照中国注册会计师审计准则的规定发表了恰当的审计意见?		

签字:____________________ 日期:____________________

三、项目质量控制复核(必要时)

复核事项	是/否/不适用	备注
1.项目质量控制复核之前进行的复核是否均已得到满意的执行? 2.是否已复核项目组针对本业务对本所独立性做出的评价,并认为该评价是恰当的? 3.是否已复核项目组在审计过程中识别的特别风险以及采取的应对措施,包括项目组对舞弊风险的评估及采取的应对措施,认为项目组做出的判断和应对措施是恰当的? 4.是否已复核项目组做出的判断,包括关于重要性和特别风险的判断,认为这些判断恰当合理? 5.是否确定项目组已就存在的意见分歧、其他疑难问题或争议事项进行适当咨询,且咨询得出的结论是恰当的? 6.是否已复核项目组与管理层和治理层沟通的记录以及拟与其沟通的事项,对沟通情况表示满意? 7.是否认为所复核的审计工作底稿反映了项目组针对重大判断执行的工作,能够支持得出的结论? 8.是否已复核已审计财务报表和拟出具的审计报告,认为已审计财务报表符合企业会计准则的规定,拟出具的审计报告已按照中国注册会计师审计准则的规定发表了恰当的审计意见?		

签字:____________________ 日期:____________________

实训

一、判断题

1. 管理层声明书是一种独立来源的说明书，因此可作为可靠的审计证据，代替其他证据。（　　）

2. 若律师声明书表明或暗示律师拒绝提供信息，或隐瞒信息，或对被审计单位叙述的情况不加修正，注册会计师一般应认为这是审计范围受到限制，不能发表无保留意见。（　　）

3. 在任何情况下，注册会计师都应当只要求管理层就已识别的重大的错报调整财务报表。（　　）

4. 注册会计师在按照业务循环完成各财务报表项目的审计后，应立即出具审计报告，以确保发表恰当的审计意见。（　　）

5. 试算平衡表中的"未审数"栏，应根据被审计单位提供的未审计财务报表填列。（　　）

二、单项选择题

1.（　　）是在被审计单位提供未审财务报表的基础上，考虑调整分录等内容，确定已审数的表格。

A. 试算平衡表　　B. 账项调整分录汇总表

C. 重分类调整分录汇总表　　D. 未更正错报汇总表

2. 过入试算平衡表中的调整分录是（　　）。

A. 被审计单位已接受调整建议的部分　　B. 重分类调整分录

C. 账项调整分录　　D. 全部调整分录

3. 将应付账款借方余额调整至预付款项，这一调整分录应过入（　　）。

A. 重分类调整分录汇总表　　B. 账项调整分录汇总表

C. 附注披露调整汇总表　　D. 未更正错报汇总表

4. 会计核算错报通过（　　）汇总。

A. 账项调整分录汇总表　　B. 重分类调整分录汇总表

C. 附注披露调整汇总表　　D. 未更正错报汇总表

5. 对特定业务（如涉及公众利益的上市公司财务报表审计、高风险业务），在出具审计报告前应由（　　）实施独立的项目质量控制复核。

A. 没有直接参加这个项目审计的人员　　B. 项目经理

C. 会计师事务所项目负责合伙人　　D. 项目组资深注册会计师

三、多项选择题

1. 索取被审计单位管理层声明的作用主要有（　　）。

A. 明确管理层对财务报表的责任　　B. 确认注册会计师的审计范围

C. 保护注册会计师　　D. 提供审计证据

2. 下列各项中，通常包括在管理层声明书里的有（　　）。

A. 管理层认可其对财务报表的编制责任

B. 注册会计师应对财务报表的可靠程度提供绝对的保证

C. 对财务报表具有重大影响的重大不确定事项

D. 管理层声明财务会计资料已全部提供给注册会计师

3. 注册会计师在审计计划阶段已确定了审计风险的可接受水平，在终结阶段，如果实际审计风险高于可接受审计风险水平，即注册会计师认为审计风险不能接受，注册会计师应当（　　）。

A. 考虑实施的审计程序是否充分　　B. 执行项目质量控制复核

C. 说服被审计单位做必要的调整　　D. 发表无保留意见

4. 在对重要性进行最终评价时，确定的财务报表项目可能错报金额的汇总数包括（　　）。

A. 已更正的已识别错报　　B. 未更正的已识别错报

C. 推断错报　　D. 上期未更正错报对本期报表的影响

5. 在编制完成试算平衡表后，应注意核对项目之间的勾稽关系，如：（　　）。

A. 资产负债表试算平衡表左边的"未审数"、"审定数"各栏合计数应分别等于其右边相应各栏合计数

B. 资产负债表试算平衡表左边的"账项调整金额"栏中的借方合计数与贷方合计数之差应等于右边的"账项调整金额"栏中的贷方合计数与借方合计数之差

C. 资产负债表试算平衡表左边的"重分类金额"栏的借方合计数与贷方合计数之差应等于右边的"重分类金额"栏中的贷方合计数与借方合计数之差

D. 利润表试算平衡表的"调整金额"栏中的借方合计数应等于贷方合计数

第十二章

审计报告

引导案例

中注协年报审计情况快报①

2013年5月16日，中国注册会计师协会发布2012年年报审计情况快报（第十四期），摘录部分如下：

一、年报审计报告总体情况

2013年1月—4月，47家证券资格会计师事务所（以下简称"事务所"）共为2471家上市公司出具了财务报表审计报告（详见表12-1）。其中，标准审计报告2 382份，带强调事项段的无保留意见审计报告71份，保留意见审计报告15份，无法表示意见的审计报告3份。

二、非标准审计报告情况

在2 471份财务报表审计报告中，非标准财务报表审计报告89份，占3.60%，非标报告的数量和比例都较2011年（115份，比例为4.87%）有所下降。

表12-1　　上市公司2012年财务报表审计报告审计意见汇总表

财务报表审计意见类型	沪市主板	深市主板	中小板	创业板	合计
（标准）无保留意见	900	439	691	352	2382
带强调事项段的无保留意见	36	27	7	1	71
带其他事项段的无保留意见	0	0	0	0	0
保留意见	6	4	3	2	15
否定意见	0	0	0	0	0
无法表示意见	2	1	0	0	3
非标准审计意见小计	44	32	10	3	89
合计	944	471	701	355	2 471
非标准审计意见比例	4.66%	6.79%	1.43%	0.85%	3.60%

分析：

审计报告是审计工作的最终成果，承载着对已审计财务报表发表的审计意见，具有法律效力。那么如何发表审计意见？怎样编写审计报告？

① 资料来源：http://www.cicpa.org.cn/topnews/201305/t20130517_41089.html.

必备知识

第一节 审计报告概述

一、审计报告含义

审计报告是审计人员在依法实施审计工作的基础上，向审计授权人或委托人出具的，用于提出审计结论、发表审计意见的书面文件。

就注册会计师审计而言，审计报告是指注册会计师根据审计准则的规定，在执行审计工作的基础上，对财务报表发表审计意见的书面文件。

本章主要介绍注册会计师对财务报表进行审计所出具的审计报告。

二、注册会计师审计报告的基本类型

审计报告有两种基本类型：标准审计报告和非标准审计报告。

审计报告分类如图 12-1 所示。

- 审计报告
  - 标准审计报告——不带强调事项段、其他事项段的无保留意见的审计报告（无保留意见）
  - 非标准审计报告
    - 带强调事项段、其他事项段的无保留意见审计报告（无保留意见）
    - 保留意见审计报告
    - 否定意见审计报告
    - 无法表示意见审计报告
    - （以上三种）或带强调事项段（其他事项段）——非无保留意见

图 12-1 审计报告分类

第二节 标准审计报告

标准审计报告是不附加说明段、强调事项段、其他事项段或任何修饰性用语的无保留意见审计报告。

一、无保留意见的含义

无保留意见意味着，注册会计师通过执行审计工作，认为被审计单位财务报表的编制合法和公允，能合理保证财务报表不存在重大错报。注册会计师与审计委托人都最希望见到无保留意见。

二、发表无保留意见的条件

注册会计师经过审计后，如果认为财务报表同时符合下列条件，应当发表无保留意见。

（一）不存在重大错报

1.财务报表在所有重大方面按照适用的财务报告编制基础编制。

2.财务报表在所有重大方面公允反映了被审计单位的财务状况、经营成果和现金流量。

（二）审计范围未受限制

注册会计师按照中国注册会计师审计准则的规定计划和执行了审计工作，在审计过程中未受到限制，已获取充分适当的审计证据。

三、标准审计报告的内容与格式

（一）标题

审计报告的标题应统一规范为“审计报告”。

（二）收件人

审计报告的收件人是指注册会计师按照有关法规或审计业务约定书的要求致送审计报告的对象，一般是指审计业务的委托人。审计报告应当载明收件人的全称，如“××有限责任公司董事会”，“××股份有限公司全体股东”。委托人是其他公司、企业，收件人为“××董事会”，委托人是未设董事会的其他公司、企业，收件人为“××公司”、“××厂”。

（三）引言段

审计报告的引言段应当涉及下列内容：

1.被审计单位的名称。

2.财务报表已经审计。

3.构成整套财务报表的每张财务报表的名称、日期或涵盖的期间。

4.财务报表附注（包括重要的会计政策概要和其他解释性信息）。

（四）管理层对财务报表的责任段

1.标题：管理层对财务报表的责任。

2.内容：描述编制财务报表是管理层的责任，这种责任具体包括：

（1）对财务报表本身的责任。按照适用的财务报告编制基础编制财务报表，并使其实现公允反映。

（2）对内部控制的责任。设计、执行与维护必要的内部控制，以使财务报表不存在由于舞弊或错误导致的重大错报。

审计报告中提及这些责任，以向财务报表使用者解释执行审计工作的前提就是管理层认可其对财务报表的上述责任。

（五）注册会计师的责任段

注册会计师的责任段应当包括下列内容：

1.标题：注册会计师的责任。

2.内容：

（1）注册会计师的责任。注册会计师的责任是在执行审计工作的基础上对财务报表发表审计意见。

（2）审计执业规范。注册会计师按照中国注册会计师审计准则与职业道德守则执行了审计工作。

（3）审计工作的内容。审计工作涉及实施审计程序，包括对财务报表重大错报风险的评估，还包括评价管理层选用会计政策的恰当性和做出会计估计的合理性，以及评价财务报表的总体列报。

（4）注册会计师相信已获取的审计证据是充分、适当的，为其发表审计意见提供了基础。

(六)审计意见段

1.标题:审计意见。

2.内容:发表审计意见。

(1)合法性。财务报表是否在所有重大方面按照适用的财务报告编制基础(如企业会计准则)编制。

(2)公允性。财务报表是否在所有重大方面公允反映了被审计单位的财务状况、经营成果和现金流量。

(七)注册会计师的签名及盖章

审计报告应当由两名具备相关业务资格的注册会计师签名并盖章。通常是对审计项目负最终复核责任的合伙人或主任会计师(即审计项目负责人)和具体负责该项目的注册会计师(即审计项目经理)。

(八)会计师事务所的名称、地址及盖章

审计报告应加盖会计师事务所公章,标明会计师事务所名称和地址。

注意:

地址标明会计师事务所所在的城市即可,如"中国北京市",无须注明详细地址。

(九)报告日期

审计报告日期不应早于注册会计师获取充分、适当的审计证据,并在此基础上对财务报表形成审计意见的日期。

在确定审计报告日时,注册会计师应当确信已获取下列两方面的审计证据:

(1)构成整套财务报表的所有报表(包括相关附注)已编制完成;

(2)被审计单位的董事会、管理层或类似机构已经认可其对财务报表的责任。

审计报告的日期非常重要,它向审计报告使用者表明,注册会计师已考虑其知悉的、截止审计报告日所发生的事项与交易的影响。

在实务中,注册会计师在正式签署审计报告前,通常把审计报告草稿和已审计财务报表草稿一同提交被审计单位的董事会、管理层或类似机构,如果被审计单位的董事会、管理层或类似机构批准并签署已审计的财务报表,注册会计师即可签署审计报告。

通常审计报告日与管理层声明日、财务报表批准日保持一致,或者晚于后者。

(十)附件

注册会计师应当将已审计的财务报表附于审计报告之后,以便于财务报表使用者正确理解和使用审计报告,并防止被审计单位替换、更改已审计的财务报表。

【参考格式 12-1】 标准审计报告

审计报告

ABC 股份有限公司全体股东:

我们审计了后附的 ABC 股份有限公司(以下简称 ABC 公司)财务报表,包括 2012 年 12 月 31 日的资产负债表,2012 年度的利润表、股东权益变动表和现金流量表以及财务报表附注。

一、管理层对财务报表的责任

编制和公允列报财务报表是 ABC 公司管理层的责任。这种责任包括:(1)按照企业会计准则的规定编制财务报表,并使其实现公允反映;(2)设计、执行和维护必要的内部控制,以使财务报表不存在由于舞弊或错误而导致的重大错报。

二、注册会计师的责任

我们的责任是在执行审计工作的基础上对财务报表发表审计意见。我们按照中国注册会计师审计准则的规定执行了审计工作。中国注册会计师审计准则要求我们遵守中国注册会计师职业道德守则,计划和执行审计工作以对财务报表是否不存在重大错报获取合理保证。

审计工作涉及实施审计程序,以获取有关财务报表金额和披露的审计证据。选择的审计程序取决于注册会计师的判断,包括对由于舞弊或错误导致的财务报表重大错报风险的评估。在进行风险评估时,注册会计师考虑与财务报表编制和公允列报相关的内部控制,以设计恰当的审计程序,但目的并非对内部控制的有效性发表意见。审计工作还包括评价管理层选用会计政策的恰当性和做出会计估计的合理性,以及评价财务报表的总体列报。

我们相信,我们获取的审计证据是充分、适当的,为发表审计意见提供了基础。

三、审计意见

我们认为,ABC公司财务报表在所有重大方面按照企业会计准则的规定编制,公允反映了ABC公司2012年12月31日的财务状况以及2012年度的经营成果和现金流量。

××会计师事务所　　　　中国注册会计师:××(签名并盖章)
(盖章)　　　　中国注册会计师:××(签名并盖章)
中国××市　　　　二〇一三年×月×日

第三节　非标准审计报告

非标准审计报告是指标准审计报告以外的其他审计报告。

一、非无保留意见审计报告

(一)非无保留意见的含义

非无保留意见是指保留意见、否定意见或无法表示意见。由于某些情形的存在,使发表无保留意见的条件不具备或不完全具备,注册会计师不能发表无保留意见,只能发表保留意见、否定意见或无法表示意见。

(二)发表非无保留意见的情形

1.财务报表存在重大错报

(1)管理层在会计政策选择方面的错报。例如,坏账采用了直接转销法核算,发出存货成本的计量采用了后进先出法;将固定资产达到预定可使用状态后发生的借款利息予以资本化,计入固定资产成本;分期收款方式销售,按合同约定的收款日期和金额确认收入;长期股权投资后续计量在成本法与权益法之间随意转换,以调节利润,等等。

(2)管理层在会计估计方面的错报。例如,没有对应收款项估计坏账损失;没有识别出债务人财务状况的恶化对估计坏账损失的影响；没有取得所有重大应收款项的准确账龄；对可能发生的坏账损失金额的高估或低估；没有考虑固定资产在使用寿命内各期提供经济利益的方式不同或负荷程度不同，而采用使用年限法计提折旧，等等。

(3)管理层在财务报表披露方面的错报。例如，没有披露重大已贴现商业承兑汇票形成的或有负债；没有充分、清晰地披露关联方及关联交易，从而不能使财务报表使用者了解相关交易对被审计单位财务状况、经营成果和现金流量的影响，等等。

2.审计范围受到限制

在审计过程中，审计范围有时可能受到限制，无法获取充分、适当的审计证据，从而不能得出财务报表整体不存在重大错报的结论。

(1)客观环境造成的限制。例如，由于被审计单位存货的性质或位置特殊，导致注册会计师无法监盘存货；对于长期股权投资无法获取被投资企业的已审计财务报表；账目记录不完整、已毁坏；注册会计师仅实施实质性程序是不充分的，但被审计单位的内部控制无效，等等。

(2)被审计单位管理层的主观限制。例如，管理层不允许注册会计师观察存货盘点，或者拒绝提供债务人的地址，导致无法对应收账款实施函证，等等。

在某种审计程序无法实施的情况下，注册会计师应当考虑是否可能实施替代审计程序，以获取充分、适当的审计证据。如果亦不能实施替代审计程序，即最终无法获取充分、适当的审计证据，则属于审计范围受限。

根据上述情形产生或可能产生影响的广泛性，注册会计师可考虑发表保留意见或无法表示意见。

(三)保留意见审计报告

1.发表保留意见的条件

当存在下列条件之一，注册会计师应当发表保留意见：

(1)财务报表存在错报，虽影响重大，但不具有广泛性。

注意：

①对财务报表影响重大是指错报(或可能错报)的金额或性质超出最终评价的财务报表层次重要性。

②对财务报表的影响具有广泛性的情形包括：不限于对财务报表的特定要素、账户或项目产生影响；虽然仅对财务报表的特定要素、账户或项目产生影响，但这些要素、账户或项目是财务报表的主要组成部分；当与披露相关时，产生的影响对财务报表使用者理解财务报表至关重要。

(2)审计范围受到限制，不能获取充分、适当的审计证据，认为未发现的错报可能产生的影响重大，但不具有广泛性。

保留意见被视为注册会计师在不能发表无保留意见的情况下最不严厉的审计意见。

2.保留意见审计报告的内容与格式

保留意见审计报告的内容与格式以标准审计报告为基础，做适当调整。

(1)注册会计师责任段

修改“注册会计师的责任段”，将本段最后一项内容改为注册会计师相信已获取的审计证据是充分、适当的，为其发表“保留意见”提供了基础。

(2)导致保留意见的事项段

①位置：应于意见段之前增加“导致保留意见的事项段”。

②标题：导致保留意见的事项。

③内容：

说明注册会计师注意到的、将导致发表保留意见的所有事项，并在可能情况下，量化其财务影响。例如，如果存货被高估，需要量化其对所得税、税前利润、净利润和股东权益的影响。如果无法量化财务影响，应当说明这一情况。

如果财务报表中存在与叙述性披露相关的重大错报，应解释该错报错在何处。

如果因无法获取充分、适当的审计证据而导致发表保留意见，应说明无法获取审计证据的原因。

(3)审计意见段

①标题：“保留意见”。审计意见段的标题应能够清楚地表明保留意见审计报告类型。

②内容：发表保留意见。

当由于财务报表存在重大错报而发表保留意见时，在审计意见段中应说明：注册会计师认为，除导致保留意见的事项段所述事项产生的影响外，财务报表在所有重大方面按照适用的财务报告编制基础编制，并实现公允反映。

当无法获取充分、适当的审计证据而导致发表保留意见时，在审计意见段中使用“除……可能产生的影响外”等措辞。

【参考格式 12-2】 由于财务报表存在重大错报而出具保留意见的审计报告

审计报告

ABC 有限责任公司董事会：

我们审计了后附的 ABC 有限责任公司(以下简称 ABC 公司)财务报表，包括 2012 年 12 月 31 日的资产负债表，2012 年度的利润表、现金流量表和股东权益变动表以及财务报表附注。

一、管理层对财务报表的责任

编制和公允列报财务报表是 ABC 公司管理层的责任，这种责任包括：(1)按照企业会计准则的规定编制财务报表，并使其实现公允反映；(2)设计、执行和维护必要的内部控制，以使财务报表不存在由于舞弊或错误导致的重大错报。

二、注册会计师的责任

我们的责任是在执行审计工作的基础上对财务报表发表审计意见。我们按照中国注册会计师审计准则的规定执行了审计工作。中国注册会计师审计准则要求我们遵守职业道德守则，计划和执行审计工作以对财务报表是否不存在重大错报获取合理保证。

审计工作涉及实施审计程序，以获取有关财务报表金额和披露的审计证据。选择的审计程序取决于注册会计师的判断，包括对由于舞弊或错误导致的财务报表重大错报风险的评估。在进行风险评估时，注册会计师考虑与财务报表编制和公允列报相关的内部控制，以设计恰当的审计程序，但目的并非对内部控制的有效性发表意见。审计工作还包括评价管理层选用会计政策的恰当性和做出会计估计的合理性，以及评价财务报表的总体列报。

我们相信，我们获取的审计证据是充分、适当的，为发表保留意见提供了基础。

三、导致保留意见的事项

ABC公司2012年12月31日资产负债表中存货的列示金额为×元。管理层根据成本对存货进行计量，而没有根据成本与可变现净值孰低的原则进行计量，这不符合企业会计准则的规定。公司的会计记录显示，如果管理层以成本与可变现净值孰低法来计量存货，存货列示金额将减少×元。相应地，资产减值损失将增加×元，所得税、净利润和股东权益将分别减少×元、×元和×元。

四、保留意见

我们认为，除"三、导致保留意见的事项"段所述事项产生的影响外，ABC公司财务报表在所有重大方面按照企业会计准则的规定编制，公允反映了ABC公司2012年12月31日的财务状况以及2012年度的经营成果和现金流量。

××会计师事务所　　　　中国注册会计师：××（签名并盖章）

（盖章）　　　　中国注册会计师：××（签名并盖章）

中国××市　　　　二〇一三年×月×日

【参考格式12-3】 由于注册会计师无法获取充分、适当的审计证据而出具保留意见的审计报告

审计报告

ABC股份有限公司全体股东：

我们审计了后附的ABC股份有限公司（以下简称ABC公司）财务报表，包括2012年12月31日的资产负债表，2012年度的利润表、现金流量表和股东权益变动表以及财务报表附注。

一、管理层对财务报表的责任

编制和公允列报财务报表是ABC公司管理层的责任，这种责任包括：(1)按照企业会计准则的规定编制财务报表，并使其实现公允反映；(2)设计、执行和维护必要的内部控制，以使财务报表不存在由于舞弊或错误导致的重大错报。

二、注册会计师的责任

我们的责任是在执行审计工作的基础上对财务报表发表审计意见。我们按照中国注册会计师审计准则的规定执行了审计工作。中国注册会计师审计准则要求我们遵守职业道德守则，计划和执行审计工作以对财务报表是否不存在重大错报获取合理保证。

审计工作涉及实施审计程序，以获取有关财务报表金额和披露的审计证据。选择的审计程序取决于注册会计师的判断，包括对由于舞弊或错误导致的财务报表重大错报风险的评估。在进行风险评估时，注册会计师考虑与财务报表编制和公允列报相关的内部控制，以设计恰当的审计程序，但目的并非对内部控制的有效性发表意见。审计工作还包括评价管理层选用会计政策的恰当性和做出会计估计的合理性，以及评价财务报表的总体列报。

我们相信，我们获取的审计证据是充分、适当的，为发表保留意见提供了基础。

三、导致保留意见的事项

如财务报表附注×所述，ABC公司于2012年取得了XYZ公司30%的股权，因能够对XYZ公司施加重大影响，故采用权益法核算该项股权投资，于2012年度确认对XYZ公司的投资收益×元，截至2012年12月31日，该项股权投资的账面价值为×元。由于我们未被允许接触XYZ公司的财务信息、管理层和审计XYZ公司的注册会计师，我们无法就该项股权投资的账面价值以及ABC公司确认的2012年度对XYZ公司的投资收益获取充分、适当的审计证据，也无法确定是否有必要对这些金额进行调整。

四、保留意见

我们认为，除"三、导致保留意见的事项"段所述事项可能产生的影响外，ABC公司财务报表在所有重大方面按照企业会计准则的规定编制，公允反映了ABC公司2012年12月31日的财务状况以及2012年度的经营成果和现金流量。

××会计师事务所	中国注册会计师：××（签名并盖章）
（盖章）	中国注册会计师：××（签名并盖章）
中国××市	二〇一三年×月×日

（四）否定意见的审计报告

否定意见审计报告不常见，也是注册会计师与委托人都不希望见到的。

1. 发表否定意见的条件

在获取充分、适当的审计证据后，如果认为错报对财务报表的影响重大且具有广泛性，注册会计师应当发表否定意见。

2. 否定意见审计报告的内容与格式

否定意见审计报告的内容与格式以标准审计报告为基础，做适当调整。

(1)注册会计师责任段

修改"注册会计师的责任段"，将本段最后一项内容改为注册会计师相信已获取的审计证据是充分、适当的，为其发表"否定意见"提供了基础。

(2)导致否定意见的事项段

①位置：应于意见段之前增加"导致否定意见的事项段"。

②标题：导致否定意见的事项。

③内容：

说明注册会计师注意到的、将导致发表否定意见的所有事项，并在可能情况下，量化其财务影响。例如，如果收入虚增，需要量化其对所得税、税前利润、净利润和股东权益的影响。如果无法量化财务影响，应当说明这一情况。

如果财务报表中存在与叙述性披露相关的重大错报，应解释该错报错在何处。

(3)审计意见段

①标题："否定意见"。审计意见段的标题应能够清楚地表明否定意见审计报告类型。

②内容：发表否定意见。说明注册会计师认为，由于导致否定意见的事项段所述事项的重要性，财务报表没有在所有重大方面按照适用的财务报告编制基础编制，未能实现公允反映。

【参考格式 12-4】 由于财务报表存在重大错报而出具否定意见的审计报告

审计报告

ABC 股份有限公司全体股东：

我们审计了后附的 ABC 股份有限公司（以下简称 ABC 公司）的合并财务报表，包括 2012 年 12 月 31 日的合并资产负债表，2012 年度的合并利润表、合并现金流量表和合并股东权益变动表以及财务报表附注。

一、管理层对合并财务报表的责任

编制和公允列报合并财务报表是 ABC 公司管理层的责任，这种责任包括：(1)按照企业会计准则的规定编制合并财务报表，并使其实现公允反映；(2)设计、执行和维护必要的内部控制，以使合并财务报表不存在由于舞弊或错误导致的重大错报。

二、注册会计师的责任

我们的责任是在执行审计工作的基础上对合并财务报表发表审计意见。我们按照中国注册会计师审计准则的规定执行了审计工作。中国注册会计师审计准则要求我们遵守职业道德守则，计划和执行审计工作以对合并财务报表是否不存在重大错报获取合理保证。

审计工作涉及实施审计程序，以获取有关合并财务报表金额和披露的审计证据。选择的审计程序取决于注册会计师的判断，包括对由于舞弊或错误导致的合并财务报表重大错报风险的评估。在进行风险评估时，注册会计师考虑与合并财务报表编制和公允列报相关的内部控制，以设计恰当的审计程序，但目的并非对内部控制的有效性发表意见。审计工作还包括评价管理层选用会计政策的恰当性和做出会计估计的合理性，以及评价合并财务报表的总体列报。

我们相信，我们获取的审计证据是充分、适当的，为发表否定意见提供了基础。

三、导致否定意见的事项

如财务报表附注×所述，2012 年 ABC 公司通过非同一控制下的企业合并获得对 XYZ 公司的控制权，因未能取得购买日 XYZ 公司某些重要资产和负债的公允价值，故未将 XYZ 公司纳入合并财务报表的范围，而是按成本法核算对公司的股权投资。ABC 公司的这项会计处理不符合企业会计准则的规定。如果将 XYZ 公司纳入合并财务报表的范围，ABC 公司合并财务报表的多个报表项目将受到重大影响，但我们无法确定未将 XYZ 公司纳入合并范围对财务报表产生的影响。

四、否定意见

我们认为，由于"三、导致否定意见的事项"段所述事项的重要性，ABC 公司的合并财务报表没有在所有重大方面按照企业会计准则的规定编制，未能公允反映 ABC 公司及其子公司 2012 年 12 月 31 日的财务状况以及 2012 年度的经营成果和现金流量。

××会计师事务所　　　　　　　　中国注册会计师：××（签名并盖章）

（盖章）　　　　　　　　　　　　中国注册会计师：××（签名并盖章）

中国××市　　　　　　　　　　　二〇一三年×月×日

(五)无法表示意见审计报告

1.无法表示意见的条件

如果无法获取充分、适当的审计证据以作为形成审计意见的基础,但认为未发现的错报对财务报表可能产生的影响重大且具有广泛性,注册会计师应当发表无法表示意见。

2.无法表示意见审计报告的内容与格式

无法表示意见审计报告的内容与格式以标准审计报告为基础,需要做较大调整。

(1)引言段

将"审计了后附的××公司财务报表"改成"审计后附的××公司财务报表"。

(2)注册会计师责任段

修改"注册会计师的责任段",描述无法获取充分、适当的审计证据以为发表审计意见提供基础。

(3)导致无法表示意见的事项段

①位置:应于意见段之前增加"导致无法表示意见的事项段"。

②标题:导致无法表示意见的事项。

③内容:说明无法获取审计证据的所有原因。

(4)审计意见段

①标题:"无法表示意见"。审计意见段的标题应能够清楚地表明无法表示意见的审计报告类型。

②内容:说明由于导致无法表示意见的事项段所述事项的重要性,注册会计师无法获取充分、适当的审计证据以为发表审计意见提供基础,因此,注册会计师不对这些财务报表发表审计意见。

【参考格式12-5】 由于无法针对财务报表多个要素获取充分、适当的审计证据而出具无法表示意见的审计报告

审计报告

ABC股份有限公司全体股东:

我们接受委托,审计后附的ABC股份有限公司(以下简称ABC公司)财务报表,包括2012年12月31日的资产负债表,2012年度的利润表、现金流量表和股东权益变动表以及财务报表附注。

一、管理层对财务报表的责任

编制和公允列报财务报表是ABC公司管理层的责任,这种责任包括:(1)按照企业会计准则的规定编制财务报表,并使其实现公允反映;(2)设计、执行和维护必要的内部控制,以使财务报表不存在由于舞弊或错误导致的重大错报。

二、注册会计师的责任

我们的责任是在按照中国注册会计师审计准则的规定执行审计工作的基础上对财务报表发表审计意见。但由于"三、导致无法表示意见的事项"段中所述的事项,我们无法获取充分、适当的审计证据以为发表审计意见提供基础。

三、导致无法表示意见的事项

我们于2013年1月接受ABC公司的审计委托，因而未能对ABC公司2012年年初金额为×元的存货和年末金额为×元的存货实施监盘程序。此外，我们也无法实施替代审计程序获取充分、适当的审计证据。并且，ABC公司于2012年9月采用新的应收账款信息化系统，由于存在系统缺陷导致应收账款出现大量错误。截至审计报告日，管理层仍在纠正系统缺陷并更正错误，我们也无法实施替代审计程序，以对截至2012年12月31日的应收账款总额×元获取充分、适当的审计证据。因此，我们无法确定是否有必要对存货、应收账款以及财务报表其他项目做出调整，也无法确定应调整的金额。

四、无法表示意见

由于"三、导致无法表示意见的事项"段所述事项的重要性，我们无法获取充分、适当的审计证据以为发表审计意见提供基础，因此，我们不对ABC公司财务报表发表审计意见。

××会计师事务所　　　　中国注册会计师：××（签名并盖章）

（盖章）　　　　中国注册会计师：××（签名并盖章）

中国××市　　　　二〇一三年×月×日

二、带强调事项段的审计报告

(一)强调事项段的含义

审计报告的强调事项段是指审计报告中含有的一个段落，目的在于增加信息含量，提高审计报告的有用性。该段落提及已在财务报表中恰当列报或披露的事项，根据注册会计师的职业判断，该事项对财务报表使用者理解财务报表至关重要。

(二)增加强调事项段的条件

1. 已在财务报表中列报或披露。
2. 对财务报表使用者理解财务报表至关重要的事项，有必要提醒报表使用者关注。
3. 注册会计师已获取充分、适当的审计证据证明该事项，不存在重大错报。

(三)增加强调事项段的情形(举例)

1. 异常未决诉讼或监管行动的未来结果存在不确定性。
2. 提前应用(在允许的情况下)对财务报表有广泛影响的新会计准则。
3. 存在已经或持续对被审计单位财务状况产生重大影响的特大灾难。

(四)强调事项段的内容与格式

1. 位置：强调事项段紧接在审计意见段之后。
2. 标题："强调事项"或其他适当标题。
3. 内容：

(1)描述被强调事项。

(2)明确提及相关披露的位置，以便能够在财务报表中找到对该事项的详细描述。

(3)指出该段内容仅用于提醒财务报表使用者关注，并不影响已发表的审计意见。

增加强调事项段不能代替发表保留意见、否定意见或无法表示意见，也不能代替管理层在财务报表中做出的披露。

【参考格式 12-6】 带强调事项段的保留意见的审计报告

审计报告

ABC 股份有限公司全体股东：

我们审计了后附的 ABC 股份有限公司(以下简称 ABC 公司)财务报表，包括 2012 年 12 月 31 日的资产负债表，2012 年度的利润表、现金流量表和股东权益变动表以及财务报表附注。

一、管理层对财务报表的责任

编制和公允列报财务报表是 ABC 公司管理层的责任，这种责任包括：(1)按照企业会计准则的规定编制财务报表，并使其实现公允反映；(2)设计、执行和维护必要的内部控制，以使财务报表不存在由于舞弊或错误导致的重大错报。

二、注册会计师的责任

我们的责任是在执行审计工作的基础上对财务报表发表审计意见。我们按照中国注册会计师审计准则的规定执行了审计工作。中国注册会计师审计准则要求我们遵守中国注册会计师职业道德守则，计划和执行审计工作以对财务报表是否不存在重大错报获取合理保证。

审计工作涉及实施审计程序，以获取有关财务报表金额和披露的审计证据。选择的审计程序取决于注册会计师的判断，包括对由于舞弊或错误导致的财务报表重大错报风险的评估。在进行风险评估时，注册会计师考虑与财务报表编制和公允列报相关的内部控制，以设计恰当的审计程序，但目的并非对内部控制的有效性发表意见。审计工作还包括评价管理层选用会计政策的恰当性和做出会计估计的合理性，以及评价财务报表的总体列报。

我们相信，我们获取的审计证据是充分、适当的，为发表保留意见提供了基础。

三、导致保留意见的事项

ABC 公司于 2012 年 12 月 31 日资产负债表中反映的交易性金融资产为×元，ABC 公司管理层对这些交易性金融资产未按照公允价值进行后续计量，而是按照其历史成本进行计量，这不符合企业会计准则的规定。如果按照公允价值进行后续计量，ABC 公司 2012 年度利润表中公允价值变动损失将增加×元，2012 年 12 月 31 日资产负债表中交易性金融资产将减少×元，相应地，所得税、净利润和股东权益将分别减少×元、×元和×元。

四、保留意见

我们认为，除“三、导致保留意见的事项”段所述事项产生的影响外，ABC 公司财务报表在所有重大方面按照企业会计准则的规定编制，公允反映了 ABC 公司 2012 年 12 月 31 日的财务状况以及 2012 年度的经营成果和现金流量。

五、强调事项

我们提醒财务报表使用者关注，如财务报表附注×所述，截至财务报表批准日，XYZ 公司对 ABC 公司提出的诉讼尚在审理当中，其结果具有不确定性。本段内容不影响已发表的审计意见。

××会计师事务所　　　　中国注册会计师：××(签名并盖章)

(盖章)　　　　中国注册会计师：××(签名并盖章)

中国××市　　　　二〇一三年×月×日

三、带其他事项段的审计报告

(一)其他事项段的含义

其他事项段是指审计报告中含有的一个段落,该段落提及未在财务报表中列报或披露的事项,根据注册会计师的职业判断,该事项与财务报表使用者理解审计工作、注册会计师的责任或审计报告相关。

(二)增加其他事项段的条件

1.未在财务报表中列报或披露(因未被要求)。

2.根据职业判断,注册会计师认为与财务报表使用者理解审计工作、注册会计师的责任或审计报告相关且未被法律法规禁止的事项。

(三)增加其他事项段的情形

1.与使用者理解审计工作相关的情形

在极其特殊的情况下,即使由于管理层对审计范围施加的限制导致无法获取充分、适当的审计证据可能产生的影响具有广泛性,注册会计师也不能解除业务约定。在这种情况下,注册会计师可能认为有必要在审计报告中增加其他事项段,解释为何不能解除业务约定。

2.与使用者理解注册会计师的责任或审计报告相关的情形

法律法规或得到广泛认可的惯例可能要求或允许注册会计师详细说明某些事项,以进一步解释注册会计师在财务报表审计中的责任或审计报告。在这种情况下,注册会计师可以使用一个或多个子标题来描述其他事项段的内容。

3.对两套以上财务报表出具审计报告的情形

被审计单位可能按照通用目的编制基础(如×国财务报告编制基础)编制一套财务报表,且按照另一个通用目的编制基础(如国际财务报告准则)编制另一套财务报表,并委托注册会计师同时对两套财务报表出具审计报告。如果注册会计师已确定两个财务报告编制基础在各自情形下是可接受的,可以在审计报告中增加其他事项段,说明该被审计单位根据另一个通用目的编制基础(如国际财务报告准则)编制了另一套财务报表以及注册会计师对这些财务报表出具了审计报告。

4.限制审计报告分发和使用的情形

为特定目的编制的财务报表可能按照通用目的编制基础编制,因为财务报表预期使用者已确定这种通用目的财务报表能够满足他们对财务信息的需求。由于审计报告旨在提供给特定使用者,注册会计师可能认为在这种情况下需要增加其他事项段,说明审计报告只是提供给财务报表预期使用者,不应被分发给其他机构或人员或者被其他机构或人员使用。

(四)其他事项段的内容与格式

1.位置。其他事项段紧接在审计意见段和强调事项段之后。

2.标题:"其他事项"或其他适当标题。

3.内容:描述其他事项内容。

四、审计意见决策

错报或审计范围受到限制与审计意见类型的关系见表12-2。

表12-2　　审计意见决策表

审计意见类型 / 对财务报表的影响或可能影响 / 事项与情况	不重要	重要但不广泛	重要且广泛
错报(金额或性质)	无保留意见	保留意见	否定意见
因审计范围受限而未发现的错报	无保留意见	保留意见	无法表示意见
重大事项已恰当披露	附加强调事项段		
重大事项未披露(可不披露)	附加其他事项段		

项目七　出具审计报告

任务一　审计意见类型决策

根据【情景一】、【情景二】与【情景十一】设定的情形，判断可能错报汇总数是否超过报表层次重要性水平，判断审计意见类型。

任务二　出具审计报告

根据任务一审计意见类型决策的结果，出具相应的审计报告。

实训

一、判断题

1.注册会计师明知应当出具否定意见的审计报告时，为了规避风险，可以用无法表示意见的审计报告代替。(　　)

2.将财务报表与审计报告一同提交给财务报表使用者，可以减少被审计单位管理层对财务报表的真实性、合法性所负的责任。(　　)

3.审计报告的签署日期为审计报告完稿日期。(　　)

4.因审计范围受到限制，未能取得充分、适当的审计证据，未发现的错报可能影响重大，但不广泛，则注册会计师应当发表保留意见。(　　)

5.由于审计范围受到被审计单位管理层或客观环境的限制，不能获取必要的审计证据，未发现的错报可能影响重大且广泛，注册会计师应当出具否定意见的审计报告。(　　)

二、单项选择题

1.会计师事务所对某股份有限公司的财务报表进行审计，审计报告的收件人应为(　　)。

A.全体职工　　B.全体股东　　C.董事会　　D.董事长

2. 注册会计师如果认为必要，可以在审计报告中的(　　)增加强调事项段，对重大事项加以说明。

A. 引言段之后　B. 意见段之后　C. 意见段之前　D. 审计报告附注中

3. 注册会计师在出具保留意见、否定意见或无法表示意见的审计报告时，应在(　　)增加说明段，说明所持意见的理由。

A. 意见段之前　B. 意见段之后　C. 引言段之前　D. 引言段之后

4. 注册会计师在出具保留意见、否定意见或无法表示意见的审计报告时，应在意见段之前增加说明段，说明所持意见的全部理由，并在可能的情况下指出其对(　　)的影响程度。

A. 审计意见　B. 财务报表

C. 审计风险　D. 被审计单位现金流量

5. 在我国，注册会计师的审计报告的标题统一为(　　)。

A. 会计师事务所审计报告　B. 查账报告

C. 审计报告　D. 注册会计师审计报告

三、多项选择题

1. 审计报告的引言段主要说明(　　)。

A. 被审计单位的名称

B. 被审计单位财务报表已经过审计

C. 构成整套财务报表的每张报表的名称、日期和涵盖的期间

D. 提及财务报表附注

2. 审计意见的基本类型有(　　)。

A. 无保留意见　B. 否定意见　C. 保留意见　D. 无法表示意见

3. 出现下列情形之一(　　)，且不影响已发表的审计意见，注册会计师可能在意见段之后增加强调事项段。

A. 异常未决诉讼未来结果存在不确定性

B. 监管行动的未来结果存在不确定性

C. 提前应用(在允许的情况下)对财务报表有广泛影响的新会计准则

D. 存在已经或持续对被审计单位财务状况产生重大影响的特大灾难

4. 审计范围受到限制可能是(　　)。

A. 客观环境造成的限制　B. 审计成本过高造成的限制

C. 管理层造成的限制　D. 审计抽样造成的限制

5. 导致保留意见的事项段可能包括以下内容：(　　)。

A. 说明注册会计师注意到的、将导致发表保留意见的所有事项

B. 在可能的情况下，量化导致保留意见的事项的财务影响，如果无法量化财务影响，应当说明这一情况

C. 如果财务报表中存在与叙述性披露相关的重大错报，应解释该错报错在何处

D. 如果因无法获取充分、适当的审计证据而导致发表保留意见，应说明无法获取审计证据的原因

四、案例分析题

1.资料:某会计师事务所的注册会计师张扬作为项目经理带领项目组已于2013年4月10日完成了对ABC有限责任公司2012年财务报表的审计工作,获取了充分、适当的审计证据。合伙人李力作为项目负责人复核了底稿。注册会计师确定的财务报表层次重要性水平为5万元。在审计过程中,发现如下问题:

(1)2012年12月预付2013年财产保险费5 000元,全部作当月管理费用处理。该公司没有接受注册会计师的调整建议。

(2)2012年1月从二级市场购入10万元股票,将其列入"管理费用"账户,造成资产、利润、所得税反映失实。注册会计师提出了调整建议,该公司拒绝采纳。

(3)该公司管理层拒绝注册会计师参加存货盘点,该存货占总资产的50%,注册会计师无法对存货运用替代审计程序。

要求:

(1)分别根据上述三种情况,说明注册会计师应发表何种审计意见,并简要说明理由。

(2)假如只存在第一种情况,编写一份审计报告。

2.资料:某会计师事务所注册会计师对ABC股份有限公司2012年度财务报表进行了审计,于2013年2月28日完成了审计工作,获取了充分、适当的审计证据。2013年3月5日审计报告完稿。A为项目经理,B为负责该项目的合伙人。注册会计师确定的财务报表层次重要性水平为10万元。复核底稿时发现:

(1)该公司对年度应调整的应收账款500万元作了调整,但对注册会计师提出调整建议的其他应收款2万元未予调整。

(2)该公司对机器设备计提折旧以前一直采用平均年限法,由于行业技术进步较快,自2012年1月1日起改为加速折旧法,此项变更已在财务报表附注中作了说明。

要求:

(1)分别根据上述事项,说明注册会计师应出具何种审计报告,请简要说明理由。

(2)编写一份审计报告。

参考文献

[1] 中国注册会计师协会.审计.北京:经济科学出版社,2013
[2] 中国注册会计师协会.中国注册会计师执业准则.北京:经济科学出版社,2010
[3] 中国注册会计师协会.中国注册会计师执业准则应用指南.北京:中国财政经济出版社,2010
[4] 马春静,舒利庆.财务报表审计模拟实训.北京:北京理工大学出版社,2010
[5] 王生根.审计实务——基于风险导向审计理念.北京:清华大学出版社,2011
[6] 张景山.审计案例分析.北京:中国市场出版社,2011
[7] 胡春元.审计案例——源于中国证券市场.大连:大连出版社,2010
[8] 金勇进,杜子芳,蒋妍.抽样技术.北京:中国人民大学出版社,2008